# 45° 青年

邢婷婷 著

中国人民大学出版社
·北京·

# 序

长期以来,对青年价值观的研究受到了社会各界的广泛关注。从学术视角出发,行动研究侧重于"如何做",观念研究则聚焦于"如何思考""如何理解"以及"如何看待周围的世界"。当代青年的价值观之所以备受重视,不仅因为它是对社会经济、科技、文化发展变化的敏感反映,而且因为它作为一代人思想认识的起点,还在潜移默化中影响着社会的精神气质,塑造着未来的社会思潮和整体价值取向。

在当今世界百年未有之大变局中,我国正处于中国式现代化建设的新历史发展时期。数字社会的到来和"后喻文化"的兴起,为新生代青年创造了全新的生存和奋斗空间。这一代青年既是全球化新进程的参与者,也是民族复兴的生力军,他们在数字化环境中成长,拥有知识生产和传播的后发优势。同时,经济增长方式的转型、产业结构的变化、职业门类的更迭为他们带来了不可预测的挑战。全新的机遇、多重的压力、未知的挑战,使得当代青年的价值观呈现复杂多变、新潮涌动的特点。

在此背景下，我们应如何客观、理性地认识和理解当代青年价值观的变化与趋势？《45°青年》一书为我们提供了一个新的观察视角。

本书从中国改革开放40多年来的巨变出发，从经济增长、社会转型、时间加速、技术迭代、职场变迁等多个维度，全景式地描绘了当代中国青年成长与生活的时代背景。作者着重探讨了"谁是青年"这一元问题，提出年龄和技术可作为划分青年新标准的合理性，并进一步强调了青年与劳动力市场的关系，尤其是从学生到劳动力市场的主角的转型过程对代际特征形成的关键作用。

作者将"青年"置于社会巨变的大背景之中，从经济发展的新阶段、互联网情境下的数字化生存、直面社会的个体化趋势、物质主义与后物质主义的叠加效应等方面，向我们展示了历史发展和社会变迁是如何作用、影响新生代青年的。在作者看来，正是"巨变"与"转型"伴随着青年一代的成长，使这一代青年在转型的张力中寻找动态平衡与稳定，从而形成了他们的独特个性与价值取向。

本书的一个鲜明风格是，作者从奋斗观、消费观、情感观、社交观、婚恋观等多个维度，深描了当代中国青年价值观的整体走向。其中给我留下较深印象的有：一是"自由"与"稳定"是理解当代青年奋斗观的核心概念，但青年对二者的追求并非非此即彼，奋斗的最终目标是为自身价值定位。二是当代青年的消费观念是花钱与省钱并存，这取决于青年一代对"物—我"关系的重新认识和定位。三是当代青年在情感上并非冷漠，他们创造小世界、重审现实性、重建支持系统，为情感着地做出尝试和努力。四是互联网、趣缘和绩效化生活构建了全新的社交场景，青年一代在社交中既维护边界感，又寻求深嵌入，以个性化方式寻找社交生活的自洽。五是当代青年对爱情与婚姻并非排斥，他们对爱情既惧怕又向往；如果建立婚姻关系，希望是主体性与归属感的统一。

综观全书，作者对当代青年的未来持乐观态度，认为青年虽被时代塑造，但并未完全被时代规定。无论环境如何复杂多变，他们的内核都是正向积极的，在用自己的青春和朝气书写和创造着属于他们的时代。

本书的特色与创新之处主要体现在以下三个方面：第一，描摹而非概括。作者认为，当代青年的丰富性与多样化使得全称判断变得不恰当且单薄。作者主张深入青年日常生活的内部、细部展开观察，从价值观形成的社会文化过程入手，理解其复杂性与变化态势。第二，呈现而非判断。价值观的形成是一个动态过程，青年本身处于生命周期中最容易发生变化的阶段。作者努力呈现态势和进程，让读者感受到观念是一个形成的过程，而非一种固定的状态，并接受其不稳定性。作者不对任何观念做出轻易判断，不认为青年哪一种观念是完全正确的，或者绝对错误的、需要摒弃的。第三，理解而非解释。本书的立足点不是分析青年价值观念的形成原因和机制，而是试图理解人与环境、人与他人、人与自身的互动，进而形成观念并指导行动和选择。作者带领读者观察和理解当代青年在直面现实的情况下，发挥主观能动性，彰显人的主体性，并拓展行动的边界，为自身的处境和选择赋予价值及意义。

总之，上一代人总是希望下一代人像自己，而下一代人又总是希望自己有别于上一代人。这就构成代际文化传承与创新发展。代际需要相互理解、相互学习与相互尊重。这就是一位"80后"沪上年轻女学者对当代青年价值演化所作的深描和诠释。作为一个"50后"青年研究工作者，有幸成为本书第一位读者，写下上述感想，仅此为序。

中国社会学会青年社会学专业委员会原理事长　杨雄
识于上海社会科学院社会学研究所
2024年12月1日

# 目 录

**第一章 巨变的时代：从世界到中国**

一、引子：中国与世界的 40 年……4

二、经济增长创造的历史新阶段……6

（一）第三产业比重上升……7

（二）城市化率提升……8

（三）新的经济形态生成……10

三、时间加速带来的发展新体验……13

（一）社会时间凌驾于个体之上……14

（二）不确定性和效率优先为时间加速赋权……16

四、技术进步塑造的发展新局面……18

（一）科技发展带动结构与观念的重组……19

（二）"技术理性"成为社会共识后的潜在风险……21

五、职业结构变迁引领的就业新空间……22

（一）新兴职业不断涌现……23

（二）新兴职业的主要特征……25
（三）新的雇佣关系出现……28

六、产品模式转型引发的新可能……31
（一）非标准化的产品模式……31
（二）可能产生的影响……33

七、谁是青年？……36

# 第二章 巨变中的当代中国青年

一、互联网情境下的数字化生存……41
（一）数字化的语言表达……42
（二）数字化的社会交往……45
（三）数字化塑造的主导意识……47

二、直面社会的个体化趋势……49
（一）作为制度性后果"个体化"……50
（二）意义体系的建构成为个体的任务……52
（三）"自我利益"上升为价值目标……54
（四）"为我所用"成为中心任务……56

三、物质主义与后物质主义的叠加效应……58
（一）"增长"以外的因素得到重视……60
（二）"参与"的吸引力增加……62
（三）表达意识日渐突出……64

四、与经济发展新阶段同频……66

（一）上一阶段沉淀的老问题……68

（二）下一阶段面临的新情况……69

五、张力之下：当代青年的进退空间……71

## 第三章　奋斗观

一、自由："旷野"的吸引与艰辛……80

（一）机会与变数同步增长……81

（二）看重才华与能力的核心作用……86

（三）尤为重视灵活支配的时间……91

（四）抱有不被规则所宰制的期待……96

二、稳定："上岸"的挑战与企盼……100

（一）"上岸"不易……103

（二）"岸上有岸"……107

（三）何处是"岸"……111

三、奋斗："旷野"与"上岸"是硬币的两面……116

（一）为什么不能"既要……又要……"？……118

（二）自由与稳定：凡是追求，皆有意义……119

## 第四章　消费观

一、积极消费：追求品质，建构"精致"……125

（一）花钱，让自己精致又漂亮……127

（二）花钱，让自己新潮又健康……130

（三）花钱，让自己舒适又有趣……133

二、参与式消费：重视价值，强调体验……136

（一）消费与社交深度绑定……137

（二）与其盲目跟风，不如建构品牌……142

三、控制式消费：聚焦需求，减少浪费……152

（一）没必要花的钱不花，没必要留的东西不留……154

（二）支持二手交易，主张物尽其用……159

（三）重拾现金，学习存钱……163

四、消费观：花钱还是省钱并不是关键……168

## 第五章 情感观

一、变化：青年情感的三重特性……174

（一）情感的对象化……175

（二）情感的商品化……180

（三）情感的工具化……185

（四）在场景中理解情感……190

二、困局：情感的需求与失落……191

（一）深度嵌入缺失……192

（二）信任成本增加……197

（三）支持系统被弱化……203

三、破局：为情感"落地"做出的努力……209

（一）寻找小世界，重建"附近"……210

（二）重审现实性，营造"当下"……215

# 第六章　社交观

一、背景：互联网、趣缘、绩效化生活……224

（一）互联网：新的场域……224

（二）趣缘：新的抓手……227

（三）绩效化生活：新的压力……230

二、需求：维护边界感与寻找深嵌入……233

（一）边界感：努力维护独立性和自主性……234

（二）深嵌入：寻求彰显个人意志和主导地位……239

三、特征：在对立统一中寻找自洽……244

（一）"社恐"与"社牛"并存……244

（二）小规模团结与大规模分散并存……251

# 第七章　婚恋观

一、爱情：惧怕又向往……259

（一）不做"舔狗""恋爱脑"……260

（二）爱不动也爱不起……263

（三）依然渴望爱情……268

（四）爱情的"麦当劳化"……277

二、婚姻：既要有感情，也要好合作……281

（一）硬性条件是保障……281

（二）情感交流是基础……288

　　（三）追求主体性与归属感的统一……291

## 第八章　青年与未来

　一、理解今天留下的印记……301

　　（一）内卷……301

　　（二）躺平……305

　　（三）主体性……308

　二、迈向未来广阔的天地……311

　　（一）向深处走去……313

　　（二）向远方走去……314

　　（三）向尖端走去……317

**致　谢**

# 第一章
## 巨变的时代：从世界到中国

青年之未来，常被视为国家之未来。作为一个社会将来的中流砥柱和中坚力量，青年被寄予了无限的希望。

当代青年是怎样的一代？有人说他们是最多元的一代，有人说他们是总体特征最模糊的一代，也有人说他们是低欲望的一代，还有人说他们是生活在矛盾中的一代……这些描述从不同的角度试图给这一代青年画像，但却又揭示出这一代青年当中存在的分化与区隔胜过以往数代。我们很难对当今的青年作全称判断，因为它不是一个单数，也不是铁板一块的存在。他们成长于代际快速更替、中西思潮交汇、变迁不断加速的背景之下，这样的成长经历使他们的观念与心态流动且多变，一直尝试在变化的环境中寻找动态的平衡与稳定。

公共舆论中出现的描绘青年一代的新语汇不断翻新，令人应接不暇："985废物""小镇做题家""县城婆罗门""县城孔乙己""都市首陀罗""淡人""MBTI人格""i人""e

人"……每一个都描述着这一代青年,每一个也都只描述了一个部分。今天的青年似乎越来越不相信"越努力越幸运",却又陷入升级打怪的"跷跷游戏"中停不下来。他们当中有些人倦了、累了,想要回到故乡,寻找完整、充实、自我主宰又充满活力的生活。也有人高喊"人生是狂野,不是轨道",冲回特大型城市的广阔天地,寻找"又燃又丧"的人生。在有些人眼里,乡村不再意味着落后与贫瘠,乡村 CEO 可以进城招工,民宿、果园、蔬菜大棚等"土"岗位也能得到青年一代的青睐,他们愿意去农村创业打工。在另一些人眼里,只有进入体制内才算"上岸",即便是附着在体制之外的"瓷饭碗"也变成了香饽饽。有人说"爱情免谈",夜校又在他们当中悄然流行起来,于是"约会不如上夜校,插画化妆写毛笔"。也有人通过虚拟恋人、乙女游戏、麦当劳化的爱情,满足自己对亲密关系的追求与想象。有人总是想要花最小的成本,逃离既定的生活轨迹,于是出现了特种兵旅行,Gap Year 太漫长,Gap Day 甚至 Gap Hour 才符合他们的心意。也有些人希望用短暂的时间满足交往的需要,成人小饭桌变成了漂泊的城市青年微型的社交场所,心与胃的空虚同时填满。他们花钱的时候不在乎,省钱的时候不马虎。大几千的物件,该买的时候不眨眼;小几块的零碎,该省的时候掰着指头算。他们说自己"偷感很重"地努力着,扮出云淡风轻的样子,将真实的需要掩饰起来；对于自己争取的目标，不到有把握的时候，绝不能让人察觉到。他们总是想要卸下身上的包袱，可以轻松愉快地生活，有人做"全职儿女"，有人"周末出家"，也有人离开互联网大厂开咖啡店。然而，没有过多久，全职儿女发现还是得出门上班，周末出家的发现在庙里待着比打工还累，开了咖啡馆的发现没有比上班性价比更高的事了。于是，我们看到了各种各样的"既想……又想……"却"既不能……又不能……"，边"卷"边"躺"，又"燃"又"丧"成为一种集体情绪，似乎大家都很焦虑，但即便如此还都在积极求生。

青春时代的集体记忆与体验将影响个体的生命历程，人与社会关系的二重性决定了人的观念与心态的形成具有社会性的特征，社会的宏观结构与个体在社会中的具体处境交织在一起，共同塑造了一代人的观念与行动，这也就是我们通常所说的"代际特征"。若要了解当代青年，与其在外部观察与描摹，不如进入他们生活的内里，仔细聆听他们的声音，用心观察他们怎么想、怎么做、怎么选择。回到历史的进程和变迁的过程当中，我们发现，这一代青年的所思、所想、所为都是在不断变迁的全新环境中逐渐产生和形成的。

何新之有？让我们从中国与世界的 40 年开始说起。

## 一、引子：中国与世界的 40 年

要理解青年，就要从他们所处的时代开始。时代不仅是一个时间的概念，更包含了结构与变迁，它于润物细无声之间塑造了青年一代的群体结构特征、观念心态、行为方式，为他们打上了鲜明的代际烙印，这些因素又将对未来社会的发展与变迁产生深远的影响。

当代青年出生与成长的时期，全球经济正值上行阶段，他们甫一出生便拥有着前几代人所无法比拟的社会物质基础。20 世纪末，全球经济体系进入由西方世界主导，新自由主义、全球化、金融化这"三驾马车"并进的历史进程。人力、资本、原材料在全球范围内流动，成为配置资源和开拓市场的有效方式；金融资本在世界经济格局的发展和变迁中扮演了越来越重要的角色，"释放市场的力量"使资本主义国家迎来为期 30 余年的繁荣，进而又带动了全球经济的高速增长。这一时期的中国，改革开放政策不断深入推进，经济发展战略以对外贸易为主，起步建设资金问题通过招商引资解决，优质廉价的劳动力、腹地广阔的市场空间，不仅使中国有机会深入参与生产环节的全球分工，而且使中国得以借助进口驱动力推动国内经济增长，从而创造了"中国经济增长奇迹"。

2018 年 12 月，中国隆重庆祝改革开放 40 周年。中国与世界同时经历的巨变,使中国再次在世界政治经济体系中确立了自己的位置。作为"新兴市场国家"中的一员,中国既迎来了国内经济和社会的大发展,也参与了世界格局的建设与重构。这样的宏观背景使得成长起来的新一代青年,在享受较为丰富的物质资源的同时,也拥有了开阔的视野,对流动与发展的认可,以及对个人生存状况、发展前景、价值彰显的重视。

当代青年逐步迈入社会之时,全球化重新布局、中国经济进入换挡期等转变迎面而来,加上网络技术革命和数字化浪潮的冲击,他们所面临的是风险与挑战陡然增加的全新局面。2008年全球金融危机爆发,前一阶段积累的问题和矛盾逐渐暴露。高歌猛进30余年的全球化进程逐渐进入深度调整期,世界范围内民族主义情绪抬头,"必须保卫社会"的呼声渐强[1]。这一时期中国经济发展出现重大转变,基础设施建设和扩大内需成为国内生产总值(GDP)的两大支柱。2010年,中国超越日本成为世界第二大经济体,继而转入"经济新常态",经济结构调整迫在眉睫;中美贸易摩擦又给中国的自主创新敲响了警钟。青年一代享受了数字技术迅猛发展带来的红利,也接受了变革加速所带来的挑战;见证了全球化加速带来

---

[1] 高柏,草仓.为什么全球化会发生逆转:逆全球化现象的因果机制分析.文化纵横,2016(6).

的高光时刻，也目睹了利益冲突、格局调整以及疫情冲击带来的局部动荡。可以预见的是，短期内大国冲突仍将继续，逆全球化不会快速结束；产业链、供应链的重构，技术进步的碎片化，以及随之而来的世界经济增速减缓，都将与当代青年同行。与此同时，中国经济进入了从高速增长到高质量发展的换挡期。这一代青年正是在"百年未有之大变局"的加速演化期、民族复兴的关键时刻开启人生的新征程。

正因如此，这一代青年体现出了丰富而矛盾、多元而高压的特点。他们是互联网与数字化快速发展中成长起来的全新一代；在技术推动的加速主义背景下，他们重新界定了自我与他人、与社会、与世界的关系。他们是新时期民族复兴的主力军，同时也面临着多重的风险与压力。他们需要应对多元价值观的冲击、自我实现的张力，还要处理物质之上更高的精神生活的追求与事实性匮乏之间的矛盾。近年来，不断变化的国际国内形势，直接或间接地影响到他们的日常生活，这种影响也在他们的价值观念和行为方式等不同侧面呈现出来。因而，要理解当代青年，就要从理解时代开始。

## 二、经济增长创造的历史新阶段

中国人用不到半个世纪的时间创造出了经济史上的增长

奇迹。经济的飞速发展、物质财富的快速积累，伴随着全球流动的深入、科学技术手段的不断演化，以及一些非预期的后果，将中国带到了一个全新的历史阶段。在经济发展的过程中，有两个因素对青年一代的影响尤为深远：一是第三产业的比重不断上升，二是城市化率不断提升。

### （一）第三产业比重上升

从 20 世纪 70 年代末开始，在"以经济建设为中心"的总体方针指导之下，经过改革开放 40 年的发展，我国国内生产总值由 3 679 亿元增长到 2017 年的 82.7 万亿元，年均实际增长 9.5%；我国国内生产总值占世界生产总值的比重由改革开放之初的 1.8% 上升到 15.2%。在经济持续增长的过程中，第三产业持续而深刻的变化尤为突出。改革开放初期第三产业在我国的经济组成当中处于从属的地位，到 2017 年它在国内生产总值中所占比重过半（51.6%）[①]。

在总量增长的同时，第三产业的内部结构也发生了根本性的变化，新的行业、新的职业门类不断涌现，"服务业"的内涵和外延在短时间内不断被改写。

正因如此，第三产业在国内生产总值中的比重不断增加

---

① 国家统计局. 中国统计年鉴. 2018.

的同时,也贡献出了越来越多的就业岗位,所吸纳的就业人口呈现持续上升的趋势。中国在 20 世纪 70 年代末之前,大部分人口都是农业人口,这一状态一直持续到 21 世纪初。2000 年,农业人口与非农业人口在就业比例上持平,第三产业比重占四分之一强。第三产业就业人口占比在 2017 年达到 44.1%,2022 年达到 48.0%[①]。

第三产业就业人口占比上升,一方面使得劳动力市场的外延不断扩大,年龄、性别的约束出现了弹性的变化,就业的门类和方式较之过去有了新的特征;另一方面对劳动力素质的要求日趋多元,并开始向专业化、不断细分的方向发展。新的经济发展阶段,在工业和科技领域着力创新、解决"卡脖子"问题的同时,服务业发展的新趋势是经济转型升级的大势所趋,是影响增长、转型与高质量发展的关键所在。

**(二)城市化率提升**

经济高速增长的 40 年,也是我国城市化率不断提升的 40 年。1978 年我国的城市化率为 17.9%,2000 年上升至 36.2%。城市化率超过 50% 是一个重要的分水岭,意味着生产方式的转变和产业结构的调整。纵观全球,在发达国家中,英国于

---

① 国家统计局. 中国统计年鉴. 2018.

1850年、德国于1892年、美国于1918年、法国于1931年、日本于1968年达到这一水平。国家统计局数据显示，2011年我国城市化率达到51.27%①，首次突破50%，城镇人口首次超过了乡村人口，城市化进程进入关键发展阶段。横向来看，2020年以后美国的城市化率是83%，英国是84%，法国是81%，德国是78%，日本是92%，我国是64%②。

与发达国家相比，我国城市化起步晚，到目前为止城市化率仍然有很大的提升空间。就目前而言，我国存在着明显的区域不平衡问题，不同城市之间的发展差异非常显著。在城市化的推进过程中新的问题也不断涌现，例如，城市化使得耕地减少、城市的扩张带来了各种城市病、城市化强化了区域之间和城乡之间的不平衡。但从总体趋势来看，城市化进程的不断推进仍是未来的发展方向，前一阶段发展过程中遗留下来的问题，恰可以成为下一个发展阶段的增长点。

城市化率的不断提升，与第三产业GDP构成比和就业人员构成比不断上升呈相辅相成的关系。从20世纪90年代开始，"信息社会""知识社会"等提法在广大民众当中流行开来，知识、技术、信息、服务在社会生产中的重要性日益上升，成为

---

① 国家统计局.中国统计年鉴.2018.
② 范佳慧，栾峰.国际乡村发展的理念演变、前沿议题与规划响应.国际城市规划，2024（4）.

生产力发展的关键性要素，发展的路径逐渐从劳动密集型向技术创新型过渡。产业结构以及每个产业内部细化分工的趋势都日渐显著，服务化、技术化、信息化的特征已初现端倪。近年来，第三产业的壮大和城市化水平的提高使得细化分工成为产业发展的必然，设计、策划、营销等环节都作为独立工作从原先的产业内部分工中脱离出来，成为专门化的职业门类，全社会缩短工时、弹性用工、终身学习的需求不断上涨。城市化率的不断提升，为人们应对这种转变而出现的物质和精神生活的新需求提供了空间和场所。人们在物质与精神等方面的需求逐渐变得多元化、个性化。文化、教育、娱乐等领域在快速发展的同时，出现了产业化的趋势，进而，新的生活方式以及与之相关的职业类型被不断创造出来。

### （三）新的经济形态生成

经济形态的变化是其他社会要素变化的基础。理解新的经济形态是理解社会文化变迁的核心要素，也是理解当代青年价值观念、社会形态和行为方式的关键所在。

改革开放以来，中国经济逐步融入全球市场，进而中国也在世界政治经济新格局当中确立了自身的位置。发达国家在制度、技术等方面长期居于领先和主导地位，很大程度上左右了现行的经济、贸易的制度与规则。中国提供了大量优质、低成本的劳动力，成为世界工厂，同时向世界释放了巨大的市场潜能；在对外贸易战略导向的引领之下，大规模廉价商品输出带动经济增长的粗放型模式在过去很长一段时间内占据了主导地位。

外向型、低技术、高密度、标准化是这一阶段经济增长的主要特征，在这些特征引领下出现的发展态势和增长速度，是当今广大民众尤其是青年心态与观念得以形成的物质基础。

近年来，全球贸易格局发生了重大的变化，经历过短期的下降状态之后，数字贸易成为促进全球贸易复苏的新动力，新的贸易格局沿着"一超多强"的路径发展。与此同时，区域化趋势逐渐抬头，国际市场的空间和广度都面临重新布局。作为世界第二大经济体，我国着力培养内生需求，使之成为下一阶段的增长点，也正因如此，转型升级和创新发展成为关键任务。新的全球性经济趋势和经济形态都初见端倪。在新的发展周期当中，包括人力资本、专业技术、文化符号、服务能力等在内的非物质资料在资源流动与分配中所占的比例日趋显著，过去注重"量"的增长的粗放式、集中式的扩张模式渐渐式微，而以质取胜、内需主导等新的增长方式将成长起来。

当代青年的成长与时代的变迁相同步，他们步入社会之初，就需要直面和应对宏观变迁所带来的一系列后果。

不容否认，时代巨变最直接的表现，就是生活的改善。

这当中既包括物质生活水平的提高，又包括流动与发展机遇的增加，还包括在物质之上，人们看到了更多的精神与文化生活得以改善的可能性。但它同时带来的，还有新的限制和挑战。

过去40年的时间里，全球经济快速发展的同时，"个体"也被推到了最前端。这一代青年尤为看重的一点，就是自身的主体性和自我意识。他们希望在发展中施展自己的才华，在社交中展现自己的情趣，在消费中突出自己的需要，简而言之，就是"我被看见"。但是，个体化并不是个人的选择，而是一种制度性的后果。在看似个体获得了极大限度的自由的同时，制度性的协调和保护都大幅度后退，主观能动性的发挥依然受到外部环境的限制。技术进步不断改变着增长的方式，金融化又不断调整着分配的规则，这些都在无形当中左右着个人的选择。因此，青年一代看似拥有无限可能，但又面临着不得不"眼观六路，耳听八方"，一边走脚下的路、一边为下一步做打算的境地。个人在劳动力市场上的作用变得渺小，即便实际的物质生活不断改善，但幸福感和成就感仍然大打折扣。今天的青年停不下来——努力不一定获得，不努力则必然失去，但是他们又不知道努力对于个体的价值在哪里。于是，他们格外看重自己的价值与感受，希望能够找到一条不被约束和界定的发展路径。但是，他们同时也感受到了自身的渺小，期盼着自己能够得到社会的认可，来实现自己的价值感和归属感。

## 三、时间加速带来的发展新体验

人们对时间的感受和认识是一个社会化的产物,"时间感"在很大程度上体现了人们对于社会变迁的体验和调适。在今天,人们的时间感与以往有着明显的不同,个体在不同的程度和维度上体验着时间加速及其后果。互联网与数字技术的持续推进、绩效化考核在管理机制中的广泛应用都使得时间加速越来越突出。它所引发的后果之一,就是社会时间的结构发生根本性转变,个体对于时间的观念和认识也同步发生结构性的变化。由"时间不够用"引发的焦虑、恐惧、紧迫感、无力感等全社会共有的情感体验也变得越来越普遍①。

"凡事要趁早"成为全社会不言自明的共识。尽管在公共舆论中经常出现摒弃时间禁锢、重视自身感受的声音,但是,在实际的行动当中,"时不我待"仍然在各种场景中若隐若现。人们都主动或被动地认识到:单位时间内的产出成为衡量个体是否成功的主要标准;如果在一定的时间内无法达到规定的目标,则意味着失败,其结局需要个体承担。

---

① 邢婷婷. 当代社会的个体境遇与时间焦虑:社会变迁的一种非预期性后果. 社会科学报. 2020-04-16.

## （一）社会时间凌驾于个体之上

首先是时间效率化。它的第一个直接表现，就是在观念上认同又快又好，快字当先。"快"在个体的竞争力当中越来越被看重，被赋予了敏锐、高效、执行力强等诸多正面的含义；"慢"则被看作效率意识低下、缺乏竞争力，甚至在某种程度上有自我放弃的含义。这样的观念渐渐形成，给个体框定了一个关于时间的"理想模型"——能够准确捕捉快速发展机遇、高效产出才能够满足时间效率化的需求，这样的品质才是值得肯定的，而拥有这种品质的人便能够将自己朝着有竞争力的方向塑造。

然而，跟得上社会时间节奏、达到快速进步的社会标准的人其实并非多数。有些人对外部环境不敏感，对新趋势的嗅觉不灵敏，无法准确把握快速发展的路径。有些人身处需要经历长周期积累和沉淀的行业，几乎没有什么短时间内突破性成长的可能。而那些在某一阶段准确把握到了快速发展机遇的人，也并非一劳永逸，因为变化速度加快，推陈出新就在不经意之间。前一阶段高效产出的模式到了新的条件下是否还能维持，其中存在着极大的不确定性。正因如此，时间效率化成为一种普遍的社会压力，它给人所带来的，往往是一种"跟不上趟"的挫败感。

其次是单向度的进步观。这种观念可以被看作时间效率化的后果，它将人与社会的复杂性进行了简化，将个体从社会关系和社会情境中抽离出来，放置在同一条向上进阶的道路中，人的发展就像游戏中的升级打怪。它要求人必须进步，应该拥有若干知识、技能、判断力，以备不时之需，应对来自外部的挑战，并主动创造变化的机会，增强抓住机遇从而实现进阶的能力。

能够不断适应变化并获取进步，被看作突出的个人能力。具有竞争力，且可以通过流动来扩大自身议价空间的人被认为具备优秀的品质。尽管从外部看，"优秀"的呈现形式多种多样，但其背后隐藏的根本逻辑是单位时间内快速、高效、持续不断地产出。在这样的标准之下，每前进一步都是相对的，人要有归零意识，要长期保持向上的状态。

最后是非连续性的规划路径。正是因为单向度的进步观要求人们以敏锐的嗅觉不断把握发展的新趋势、创造发展的新可能，于是，不管是主动还是被动，青年一代在考虑和规划自身的发展路径和模式时，往往不再以长时段的生命周期和具体的空间地点作为依据，时间上的阶段性取代整体性、空间上的即时性取代在地性；以阶段性斩获为出发点，具体地点可以随之变迁和转移。这样一种非连续性的规划路径，主要着眼于当下的获取，认为只有当下的斩获才能构筑进阶的标志。

在这一认识的引导下，基于工具理性的利益计算越来越凸显，不能获益的投入不被认可——哪怕这些投入是人的全面发展和社会关系网络维系的基本条件，只要其无法为单向度的进步观做贡献，便被看作非理性且没有价值。然而，非连续性的规划路径又与长期的进阶式发展相互矛盾——非连续性规划无法满足持续性的积累，每一阶段发展的关联性不强，个体需要不断地寻找风口、把握机会。所以，"当下"总是被否定的，因为阶段性目标达成后，"当下"就被归零了，个体便需要向下一个阶梯迈进。这样造成的后果，却让人们无所适从：一方面，当下的获取才是真实的；另一方面，人们无法着陆于当下，因为当下只是在给未来做准备。

### （二）不确定性和效率优先为时间加速赋权

"不确定性"在今天尤为被强调，其实这背后也是一个建构的过程。为数不多的掌握了资本和技术的人，同时也拥有主动权。他们逐利而居，制造了劳动力场所的不确定性。当这种不确定性被建构起来之后，它又可以跳出制度与结构，进而形成一种话语，将个体的努力在个人发展中的重要性不断提升，却否认绝大多数不掌握资源的人只能随着劳动场所的不断变化而被动地寻找自身的发展机遇，渐渐营造出一种"通过个人的努力，获得更高的收入，从而可以拥有更加丰富的选择权，以更国际化的方式生活"的社会共识。它掩盖了大量个体并不拥有自由流动的资本、在流动的体系中处于弱势地位这样一个客观事实，从而也就掩盖了不确定性的本质。将个体的结构性弱势地位归结为自身的不努力，使个人承担了超出能力范围的责任，这样一种状态使得个体长期感到未来不确定，"找机会"和"等机会"成为众多人的生存状态。在这种寻找和等待中，时间的压迫感如影随形。

近十多年来金融资本的快速发展强化了"效率优先"的法则[①]。金融的逻辑对生活的塑造很大程度上体现在"效率"观念的转变——在金融资本兴起之前，效率意味着质量的提高和收益的增长；金融资本兴起之后，为股东价值负责成为金融业发展的首要信条，它导致效率的含义发生了变化，剥离了原先质量的内涵，仅看重收益的增长。简而言之，效率即增长。这种逻辑渐渐透过金融行业和部门，渗进社会生活的诸多方面。在其影响之下，微观行动主体也渐渐接受了效率即增长的观念，对可估算、可测量的进步和发展尤为看重。对增长无益的品质是没有用的，不值得关注。这样一来，"人"本身所拥有的一些素质、品质不再受到重视，对能力的强调则更加侧重于对外部机遇/风口的把握。在等待和寻找机遇的过程中，个

---

① 何柔宛.清算：华尔街的日常生活.翟宇航，等，译.上海：华东师范大学出版社，2018.

体的着眼点在于跟外部条件的匹配，因而长期处于自我怀疑当中，与前文所述的结构性的不确定性相叠加，个体在地化的归属感被进一步剥离。时间的压缩和悬置感的加剧，使全社会感受到的时间压力愈发明显，尤其是青年，他们在生命周期和劳动力市场中所处的位置，让他们对于时间的压力尤为敏感。

## 四、技术进步塑造的发展新局面

"科学技术是第一生产力"，科学的发展进步直接影响着人类生活的进步，人类社会生活方式转变推动科技不断创新升级，技术发展新趋势带给我们无限新希望。技术的发展也是一把双刃剑，社会平等、环境保护、价值观念都有可能面对技术革新所带来的弊端和挑战。

智能时代的脚步日益临近，生活在现代社会的人们将在人工智能全面运用的环境中享受科技带来的红利、接受变革带来的挑战。ChatGPT 的诞生宣告着生成式人工智能时代的到来，基于人类反馈的机器强化学习，不仅标志着人类历史沉积的各种知识被有效激活和全面利用，利用机器作为人类的秘书将数以亿计地扩张我们知识运用的能级，更为重要的是人工智能将全面延伸人类的智力，加速知识的创造，改变知识传播、配置和创造的方式，以及构建在知识创造之上的权力体系和组织架构，其产生的变革远远超越了前几轮技术革命对于人类四肢能力的拓展，人脑的扩张将超越各种传统的想象。当代青年是伴随着移动互联、手游、动漫而成长起来的数字原住民，数字技术、生物技术以及其他现代科技的日新月异给今天以及未来的社会带来的，是红利与挑战并存的全新局面。

## （一）科技发展带动结构与观念的重组

首先是权力体系。伴随着技术创新，新的生产要素投入市场，各项资源按照新的秩序架构进行配置，原有生产力各项要素在市场中的权重和位置重新布局，这些将导致权力体系的变化。在科技发展的过程中，体力劳动者的价值往往最先被贬低，然后是工作过程不断重复、可替代性强的劳动者价值降低。有人认为，接下来将要受到挑战的是从事简单逻辑思维的脑力劳动者；而原创含量高且难以被简单复制和编码的工作，短期内尚具有抗衡技术收编的能力。科技创新也会使得国家与市场的关系发生改变。一旦技术重组生产方式或推动新的产业出现，国家、市场、社会（包括个人）之间的合作、利益分配都会发生根本性的改变，国家在一定程度上会调整自身在市场与社会之间的位置，避免市场无序扩张，使社会既得到发展，又不至于无序和弱化。再者，科学技术的发展还将影响国家之间的权力关系。在过去很长一段时间里，欧美等西方发达国家始终处于科技发展的最前沿,在掌握突破性核心技术的同时,也控制着规则制定与解读的话语权。因而,核心技术要牢牢掌握在自己手里,不仅仅是为了摆脱被动的局面,更重要的是通过拥有自主权,在权力体系中确定自己的位置。

其次是组织结构的变化。在当今诸多技术飞速发展的领域中,信息技术的影响最为广泛和深刻。信息的快速流动一方面可以有效支持决策,使决策更为集中且高效;另一方面又会使得组织的控制力更为分散,组织结构按照上层集中、下层分散的趋势发展。同时,信息技术还会使组织的边界发生变化。一方面,协调成本降低,从而让组织有了扩张到更大范围的可能;另一方面,大量中间组织出现,使组织的核心能力更为凸显。此外,信息技术的发展还会影响到组织的沟通模式。科层制的沟通模式难以快速应对外部环境的变化。在信息技术发展的带动之下,纵横交错的网状沟通将更为普遍,协作的趋势将朝着跨职能、跨层级的方向发展。

最后是对人的价值观念的影响。科学技术的发展极大地促进了生产力的提升,但也正因如此,效率至上的观念在社会范围内得到了更大程度的认可,它可能带来的结果就是资源分配不公,造成强者愈强、弱者愈弱的局面。与此同时,从人工智能、基因编辑、生命延续术到虚假信息传播、网络暴力、侵犯个人隐私等带来了伦理争议和道德担忧。其中蕴含的超出技术本身的问题，涉及的本质是人对生命与人格的态度。人类面对着一个重要的命题：如何在推进科学与技术的发展的同时，不违背人的基本道德和伦理观念。

### （二）"技术理性"成为社会共识后的潜在风险

"技术理性"在一定程度上意味着，人们相信人可以凭借理性把握的技术，不断创造出新的手段，来无限地提升控制自然的能力，而不必求助于某种超越性的力量。科学技术的发展使人们对自然的崇拜和迷信逐渐淡化，从原始的"自然中心主义"转向了"人类中心主义"。与此同时，人对自然的理性把握和技术征服带来了人的自由和主体性的扩张。40多年全世界范围内的技术进步，确实给予人们前所未有的物质生产力量，人类的器官功能得到了延伸，计算机信息技术、生物工程等让人的精力和能力的释放有了超越生理限制的可能。但与此同时，人们并未能够深刻意识到，技术理性一边扮演着解放人、确认人的主体性的角色，一边发挥着束缚人、控制人的异化力量。

正如马尔库塞所说，进入科技社会之后，异化从有形的政治力量和经济力量向无形的文化力量转化。在发达的工业社会中，机械化降低了劳动中所耗费的体力强度，加之物质财富极大丰富，制度的效率使个人不曾认识到他对未能体现整体压制力量的事实视而不见①。通俗地说，蛋糕做大了，即便分蛋糕的比例并没有变，但由于每个人获得的份额多了，对于自身承受的压力、不公平也就没有那么敏感了。技术理性带来技术异化，但这种异化以更加隐蔽的形式存在于社会生活之中，使人们误认为技术解放了自身。与工业技术相比，信息技术又加剧了这一过程。信息技术的发展赋予人们一种错觉，即每个人都掌握着自身发言和选择的主导权，人们可以就此灵活地安排具体的时间、地点，看似不再受到时空限制，并且有了自由选择的权利。但事实上，技术理性更加深入地渗透到了人们的日常生活当中，支配人们的权力更加隐秘和分散，个体更难以察觉，与之对抗的困难也陡然升级。与此同时，当人们更加相信技术的进步可以带来生产效率的提升，进而强化解决问题的能力，最终使得生活更为自由和幸福时，也就渐渐失去了反思的意识。

## 五、职业结构变迁引领的就业新空间

过去 40 多年间，在"招商引资"和"开放搞活"的战略

---

① 张翔，蔡华杰. 马尔库塞"技术理性批判"对"异化理论"的重构及当代启示. 国外社会科学前沿，2022（11）.

布局之下，对外贸易和以市场换技术在很大程度上解决了中国资金缺乏和技术落后的问题，帮助中国实现了跨越式发展，为中国积累了持续发展的资本。以市场换技术的战略虽然以最快的速度弥合了我们与世界的技术差距，但是有两方面的突出问题仍然需要花时间去解决。一方面是人口基数大、区域发展不均衡、城乡二元结构依然存在、产业结构需进一步优化调整；另一方面是关键核心技术被"卡脖子"，尚未掌握在自己手里。

"自主创新"和"转型升级"不仅存在于宏观层面的制度建设和政策引导，它所带来的变化还渗透于我们的生活当中。新的职业结构、雇佣关系、生产方式、产品模式等，都已经在我们的生活中逐渐形成并成长起来。劳动力市场的变化、新职业的出现、新型雇佣关系的出现，都是这样一种转型最为直观的表现，而这些变化所产生的影响在青年身上也是最为直接和深刻的。

### （一）新兴职业不断涌现

中国的劳动力市场正在经历重大变化，劳动力供给不断减少。无论是农村还是城镇，都面临着劳动年龄人口减少的状况。与此同时，传统城乡二元劳动力市场带来的供给也在减弱，这是由于城乡之间的收入差距不断缩小，农村居民进入城镇工作的意愿降低。2022 年，城镇居民人均可支配收入实际增长 1.9%，农村居民人均可支配收入实际增长 4.2%[①]。

与此同时，服务业崛起，大量劳动力从制造业向服务业转移，成为劳动力市场的又一变化趋势。中国第三产业就业人口在 2012 年后急速上升，其中生活服务业近年来快速壮大，创造出大量的就业岗位；再加上以互联网为代表的新技术的冲击，加快了劳动力向服务业转移的速度。2022 年中国网民数量达到 10.67 亿，普及率达到 75.6%。其中，移动互联的发展更为显著，网民使用手机上网的比例超过 95%。移动互联的发展极大地推动了平台经济的发展，后果之一便是推动了生活型服务业的就业。平台经济在解决产能过剩行业再就业，以及贫困地区劳动力就业等方面起到了显著的推动作用。其中，包括共享出行、共享住宿、共享服务在内的共享经济释放了大量的就业空间。

新出现的服务业岗位与制造业相比，主要有两个特点。一是平均工资并不低于制造业。2022 年全国规模以上企业就业人员年平均工资为 92 492 元，比上年名义增长 5.0%。其中，中层及以上管理人员 189 076 元，增长 4.7%；专业技术人员 133 264 元，增长 6.6%；办事人员和有关人员 85 881 元，增

---

① 国家统计局. 2022 年居民收入和消费支出情况. 2023-01-17.

长 4.1%；社会生产服务和生活服务人员 70 234 元，增长 3.3%；生产制造及有关人员 71 147 元，增长 3.9%[①]。二是新职业人群工作满意度高。首先是工作的时间和地点不受限制，多种新兴职业的工作时长并不短，但很多从业者看中的是大到工作方式、小到衣着打扮都较少为外在制度所规定。其次是兴趣和一技之长可以得到发挥，即"做自己擅长的事"。近几年互联网短视频的兴起，使很多人尤其是青年意识到通过延长长板而不是弥补短板更能够被社会所接受，技能有了变现的途径，多了新的获得饭碗的空间。再次是可以回避职场人际关系，不用受制于人，不被规定和制度所制约；出入自由，不存在烦琐的入职和离职手续，随时可以离开。所以，目前很多新兴职业收入并不稳定，工资标准不甚明确，计时收入与计件收入同时存在。但它深受青睐的关键点就在于自由灵活、靠一技之长吃饭、不必仰人鼻息。

**（二）新兴职业的主要特征**

首先，为人们的生活便捷和个性化满足提供服务的行业成为最突出的增长点。新兴职业最主要可以分为两类：一类是提供生活服务，另一类是满足个人精神需要。当代人工作压力

---

[①] 国家统计局. 2022 年居民收入和消费支出情况. 2023-01-17.

大、生活节奏不断加快，个人或单个的家庭单独应对问题的难度日益增大。与此同时，随着人们物质财富的增加，人们对生活品质的要求不断提高，帮助人们节省时间、提高效率、保障品质的职业不断出现，如家政服务员、餐饮外卖配送员等。近年兴起的网络直播，尽管传播的部分内容缺乏主题、没有深度，但是主播可以迅速走红，成为某些群体争相追捧和效仿的对象，这些主播走红的一个重要原因，就是其中一些勾勒出了某种"好生活"，吸引了某些人；另一些则展现了生活的多样性，满足了人们的好奇心，甚至是猎奇心理。以服务个人为主要目标的职业门类也逐渐成长壮大起来，其职业目的就是使个人保持较好的心理状态和社会竞争力，如心理咨询师、职业培训师、健身教练、美容师等。

其次，部分新兴职业打破了从业者的教育程度、年龄界限、性别分工的刻板印象。在经济转型升级的大背景下，部分新职业具有较高的准入门槛，知识更新速度也很快，对于从业人员的教育背景和学习能力提出了较高的要求，大量的高技能人才投身于新职业。有数据显示，60.27%的新职业人群拥有大专及以上学历，31.22%拥有大学本科以上学历，而初中及以下文化程度的仅占11.76%[1]。新兴职业从业者在年龄上呈现

---

[1] 美团、智联招聘.2018年新职业人群工作生活现状调查报告.2018-10-24.

年轻化趋势。有数据显示,"80后"与"90后"成为新兴职业从业者的主力军,占比超过90%。其中,"90后"占据半壁江山,"95后"占比超22%,他们大多处于大学毕业不久的状态。新兴职业为处于择业期的青年提供了更加多元的选择。新华网发布的《95后的"迷之就业观"》中,网红、主播以54%的绝对比例占据"95后"最向往的新兴职业第一名。除此之外,新兴职业从业人员的性别分布也呈现变化趋势。如育婴师、美容师、中小学专业课程辅导老师等,男性已经开始占据相当的比例。例如,在育婴师当中,男性占33.3%;在美容师当中,男性占29.0%。另外,一些劳动强度大、工作时间长、体力消耗大的行业,例如外卖骑手、快递员等,也有大量的女性从业人员。

最后,高度的流动性成为新兴职业的重要特征。如前文所述,新兴职业的从业人员大多看重自由、不受限制等优势,所以他们看重的核心要素并非稳定。从业人员往往看重的是自己靠手艺、体力、能力吃饭,而不是依靠某个单位或某种制度,所以他们更换工作地点的频率相对传统职业高出很多。新兴职业的从业人员较为看重当即报酬,哪里可以在单位时间内赚到更多的钱,他们就会流动到哪里。在新兴职业中,某个职业具体的工作内容被强调,而结构性建制被弱化。跳槽只是更换具体的服务对象或工作地点,但职业身份是相对清楚和明确的，尤其是一些门槛较高、依赖社会声望、需要经验积累的职业。归属感和稳定性由职业身份所决定，而不依赖于单位建制。

**（三）新的雇佣关系出现**

新兴的雇佣关系有三个最主要的特点：第一，临时性、非正规性；第二，项目制管理方式兴起；第三，资源整合的作用大于制度保障的作用。

首先，一些新兴的雇佣关系具有临时性、非正规性的特征。新兴职业具有高度的流动性，这也塑造了新的雇佣关系。多种新兴职业都是在市场高度细分下回应个性化需求而出现并在近三五年之内为人熟知的。它们本身的特点就是小而精，在市场中的分布状态是许许多多的平行共存的小单位，而不是整合成规模化的大单位。雇佣双方以完成某些具体的工作、满足市场的服务需求为导向，追求制度化的约束和保障对双方来讲都是增加成本。对于雇主来讲，其路径是不断做专做精、维护顾客的个体化需要，这也更便于与新机遇相对接，实现转型或者升级发展。对于员工而言，其在雇主这里寻找的是一个介入市场的渠道，一旦有了更好的渠道或者自立门户，流动的代价很小。所以，雇主与员工之间的关系是一种合作关系，能够在短时间内合作盈利是他们的首要共识，双方都没有期待对方能够提供稳定的约束和保障。

其次，层级少、扁平化的项目制管理方式兴起。长期以来，科层制就是职业组织化发展的最主要的结构形式。近几年出现并繁荣发展的新兴职业，扁平化的项目制管理方式逐渐兴起，在有些情况下与科层制平行，在有些情况下嵌入科层制，成为重要的雇佣结构特征。

在新兴职业当中，从业者最重要的倚仗既有自己的体力或技能优势，也有人性化的风格。例如：外卖小哥、快递员主要是依靠体力；家政服务人员、月嫂、体能教练等兼有体力和技能双重特性；心理咨询师、培训师、宠物医生等主要依靠的是技能；网红、网络主播等所依靠的既非体能又非技能，而是以一种个性化的风格展现来营造职业发展的空间。这些职业难以形成一种标准统一、可供量化考核的标准化管理模式，从而获得奖励或晋升。将新兴职业串联起来的并不是某一种标准化的评价体系，而是多元化、个性化的市场需求。但是，这也并不意味着新兴职业就是一个一个散落的点，彼此之间缺乏关联。当它们需要合作的时候，更多地借助项目制的形式，完成既定任务是首要目的；沟通追求有效性，打破了层级的制约，扁平化和短期性成为最主要的特征，项目完成便意味着合作结束。

最后，资源整合的作用大于制度保障的作用。独立职业人并不与某家单位建立长期稳定的雇佣关系，而是以项目为导向整合资源。项目负责人所扮演的角色更大程度上是资源整合者：他们在市场中通过专业性打开资源渠道，同时具备一定的组织力和号召力，能够在短时间内组织和聚集起一个团队来完成项目，扮演着资源中枢的角色，将需求、人力、物力聚集在一起，通过项目制的方式满足个性化、特色化，但是难以标准化和复制的市场需求。例如：共享经济中的付费知识，平台与课程讲师之间并没有稳定的雇佣关系，平台主要是做市场和策划主题，课程讲师主要是负责内容生产，以讲座主题为抓手，整合讲授。讲师的构成主要包括兼职的大学老师、高级专业技术人员、职业讲师等，以项目为单位达成协议。这些讲师合作的平台往往不止一个，有人有自己的自主音频或视频产品，遵循"个人即品牌"的原则，注重内容的营造，配套推出线下活动、图书出版等，促进个人品牌的建构，提升与平台的合作程度。

在新兴职业当中，无论提供的是知识、劳动力还是服务体验，稳固的、制度化的雇佣关系并不居于主导地位。这些职业或许不需要发展成为庞大、系统、建制健全、阶层分明的职业体系；与标准化和规模化相比，这些职业更多的是满足多元化、个性化、对灵活性要求极高的市场需求。

## 六、产品模式转型引发的新可能

### （一）非标准化的产品模式

新兴职业所塑造的产品模式主要有三个重要特征：第一，交易的客体（即产品）从"物"转向"内容"；第二，产品的个性化、多元化、灵活性需求凸显，与规模化、标准化同时存在；第三，体验和沟通在交易过程中的重要性上升。

首先，交易的客体（即产品）从"物"转向"内容"。快递员、外卖小哥、家政服务人员的产品是服务，形象设计师、心理咨询师、健身教练的产品是体验，职业规划师、咨询师的产品是经验，付费知识提供者、培训师、中小学课程辅导老师的产品是知识，策展人、展示设计师的产品是技能，网红、网络直播者、网络写手的产品是情感投射。这种产品不是一种物质，不具备稳定的状态，它最核心的内容有两项：情感和体验。随着社会运行速度不断加快，个体的日常生活处于不断的割裂当中，这就为情感和体验成为商品开拓了可以不断扩大的市场，正如安妮·弗赖伯格（Anne Friedberg）提出的"体验商品"（commodity-experience）。

其次，产品的个性化、多元化、灵活性需求凸显，与规模化、标准化同时存在。"标准化"是工业化以来衡量产品质量的重要准绳之一，标准化产品可以突破空间和文化情景的限制，有利于规模化扩张，但这也意味着地方性、即时性、嵌入在文化情景当中的个体化差异无法在此体现出来。新兴职业所提供的产品，大多是标准化产品的补集。越是被标准化所塑造，个体越是想通过具体的体验、情感的满足来确认自身的独特性。如果说传统行业的产品模式是"大而全"，那么新兴职业所追求的则是"小而精"，它们所提供的产品在基本内核稳定的情况下，在面对不同的供需关系时，具体的内容要根据需求做不同的调适。

再次，体验和沟通在交易过程中的重要性上升。由于新兴职业给市场带来的产品均是基于个性化的情感和体验需求，交易的过程当中体验和沟通显得非常重要。供需双方的沟通成为交易的重要环节，消费者对产品的期待，成为新兴职业提供产品的重要依据。这样的交易在很大程度上并不能一次性完成，像物品交易那样银货两讫即交易结束。所提供的产品如果是服务或者体验，那么双方的沟通则有可能持续在整个交易过程当中；而产品的提供者需要根据消费者的需求和体验，不断进行改进和调整。并且，产品可能具有不可重复性，在前一次交易中形成的产品模式，无法在后一次交易中完全复制，需要与新的消费者重新沟通来满足其需要。

过去40多年，经济高速发展，蛋糕做大的同时贫富差距也拉大了，阶层差异、文化差异、区域差异、覆盖全社会的流动和迁徙导致分蛋糕的规则复杂且多样化，不同群体之间具体的需求差异日渐变大，这就对服务的精细化提出了越来越高的要求。这些新兴的职业所提供的产品是柔性的，一旦用一个统一的尺度或准绳去衡量，产品的适用性和有效性就会受到影响，供需双方需要在整个交易过程中保持不断沟通的状态，这些方面在标准化产品的模式下是无法实现的。

从经济总量的增加、职业门类的变化，到新的经济形态、新的产品类型的出现，经济领域还会出现更加纵深化的发展和转型，而这些变化会渗透到社会、文化的方方面面，对人们的生活产生全面纵深化的影响。

### （二）可能产生的影响

首先，这对于启动内需十分有利，并有望成为创新和增长的内在驱动力。中国在前 40 年的增长驱动力主要有三项：一是出口驱动，这对国外市场的依赖较强；二是财政驱动，主要集中在基础设施建设；三是投资驱动，主要集中在房地产领域。新的职业门类和新的产品形式的出现，恰恰为这种能力的释放提供了充足的空间，激活更广、更深层次的消费需求，为中国社会出现新的增长驱动力提供可能。在不同的发展阶段，国家都多次强调"扩大国内需求的重要性"。我们需要注意到的是，扩大内需的举措，除了加强基础设施建设，多方面拉动消费以外，时至今日新的发展趋势所启动的新一轮扩大内需将在逻辑上与之前有着很大的不同。它从需求到供给都是经济发展到一定阶段之后，辅之以一定的技术手段，在社会上自发出现的，形成的基础是广大普通民众的生产和生活需要。

2022年12月国家印发了《扩大内需战略规划纲要（2022—2035年）》，两点内容尤其值得注意：一是加快构建以国内大循环为主体、国内国际双循环相互促进的新发展格局；二是通过增加高质量产品和服务供给，满足人民群众对美好生活向往的现实需求。所以，"消费升级"并不能简单理解为超前消费或者加大消费力度，更重要的是创造新的消费模式、提升消费结构、促进绿色消费，使创新和增长驱动力渐渐成长起来，进而成为推动我国经济社会发展的有效动力和保障。

其次，"个人即品牌"或将成为职业价值新的取向。工业化和金融化分阶段塑造了生产模式和经济结构，组织架构完整的大型机构在经济中处于主导地位，这些大型机构负责将资源组织聚拢进行生产和分配——拥有资源者雪球越滚越大、赢者通吃；不拥有资源者处于被剥夺的地位，很难有翻身的机会。这造成的一个后果是主流之外的、多样性的价值和需求不被发掘、认可与重视。随着新的职业门类和新产品模式在市场上出现，原来处于边缘位置的价值将会受到重视，那些个人化的、无法形成规模的需求也开始在市场上创造新的机会，整全、精准、小规模的经济模式将逐步崛起。

传统的分工观念、路径依赖将逐渐被打破，生产模式将会出现两个特点：一个是做深、做全、做大并行。在某一个位置精耕细作、深入经营，以此途径取得效益和利润，准确把握稳定的小市场的需求的重要性将超过不断的扩大再生产。另一个是对稳定性的重新理解。除了固有的航母型组织模式以外，新的雇佣模式、雇佣关系、雇佣文化将成长起来并取得话语权，短处的掣肘变得不再那么重要，但是要取得一席之地，更重要的是有突出而卓越的长处。

最后，"平行线"将取代"锦标赛"，其影响力也会从生产领域扩大到整个社会文化生活。随着新的经济形态的崛起，精耕细作、深入经营的观念将与标准化的观念形成平行共存的地位。标准化与高效率的要求，建构了当代人"锦标赛"式的社会文化和生活方式。所谓"锦标赛"，就是有标准的进阶流程和节奏把控，即前文提到的评价标准数量化、时间效率化、线性进步观。主流的评判标准掌握着话语权，个体所能做的就是接受这一套社会化的评判标准，并努力在竞争当中脱颖而出。立体、纵向、层级制、建制化的结构将不再主导社会生活，人们更多是在广阔的平行领域中各司其职，个性化的、具体的需求和品性将会重返人们的视野中,而什么是主流将变得不再重要。人们不一定选择"升级打怪"的路线,而可能是在某一个具体的小领域做精做专,然后通过平台与各种其他的小领域进行资源整合。专业化程度以及资源对接的能力将成为新的衡量标准。

于是,人们尝试走出"锦标赛"模式,重塑社会文化和人的精神生活,在因标准化而制定的评价模式之外寻找新的路径,探索并尝试如何摆脱"悬置"的状态、置身于"当下"与"此在",从而在当下找到精神寄托和情感归属,实现自我。

## 七、谁是青年?

全社会对"青年"的重视和强调,背后所隐含的是代际更替的社会发展规律。代际的出现是社会、经济、文化、技术不断变迁的结果,变迁越是剧烈,代际更替就表现得越为突出[1]。今天,我们将中国当代青年作为一个代际群体划分出来并加以讨论,是因为这些生活在同一片土地上的一群人,在成长的过程中共同经历了在经济、社会、文化、科技领域发生的

---

[1] 李春玲.社会经济变迁中的 Z 世代青年:构成、观念与行为.中国青年研究,2022(8).

重要事件和重大变迁，形成了集体记忆，塑造了三观的底色。他们所拥有的趋同的价值观念，成为代际的根本标志。

目前，在围绕"谁是青年"这个问题展开讨论时，形成了两条最主要的路径。

一条路径是根据年代对代际进行划分，代际形成期的经济基础和社会整体性物质条件成为代际界定的关键性依据。有学者作出如下总结："40后""50后"的成长期，正伴随着建国初期的百废待兴、早年建设的举步维艰，因而这一代人被称为"匮乏一代"。"60后""70后"的成长环境发生了重要的变化，物质条件逐渐改善，虽不富裕，但也能够支撑这一代人将个人发展作为普遍的追求，因而这一代人被称为"温饱一代"。"80后"被界定为"足用一代"，这一代人出生于改革开放之后，又是第一代独生子女，大到社会物质环境，小到家庭成员结构，都已经发生了根本性的转变。"90后"被称为"丰裕一代"，他们成长于中国经济高速平稳增长期，自然而然地享受着丰富的社会物质财富所带来的种种优越，这让他们有心力去关注"我想要什么样的生活"，追求自我实现的可能[①]。

另一条路径是将技术发展及其社会影响作为代际划分的

---

① 桂勇，侯劭勋，等. 理解丰裕一代：对当代大学生生活与观念的追踪研究. 上海：东方出版中心，2020.

重要标准，我们所熟悉的"Z 世代"的提法正是因此而来。Z 世代（Generation Z）最早由欧美学者提出，主要指出生于 1997—2012 年的一代人。他们是从小就接触互联网和便携式数字技术的第一个代际人群，成长于移动设备普及、互联网通信技术快速推进、社交媒体迅猛发展的时代。互联网社会兴起和数字信息技术发展对这一代际人群的观念和行为产生了深刻影响，于是他们又被称为"数字原住民"（Digital Natives）[①]。中国的 Z 世代又与欧美不同，除了数字化的影响之外，高城镇化水平、高非农化程度和高教育水平的一代人在价值观和行为方式上呈现鲜明的代际特征[②]。

无论上述哪种划分方式，都给我们带来了启发、提供了参考。本书在讨论"谁是青年"时，主要遵循了以下两点：

首先，不作全称式判断，不给当代青年作画像式的概括。任何群体从来都不是一个单数，青年也不例外。当代青年群体内部存在着区隔，且出现了分化不断加深的趋势，因而他们更不可能是铁板一块式的存在。无论是技术进步，还是经济增长，都会在青年内部不同群体身上产生不同的作用和影响，我

---

[①] 华桦. 职业青年互联网使用：数字原住民特征与数字鸿沟. 当代青年研究，2018（5）.

[②] 李春玲. 社会经济变迁中的 Z 世代青年：构成、观念与行为. 中国青年研究，2022（8）.

们需要尊重这样一种参差多态的社会事实。另外，青年的心态和价值观念是流动的，新动向、新态势在不断的生成和发展，青年在这当中寻找着向前的动力和安顿自身的方式，必然存在着各种矛盾、反复及不确定。所以，本书的重心并不在于界定"谁是青年"，而在于深入青年观念的内部，理解青年心态与观念中的复杂性和变化性。

其次，如果从生命周期的角度看问题，青年也意味着从逐渐剥离学生身份，到逐步融入劳动力市场的成长过程。不稳定性是这个过程最大的特点，他们一边学习和理解社会的规则，一边确认和发现自身的价值，生活的状态很大程度上围绕着与劳动力市场的关系而展开，发展态势和价值观念都尚未定型，处于塑造和形成的过程中。所以，"青年"是一个过程。本书所要做的，并非概括和归纳当代青年的特征，也不是要对今日之青年何以形成进行成因分析，而是进入细部，梳理和呈现价值观念得以形成的社会文化过程，并对可能出现的后果展开探索。

到此，本章讨论了当代青年生存的宏观环境何以形成，它呈现了怎样的新趋势、新特征，以及这些趋势与特征将如何对一代人产生塑造和影响的作用，并在此基础之上阐述了对研究对象的理解。在接下来的一章当中，我们将聚焦于青年生活的中观环境，去观察青年一代在互联网情境下的数字化生存，尝试理解个体化的趋势，讨论后物质主义兴起后，如何与物质主义产生叠加效应，梳理新时期经济发展将对青年一代产生怎样的持续影响。宏观与中观层面的充分讨论，将为后续主体章节的具体讨论打下坚实的基础。

# 第二章
## 巨变中的当代中国青年

我们审视青年一代成长的宏观背景,以纵向的、动态的视角取代横向的、截面的视角,在变迁的过程和历史的进程当中,寻找到他们出生和成长的坐标系。我们更要理解他们生活的中观场景。要懂得一代人,理解一代人成长的印记,就要进入他们所环绕的生活环境中,探寻其生活世界的内里,深入感受和聆听他们的价值取向和思想观念形成的脉络与基础,认识他们而非研究他们。

### 一、互联网情境下的数字化生存

生活在当下的青年对于这样的生活场景一定不会陌生:早上出门,打开手机 APP,扫一辆单车或者叫一部网约车;上午登录线上会议室上课或开会,边开会边通过微信或 QQ 传送文件;快到中午了,点份外卖,掐着下课或散会的时间点送到；下午上网查文献资料、整理材料；晚上跑个步、打个卡，再发个朋友圈；睡前刷刷社交媒体，看一看有没有什么新鲜事或者新信息，再浏览一下网购平台，买买东西。到了周末，搜一搜最新的网红打卡地，或者在大众点评上找一找有什么好吃的地方，再或者预约一个好玩的场所，网上买张打折电影票也是一个不错的选择。这是与互联网密切联系的青年的日常生活，一个又一个的 APP 串联起了他们的工作、学习、生活、娱乐。

"数字化生存"是美国麻省理工学院媒体实验室主席尼古拉斯·尼葛洛庞帝（Nicholas Negroponte）在 20 世纪末提出的一个概念，当时他预言，在未来的社会中，人们都生存在一个数字化的空间里，这是一个虚拟的空间，人们无须实体接触便可以进行信息传播、交流、工作等活动。20 多年前的预言在今天部分地成为现实，数字化生活不仅改变了人们的生活方式，也塑造了人们的思维方式和行为方式。青年一代的成长与数字化的快速发展同步，互联网对于他们而言不是停留于信息技术层面的工作方式，而是一种个体的存在方式，并随着他们的成长渐渐成为社会群体生态。

**（一）数字化的语言表达**

数字时代的语言表达丰富多样，与传统的口头语和书面语相比，形式上更加多样、内涵上更加丰富。与过去的网络暗语不同，数字化的语言表达并不是为了规避敏感信息而发明的网络表达技巧，它是一种全新的、多维的表达方式。从语料来源来看，文字信息、语料信息、表情符号、网络数字语言等均可成为其来源；这些语料并不是直接拿来使用，而是经过二次创作，视频剪辑、图片嫁接、表情符号与文字穿插等均是常见的创作方式。从载体来看，文本语言、有声语言、肢体语言、视觉语言、听觉语言等均可成为其载体。从表达逻辑来看，数字化语言较少存在反讽、规避等特点，"不好好说话"是其表，而"实话实说""直话直说"才是其里。从传播效果来看，约定俗成的表达与场景化的即兴创作相结合，使得数字化的语言表达方式达成了"圈群聚合"与"出圈传播"并行的效果。

数字化的语言表达方式受到了当代青年极大的青睐，他们是创造和传播这种表达方式的主力，也主导制造了这种表达方式所特有的逻辑和规则。

一方面，青年运用这种区别于常规表达方式的数字化表达，为自身相对独立的活动和交流创造了条件。例如："曹操盖饭"被制作成鬼畜视频，取得了强有力的传播效果，成为网络名梗。这个梗的出处是 2010 年版《三国》电视剧，剧中曹操正在吃饭，听到手下汇报兖州老家被吕布偷袭了，吕布的背刺让曹操怒火中烧，一抬手把碗里的饭直接扣在了桌子上。但他很快平复了情绪,把碗捡了起来,再把桌上的米饭用筷子重新扒回自己碗里。这段剧情的要点是短时间内情绪剧烈的翻转,尤其是翻转后让自己强行平静,能够被套用在青年生活中不得不反悔的各种情景中,于是成了红极一时的视频表达素材。比如,年轻的打工人在提交方案修改稿时愤愤地说"再让改就掀桌子走人",从领导办公室出来的时候又耷拉着脑袋说"捡起来,忍了"。还有人在网上评论说:"每一位被工作折磨的打工人,都吃过无数次曹操盖饭。"

需要注意的是,这样一种表达方式的主要用意是自嘲,或者自我解压,其中没有与主流文化或主流表达方式对抗的意图,也并不期待被更大的圈子理解或接受。用青年的话来说,就是借着这些梗或者段子"圈地自萌",要传递的核心意思是"正忙,勿 cue",希望某一代人、一个小群体、一个圈子所进行的交流不要被评判、不要被打扰,希望其独立性和独特性得到尊重。

另一方面,数字化表达并不是简单的网络语言或"玩梗",它往往与数字化生活所生成的其他场域融合嵌套在一起,语言和表达成为情境交流的一部分。例如:"基操勿 6"这个词,就是在网络游戏直播中产生并流行起来的,意思是基本操作而已,没什么好大惊小怪的。再如:"扩列"这个词,与互联网交友方式密切相关。这个词从字面理解,就是扩大好友列表的意思；在具体的交友场景中，一方发送这个词，就是在询问另一方你是否愿意加我为好友。这种"发送申请—同意添加好友"的交友方式，恰是被互联网时代社交工具添加好友的方式所塑造。

当代青年青睐数字化表达，这是因为数字化表达在抒发特定情绪时具有形象化优势，感染力强，可以灵活应对场景的变化。不过，它同时也造成了一定的壁垒效应，如果不懂得其中的特定含义，不了解其含义的生成机制，就无法展开有效的交流。而让青年感到满意的是，这样恰好可以把那些无法与他们共情的人隔离和屏蔽出去。

### （二）数字化的社会交往

这一代青年的成长与互联网的快速发展几乎同步进行，所以他们与互联网的关系不同于前几代人："线上"与"线下"的界限十分模糊，甚至是相互嵌套在一起，构筑了青年一代的基本社会交往框架。

首先，青年生产生活等实践活动的数字化痕迹，勾勒出他们的数字画像；随着数字画像的不断叠加，他们的数字化形象便生成了。例如：在QQ、微信上聊天，在腾讯、ZOOM会议室开会，用美团、饿了么点外卖，用优酷、腾讯、爱奇艺看综艺和剧集，在天猫、淘宝、京东等零售平台购物，用快手、抖音刷短视频，小红书成了他们的搜索引擎。各类 APP 的使用情况，将人们的数字活动轨迹转化成一条条数据流，不断描画并调整着人们的数字形象。以大数据为基础的算法根据数字形象所展示出的偏好，不断向人们推荐其可能喜欢的产品或有共同爱好的人，这样一来便形成了与线下没有交集的人产生交往的可能。在当前，青年一代的圈群化交往在很大程度上是依赖互联网形成并发展的，圈群基于某种共同的兴趣而产生，进而借助互联网打破时空限制，将现实世界中不同身份背景的人聚合在一起成为朋友；在某些年轻人看来，这种基于兴趣又借助数字化手段建立起来的友谊，比现实生活中的关系更纯粹、更有吸引力。

其次，数字化的社会交往方式也包含着新的交往边界和交往礼仪的形成。"5G冲浪选手"大多养成了24小时在线的习惯，iPad、手机、电脑成为数字生活三件套，"收到秒回""弹幕礼仪"成为青年的"社交须知"；线上组群取代线下沙龙，视频取代面对面沟通。数字化交流能够随时随地开展的特性减少了人们的孤独、烦躁和无聊等感受，同时又尊重了不同个体的隐私权，这种不被打扰同时又获得社会支持的归属感，深受青年一代的青睐。与此同时，伴随着互联网的"破圈"效应，虚拟世界和现实世界的界限愈发模糊。在青年一代看来，数字化的交往方式可以避免现实世界因人情关系及利益关联而形成的

"虚招子",人与人之间的交往更加能够忠实于"合则留,不合则去"的原则,方便直接在兴趣爱好、思想观念方面与他人交流。他们中间有人认为,网络空间是自己思想与行为的延伸。

不过值得注意的是,青年一代对于数字化社会交往所暗含的问题,还没有形成足够的认识。他们尚未意识到,在算法的加持之下,过度的数字化交流会促使"茧房效应""回音室效应"逐渐形成,观点和认识会出现同质化、单一化的趋势。只与观念相同或相近的人互动,会在无意中忽略现实世界的多元现象、复杂逻辑以及非预期性后果,进而导致观念的简单化和工具化。

### (三)数字化塑造的主导意识

数字技术的迅猛发展及更新换代使互联网原住民与前几代人之间不可避免地产生数字鸿沟。代际之间的信息不对称、媒介素养的差距,都让青年一代拥有了占据知识和技术高地的可能。正因如此,他们的主导意识也远高于前几代人。这种主导意识造成的后果主要有两点:一是知识反哺的场景越来越多;二是青年不自觉地成为数字化场景中的创作者。

数字化生活中,青年一代向长辈传授有关数字化方方面面的知识,此类反哺的场景越来越多。

首先是与数字化工具相关的技术问题及硬件操作。例如:

电脑怎么连接上网、新手机如何启用、如何与其他设备同步数据等。这些问题在数字化反哺中是最早出现的，但目前所占比例日益降低。

其次是软件操作，尤其是在移动终端时代，各种 APP 令人应接不暇，网上办事、网上交易也越来越流行，这给前几代人——尤其是老年人带来了很大的困扰。例如：小程序预约看病，网约车，网上订餐，网上购买火车票、飞机票，视频网站办理会员，购物网站积分礼品兑换等。这些操作中暗含着技术优化和许多约定俗成的用法，青年一代得心应手，老年人无从下手，于是技术反哺有了新内容。

再次是网络用语和数字化思维。例如：表情包的含义、适用的场合，网络社交的原则，网络规定的原因和含义等。这是目前数字化反哺的最深一层，也是占比日益上升的一层。青年一代在数字化反哺下形成的最直接的心态，就是谁拥有新知识、谁掌握新技术、谁跟得上技术变化的速度，谁就拥有解释权和话语权。这使得他们对于权威的态度不像前几代那样遵从，反思意识和更替意识则更为凸显。

与此同时，青年在数字化场景中越来越多地以创作者的身份出现。青年一代自我表达需求的骤然增加与新媒体的涌现同步发生，于是，他们不仅产生了自我表达的内容，也拥有了自我表达得以实现的平台。他们成为数字版本流行文化的首批玩家，并且不是让自己简单停留在玩家、消费者或接受者的层面，而是借助这些新的手段参与其中，同时扮演了生产者、消费者、评判者这三重角色。例如：借助微博、微信、抖音、知乎、快手、哔哩哔哩等新媒体平台，青年通过文字、图片、视频等手段，将自己的作品做成可读、可视、可感知、可互动的多种形式，再运用流行文化的符号元素，制作成基于他们价值观念和审美偏好的作品，向外界强烈而清晰地表达自己。多种多样的表达体现着新颖的、另类的、边缘的、前卫的、疏离的个性特征，青年借此将自身塑造成为青年文化和流行文化的主体。

## 二、直面社会的个体化趋势

在青年观察和对待周围的世界时，"个体"被推到了尤为显著的位置——个体的价值是否得到彰显、个体的感受是否被重视、个体的差异是否被忽视，都被放在显著的位置予以审视。一方面，他们非常强调边界感和舒适感。青年身处高速流动和快速变迁的社会当中，成长经历的切割、生活环境的变化、立场的转变使人与人之间可以共享的经历越来越少；青年又恰逢变化最频繁的人生阶段，经历的变化使共同的感情基础越来越薄弱。"与其强行共情，不如不要打扰"在青年当中取得了高度的认同。另一方面，他们高度崇尚自由，相较于团队合作，他们更加崇尚单兵作战。这里的"自由"包括自由支配时间、有一技之长、人际关系简单、工作场所自由、不用看老板脸色。同时，他们更加强调"个性"，对集体的依赖度相对较低、团队意识相对较弱。他们通过"社恐"标签回避真实世界中的社交行为。"人—机"和"人—机—人"的交往模式下，青年更偏好"布置任务—完成任务—提交任务"的学习和工作模式。

这是进入现代社会后，个体化程度不断加深的结果之一。在信息技术的加持下，这一趋势在当代青年身上表现得更为显著。但是，个体化并不意味着个体化可以无限制地彰显，它是一个制度性的后果，其弊端也是无法回避的。

### （一）作为制度性后果"个体化"

个体化是既有社会形式解体的产物。在个体化的过程中，原先使人们团结在一起的社会联系和普遍价值观念影响力逐渐下降；阶级、家庭、邻里、性别角色等范畴日趋弱化，原有的普遍的社会观念所认可的标准化人生、参照图式和角色模式走向式微。

这里有三个特征需要引起注意。首先是个体化具有强迫性的特征。脱离了传统规范限制的个体，看似拥有了很大的行动空间和自主裁量权,但个体化并不意味着控制和限制不存在,它以新的形式强加在个体身上;"自由"转换了形式,个体依然处于新的规则、条件和条款所构成的网络之中。其次,个体化具有两面性的特征。在个体化的情境下,个体从"承受者"转向了"责任者"[1],既承担完成任务的责任,又要对自身行为的后果负责,"可选择的生活"和"风险人生"同时落在了个体的身上。最后,个体化下的"自由"具有不均等的特征。虽然个体化语境下的自由被认为是一种拥有自我裁量权的能力,但需要注意的是,不同的个体为实现其自由而调度资源的能力并不相同。自由是社会关系的存在及制度安排的结果,个体从传统的社会范畴中脱离了出来,不再受到共同体所赋予的确定性的庇佑,这使得个体对义务的追求具有强迫性和义务性的特点[2]。但正因为缺乏共同体赋予的安排和保障,个体化带来的自由形成了新的不确定性和不平等性,这反过来又使基于互惠关系和满足集体期待的共同体团结的重要性进一步下降,个体自由的非均衡性分配引发了社会不平等,并带来了政治疏离和道德冷漠。这导致的直接结果是个体处于一种看似全权、实则全责的状态中。

---

[1] 鲍曼.个体化社会.范祥涛,译.上海:上海三联书店,2002.
[2] 贝克,等.个体化.李荣山,范譞,张惠强,译.北京:北京大学出版社,2011.

这样一系列制度性的特征，都在有意或无意之间，渗透到了个体化情境下的青年身上，使得他们的意识或行动都在自由与稳定、权利与义务之间努力寻找着平衡。一方面，他们认为自由是个体价值的体现，同时又认识到了自由无法无限延伸，于是希望找到一个"托底"，使他们获得稳定，但又不至于被绑定，进而有足够的时间和精力去追求自由。在此种观念的带动下，他们在择业、社交等方面都表现出试图将"功能承载"与"精神需求"彻底剥离的特征，于是出现了类似于"××存放肉身，××寄托灵魂"的诸多表达。他们在职业发展规划上也会采取"主副并存"的策略，或"中年换挡"的计划。另一方面，他们的权利意识突出，边界感较强。相比较而言，他们对于责任的态度则是"该我的我做好，不该我的不要给我戴高帽子"；对于那些超出自身职责范围的责任，则称之为"画大饼"或"PUA"。这带来的一个很直接的后果就是人际疏离和冷漠，他们希望人际关系尽量简单，私人时间可以自由支配；希望工作场合尽可能避免钩心斗角和猫鼠游戏，甚至于愿意放弃部分权利而避免"过度的责任"。

**（二）意义体系的建构成为个体的任务**

个人的意义体系嵌入在关联着过去、现在和未来的社会解释框架之中，又与自身的经历密切联系在一起，具有具象化的特征。现代社会中，以复杂分工和角色专门化为特征的制度，其功能上"合理的"规范逐渐脱离了个人经历的意义脉络，变得抽象化和外在化。

个体化兴起后，意义体系建构的任务落在了个体的身上。随着社会生产的专门化和消费社会的兴起，为社会成员提供意义的世界"共同常识"被解构了；超越性的追求不再成为现代人的共识，人们也不再参与基本公共价值的建构[①]，传统的象征体系变得与普通人的日常体验无关，并且丧失了其作为总体性实在的特征。整全的、把人的本质嵌入一种历史社会秩序中的意义体系不再发挥作用。在这种情况下，人们不仅要建构自己的社会认同，还要确定自身的终极意义。面对个体要在自己经历的主观维度中寻找"终极意义"的源泉这一问题，出现了两种态度。乐观的态度认为个体实现了"为自己而活"的愿望，可以积极主动地创造自己的价值与认同；并且认为这无意之间能够消解一元论的意义体系所宣称的绝对真理的权力，并化解不同宗教或文化社群之间潜在的暴力冲突。悲观的态度则认为这样一种自我实现和自我表现是一个向内探索的过程，"内在的个体"是一个无法定义的实体，在很大程度上不具有连续

---

① 贝格尔.神圣的帷幕：宗教社会学理论之要素.高师宁，译.上海：上海人民出版社，1991.

性，因而可能是永无止境的，这与终极意义的本质相背离①。

近年来，社会中出现的"空心病""丧文化"等关于无意义感的表述，在青年当中尤为流行，其中蕴含的是将物质满足价值化，进而对情感及形而上的价值的双向否定。当物质欲望、利益等作为个体建构自身意义体系的载体时，很多与之无关的因素便失去了意义。青年个体在疲于奔命无果的情况下，其困顿和痛苦并不能得到安顿。整全的意义体系是个体得以稳定发展的重要条件，承担责任、履行义务、牺牲、奉献、困境、低谷在意义体系当中皆有各自的位置，个体在每一个具体的处境中都能够得到解释，无意义感便不会从生存困境蔓延至文化困境。但就目前的情形而言，尤其是在时间加速的背景下，非物质导向、非进取性的要素介入意义体系建构当中的趋势尚不够明显，所以在青年个体获得感降低的同时，无意义感增加的情形将继续拉扯着他们。

### （三）"自我利益"上升为价值目标

正是由于个体对社会整合的依赖降低，超越性的价值目标失去了原有的地位，"自我利益"上升为价值目标。纪律精神、对社会群体的依赖、互惠关系、满足集体期待等并不能抵

---

① 卢克曼. 无形的宗教：现代社会中的宗教问题. 覃方明, 译. 北京：中国人民大学出版社，2010.

御政治冷漠和道德疏离。个体对公共性问题采取漠然的态度，个人的自我认同与道德意识成为一种私人现象。这里的自我利益，是以个体为中心，包括物质的获取、社会位置的进步，也包括自由，还包括资源占有量，以及对自由进行再分配的能力。在这种情况下，个体对他者的责任意识被消减，人与人之间承担的道义责任非常有限；公共、他者、未来等在人们的观念当中难以占据重要位置，只有当下的获得才有意义。当下的获得可以帮助个体在未来的变化中提高自己的议价空间；如果没有当下的获得，个体对未来的期待便是缺乏依据的。

当代青年所推崇的"佛系"文化，秉持一种不争不抢、不求输赢、有无均可的态度，他们将此解释为没有必要用外化的规范束缚自己。但同时，他们在竞争意识上又远超前几代人。这正是在意义体系的建构成为个体任务的前提下，自我利益又上升为价值目标，从而导致价值虚无与绝对的自我意志并存的局面。它所带来的是青年的行动缺乏整体、长远的目标和根本价值的引领，以及青年追逐自我利益的最大化。一方面，工具理性上升到了价值化的高度。如果以自身的提升和发展作为终极目标，个人能够达到受益最大化的话，"不守规矩"被看作一种具有灵活性的处事手段而得到肯定。另一方面，对自身以外的人和事都予以客观化和对象化的处理，在处理具体问题时，"一切都是达成目标的工具"。抽离和即时止损的态度被给予正面的评价。在人际关系中,比起共同体的团结,青年更青睐目标导向的合作;比起情感的投入,青年更看重合作带来的成果。值得注意的是,这样导致的结果是进一步消解了个体的意义,困境像陷入一个莫比乌斯环一样周而复始、无法逃离。

### (四)"为我所用"成为中心任务

近 30 年消费社会兴起,消费的取向并不仅限定在经济生产的范围内,也渗透到了自主的意义体系建构当中,各种文化和精神资源被放置在同等水平的位置,就像一个"工具箱",供个体在不同的情境下选择使用。由于意义体系被放置在了社会日常生活的私人领域当中,成为个体化的事情,这意味着,无论是通俗心理学,还是神秘主义,抑或是流行文化,都成为个人的"选择"或"爱好",不再肩负共同的、具有约束力的责任。再加上来源的多样性,使得在人们的价值序列中,"合理的"比"正确的"更为重要。个体遵循一套"正确的做法"来为自己提供意义支持,对个体而言,"为我所用"的重要性高于"来源正统","行之有效"胜于"思想正确"[①]。不同的个体在今天都面临高度现代性情境下的"存在性焦虑",个体所

---

① Watson, James L. Orthopraxy Revisited. Modern China, 2007, 33: 154-158.

需要的是寻找各种方式为当下的困境、自己的行为提供依据和支持；他们试图找到一种方式，对日常生活经验给予文化解释，这种方式可以帮助自己从眼前的迷局当中跳脱出来，符合自身的经验和常识，而不是站在自身的日常生活经验以外来告诫应该如何生活。

在这样的情境中，青年一代对于"能够满足我需求"的功能性要求更胜以往，进而导致一种"多交往、浅投入"的心态的出现。在青年当中，流行一种观点，认为在情感和信念上过多投入是一种不明智的表现，只有浅投入、可以快速抽离才是成熟的表现。例如，在社交上，"搭子"文化悄然流行，如饭搭子、电影搭子等，交往只停留在一个具体的方面，不向对方生活的其他领域延伸，突破界限的要求会被视为冒犯。不难发现，其核心要义就是对交往功能的拆分。又例如，在就业问题上，过度注重"为我所用""为当下所用"而缺乏长期规划意识。部分青年对职业发展的态度是"找工作是一场抢椅游戏，先抢到椅子再说吧"，加之平台经济和灵活用工形成了"来去自由""银货现讫"的职业风气，所以长线规划被视为缺乏效率意识、对于"当下合理性"认识不足。然而，这种观念带来的消极后果便是失去了长线思维的能力，看上去一直在敏锐地寻找机会，却往往陷入规划错位、浪费时间的困境之中。

## 三、物质主义与后物质主义的叠加效应

"后物质主义"价值观是罗纳德·英格尔哈特（Ronald F. Inglehart）在对二战后西方国家社会运动展开研究的过程中提出的概念，其核心观点是：经历过一定时期的财富增长之后，价值观会发生代际迁移，从物质主义价值观转向后物质主义价值观——前者将经济安全和人身安全视为优先目标，后者则将价值的重心放置在了自主权、包容性、个体感受、自我表达等方面。这个概念从提出到形成研究框架，在内涵和外延上都经历了变化，最终，其内容被概括为以下几个方面：重视自我表达；强调环境保护；尊重个人自由；性观念的转变；重新关怀意义；推崇宽容品质；注重参与[①]。近年来，中国学术界对中国社会的价值观念发展与转变展开研究，尤其是讨论青年一代的价值观问题时，已经开始尝试用后物质主义理论进行解释。一些研究发现，后物质主义的部分特征已经出现在中国社会中，尤其是在代际差异日趋扩大的当下，青年一代随着物质生活质量的不断提高，对于非物质因素的追求日益凸显。

然而，中国社会的发展路径与发展节奏均与西方社会有着很大的不同，更准确地讲，中国的青年一代成长在物质主

---

① 沈杰. Z世代与后物质主义价值观. 北京青年研究，2023（2）.

义与后物质主义叠加的社会环境之中。当然，后物质主义在一个社会形成的首要因素是经济增长所造就的物质基础。根据国家统计局公布的权威数据：2022 年全国国民总收入达到 1 197 215 亿元，全年人均国内生产总值 85 698 元，2022 年中国居民恩格尔系数为 30.5%[①]。

不过，我们的发展也体现出很强的特点：首先，经济发展速度快。中国仅用了几十年的时间就从一个农业国发展成为世界第二大经济体，其中有超过 10 年的时间 GDP 增长率超过 10%。经济高速增长所铺垫的物质基础，使青年一代当中出现后物质主义价值观成为可能。其次，跨越式发展具有时空压缩的效应，结果之一便是新旧更迭跟不上发展速度。尤其是物质和科技的变化处于领先地位；观念则像一个社会的沉淀物一样，反应和变迁的速度都相对较慢。这种文化迟滞的现象使得多种不同变迁阶段的观念同时存在于社会之中，出现了新生事物与原有事物并存的局面。最后，前一阶段的经济建设中存在着一定的不平衡，区域差异、城乡差异均是发展不平衡的体现。在物质积累和支配以及由此形成的对物质的认识方面，也存在着不平衡。所以，从物质主义到后物质主义过渡的过程

---

① 国家统计局. 中华人民共和国 2022 年国民经济和社会发展统计公报. 2023-02-28.

中,必然有着一定的并存期,二者将叠加在一起对青年形成影响。

值得注意的是,这种叠加所形成的影响并不是匀质的,也并非在某一个问题上同时产生作用,而主要体现在:对于不同的问题采取不同的态度,体现着不同的价值取向,又统一在同一个主体(个体或群体)的身上。另外,后物质主义在当下青年身上的体现,侧重点在于,不是不注重物质,而是不被物质所主宰和驾驭。

### (一)"增长"以外的因素得到重视

在过去 40 多年的时间里,全球范围内的高速增长伴随着新自由主义观念的流行,"发展"几乎等同于"增长"。尤其是在金融化程度不断上升的背景下,对增长没有贡献的因素便是没有意义的,甚至可以被直接舍弃。如前文所述,"自我利益"上升为价值目标,线性的发展观、阶梯式的进步观很大程度上主导了包括青年在内的社会各个群体的观念。

值得注意的是,在后物质主义的影响下,发展观出现了新趋势——个人的价值、兴趣爱好、试错、自我挖掘的过程等都逐渐被重视起来。

这一点最直接的体现就是就业态度。当代一些人嚷嚷着"奋斗不如躺平""奋斗还有意义吗",一部分青年,尤其是刚刚进入劳动力市场的大学生群体，也并没有将解决个人的生存问题放置在工作的首要需求，养家糊口、减轻家庭负担更不在他们考虑的范围之内，甚至他们也不将为社会做贡献视为工作的意义，他们所重视的是个人价值的实现和个人追求的满足。例如：在工作地点的选择上，有些人哪怕是挤地铁、忍受长通勤时间、租小房子，牺牲舒适度也要留在北上广深，究其原因，工作机会或工资收入已经不是首要原因，特大型城市的文化氛围、社交空间、国际视野等都占据着更为重要的位置。

另外，慢就业、间隔年（Gap Year）、试就业等在一定侧面也体现了发展观中的新要素。目前有人将慢就业等现象解读为就业市场不景气，年轻人迫不得已的选择。不可否认就业形势严峻是目前需要直面的问题，但它只是问题的一个方面。问题的另一个方面是，部分青年认为，慢就业、间隔年、试就业是寻找和确认的过程——"什么对我才是最重要的""什么才是适合我的""我可以放弃或者让渡的东西是什么""我的底线在哪里"，他们认为要回答这些问题，需要不断思考和尝试，甚至是试错。这样可以有更多的时间来等待自己理想的工作机会，或者是找到自己觉得满意的人生方向。在他们看来，年轻的时候什么都没经历过就决定自己未来的发展方向和职业规划，恰恰是轻率而不负责任的表现。

然而，需要引起注意的是，我们不能就此认为青年一代的发展观开始越来越注重精神满足、物质重要性降低。虽然部分青年在考虑就业问题时，不再将经济报酬的要求放在最显眼的位置，但是他们仍然对于工资待遇有一定的要求，标准在于可以满足相对体面的生活①。此外，部分青年对于体制内工作的青睐，原因之一是工资待遇的稳定性。

### （二）"参与"的吸引力增加

后物质主义在青年身上的体现，还包括对"参与"越来越重视，即参与感的不断增强。在青年看来，人不应该游离于社会之外，而应该主动寻找并积极投身社会当中。这种参与和个体在劳动力市场当中的位置并没有直接的关系，是主动寻找途径，与社会建立密切、直接的互动关系；在自己能够认识和把握的情境中有实力、能胜任、能独立自主，并通过自己的贡献树立威信，得到他人的肯定、信赖和尊重。在青年一代看来，投身公共事务是一种寻找较高层次自我实现的方式，它不像工作那样制度化和标准化，而是以更为灵活和直接的方式将个人的想法发挥到最大限度。"参与感"是青年观念中价值实

---

① 黎娟娟，黎文华. 后物质主义价值观视角下的大学生慢就业：基于北京某高校的质性研究. 中国青年研究，2023（5）.

现的方式之一①。

前面我们提到，部分年轻人在工作地点的选择上更为青睐北上广深等特大型城市，其中还有一个原因，就是这里更能够满足青年的参与感。这里有更多的诸如展览、嘉年华、livehouse、公共讲座、公共活动、社会实践等所构成的生活方式，青年都可以参与进去。在参与的过程中，青年不是简单的接受方，而是互动的主体之一。与此同时，目前青年当中还流行认领都市菜地、都市花园，认领之后不能荒废，必须定时照看，在收获的同时保持绿色景观始终存在。除此之外，还有固定时间、固定地点举办的二手市集，组织和参与的人员也相对较为固定；社区通过招收志愿者的方式，定期组织敬老爱幼的活动，开展绘画、唱歌、工艺品制作等各种活动，通过志愿者将社区本身所不具备的专业能力引进社区。这些活动都吸引了大量青年的参与，其中，绿色、环保、互助、责任感、自我监督等因素都融入所参与的活动当中，他们在这些活动中确认了自我，也在很大程度上增强了主观幸福感和自我实现感。

现在还有一些青年利用间隔年专门做志愿者、前往边远

---

① 吴志明，马秀莲.流动的三种文化逻辑：解读高校毕业生大城市聚集.中国青年研究，2015（10）.

地区支教，或者参加专业性较高的团体活动。他们认为这并不是外界所认为的简单的"刷简历""刷经历"的活动，而是抽出专门的时间做突破平常轨道的事情，对这个世界和自己都形成更多的认识，也为社会和周围的人贡献更多的自我价值。

**（三）表达意识日渐突出**

后物质主义影响下青年的表达意识主要体现在两个方面：一是开放的自我心态；二是率真的情感表达。

数字化与互联网为当代青年提供了自我表达的技术基础和符号素材，他们借此创造出具有鲜明代际特征的话语体系。这种话语体系与主流的话语规范平行存在，通过拼贴、挪用、变换、嫁接、表征等方式进行相应的解构与改写，将各种文本、音乐、图像等符号进行有机结合，形成了具有鲜明文化风格和符号化特点的表达方式，如"二次元""萌系话语"。借助符号的创造和应用，青年一代拥有了自己的发声方式，自己的情感、观点都可以随之释放出来，让他们体会到了个性化和情感的同一性。这种自我开放的心态，也让青年一代在表达中产生了越来越多的平等意识；尤其在数字化的平台，每个参与其中的个体都是独立且唯一的存在，可以寻找他人的认同感，但无须仰视或俯视他人。同时，这一代青年在表达自我的意志和态度时,对于"凡事留一线,日后好相见"的观念并不认可。在他们看来,立场和态度不一样就没有继续交往或交流的必要;坚决而彻底的表达,本身就是筛选持有相同理念的人的过程。

青年一代在寻求自我表达的过程中,在创造话语体系的同时,还开始摸索建构组织化的途径,使得表达更加系统化和结构化,这又对有意识的行动提出了要求。例如时下备受关注的粉丝群(也称为"粉圈"),共识形成之后,成员被要求通过行动发出自己的声音,行动能力弱或表达意识不够强烈都会遭到批评。在行动过程中,也突出强调"意见的一致性""态度要鲜明"等。随着组织动员能力的不断提高,政治参与也融合进了自我表达的意识当中,爱国主义政治议题与粉丝的利益议题结合引发了"粉丝爱国主义"的公共事件[1]。而新媒介商业文化环境下的身份生产和动员机制,也在为青年一代的表达方式和表达内容提供更为便捷的工具,并赋予其作为公民的意义,从而使得青年的表达得到了全方位的提升。

另外,有两个问题不容忽视,这也正是物质主义与后物质主义叠加的后果。一方面,青年在现实社会情境中遭受挫折

---

[1] 潘妮妮."私人利益"向"政治参与"转变的"粉丝路径".探索与争鸣,2021(3).

或者是面临较为艰难的处境时，这种率真情感的自我表达就会变成对抗式的自我嘲讽或者对外部世界的攻击性。例如：消极颓废的反讽、污名化的表达风格等。这样的自我表达方式之所以受到青年一代的青睐，是因为其契合并反映了他们在物质与精神之间复杂的内心感受，以及个人多方面的追求。另一方面，青年在表达的过程中容易将自身的态度推到极端，甚至有时为了强调自身的立场和观点，不惜与其他表达主体站在对立的位置。这样一来，其实是牺牲了讨论的空间，最后变成了意气之争和立场之争，在表明态度的同时，却忽视了对事实的讨论。这是对世界的多元性、复杂性以及非预期后果的忽视，而非客观讨论问题所应有的态度。

## 四、与经济发展新阶段同频

党的二十大报告提出："当前，世界百年未有之大变局加速演进，新一轮科技革命和产业变革深入发展，国际力量对比深刻调整，我国发展面临新的战略机遇。"目前，我国人均国内生产总值（GDP）已经接近高收入国家门槛，但与发达国家相比还有较大差距，经济发展进入新的阶段，"加快构建新发展格局，着力推动高质量发展"成为未来发展的关键所在。新发展阶段的着力点与过去相比有了很大的不同，增长方式也将发生重大变化：超大规模市场优势将得到进一步的发挥，国内大循环吸引全球资源要素，提高我国在全球配置资源的能力，从而使我国走上更高质量、更有效率、更加公平、更可持续、更为安全的发展道路，进一步把巨大潜力转化为强大经济实力，将发展的含金量提升到新高度[①]。迈向新的发展阶段，意味着一系列变化的发生，这种变化将从增长方式、资源配置方式等宏观层面一路渗透到人们的就业、消费以及生活方式等微观层面，而这些变化也将给人们带来不同程度的挑战，尤其是即将进入或刚刚进入劳动力市场的青年一代，对这些变化的体验或许尤为明显。

任何一个发展阶段给人们带来的，都是机遇与挑战并存的局面。在现阶段，青年一代所面临的挑战更具多重性。一方面，他们切实得到了过去 40 多年经济高速增长所带来的好处，使他们能够在物质基础较为丰厚的情况下，更多地考虑成长和发展的问题。另一方面，过去 40 多年经济增长的结构和特点，如发展不平衡、民生保障制度不够完善等，客观上也形成了一些制约性因素，影响了青年的均衡发展。再一方面，从转型期到新的发展阶段，人们需要寻找适应新环境的发展思路，而在这个过程中，青年从思想观念、行为模式到职业规划、发展效

---

① 刘元春. 我国发展面临新的战略机遇. 人民日报，2023-05-16.

能都需要做出不断的探索和调整，其间的压力与挫折也成为关乎其成长的重要挑战。

### （一）上一阶段沉淀的老问题

过去的发展，在经济快速增长、社会快速进步的同时沉淀了一定的社会问题。

一是区域发展不平衡、城乡发展不平衡造成了除收入和物质生活水平差距之外，教育、就业、医疗保障等发展不平衡、不充分等问题，这使得同一代青年不仅站在了不同的起跑线上，后续发展的路径也大相径庭。

二是资本市场的兴起加速了资产社会的形成，使得步入劳动力市场的青年很快认识到：个体在劳动力市场上的表现对于财富积累的作用日益减弱，金融手段所带来的增值速度和增长效率远非个人的劳动创造所能及。

三是部分城市为了加快城市化进程及地方政府收入所采取的土地政策，导致房价不断攀升，住房问题成为人们的心头大患，节节攀升的房价让青年望而却步，进而影响了其奋斗的动力和过上好生活的信心。虽然国家多次明确和强调"住房不炒"，但青年仍面临着一套房子耗尽三代人六个钱包、晚入市一步难度提升一层的现实状况。尤其在特大型城市，不少青年感叹："劝退我的不是就业竞争，是房价！"

四是职场竞争日趋激烈，但法律法规保护措施及落地状况不尽如人意。互联网大厂等企业的"996""007""5+2""白+黑"等过度加班现象尽管备受关注、多次引起舆论的广泛讨论，但是并未出现实质性的改观。"困在算法中的快递员"的劳动过程充满不安全因素，同时还要面临劳动关系归属不明确、维权扯皮等侵害劳动者权益的被动局面。

五是婚恋观的变化，对婚姻、家庭、亲密关系的负面评价剧增。在传统价值体系式微、个体主义盛行的情境下，"被家庭的关系所束缚""家人的期待大多是压力""在家庭关系中得不到滋养，不知道怎么与家人沟通""原生家庭没有树立好的榜样，也不懂得怎么建设新的家庭，陷入想好又不会好的循环之中"成为较为集中的不满和困境的来源，结婚年龄逐渐提高、生育大幅度推迟、离婚率上升、婚姻质量降低等日益突出，进而又导致家庭抚养、老人赡养等问题的出现。

### （二）下一阶段面临的新情况

一是人口结构的转型导致抚育和赡养义务，使得青年群体负担加重。我国从20世纪70年代开始逐步推进计划生育政策，到2016年全面放开二胎，这一时期是较为严格的人口生育调控期，其间有近40年的时间严格实行计划生育政策。在这一政策的影响下，我国的老年抚养比由1990年的8.3%快速上升至 2020 年的 17.8%；随着我国人口老龄化的态势日益严峻，预计到 2050 年，我国老年抚养比将达到 27.9%，这意味着未来青年将承担更大的赡养老人的压力。与此同时，他们还要面临的新情况是二胎出生比例的上升。2020 年全年出生人口 1 200 万，人口出生率为 8.50‰，出生人口中"二孩"占比 50% 左右。2022 年全年出生人口 956 万，其中二胎占比 41.4%，三胎及以上占比 14.5%。这造成的一种全新的状况是，全社会出生率下降，但部分生了二胎以及三胎的家庭抚育成本骤然上升。两次人口政策的调整带来的人口结构的变化，和因此而形成的抚育和赡养压力，以及劳动力结构的变化带来的用工要求、职业技能和工资收入等方面的变化，将成为青年一代需要直面的新课题。

二是以互联网、人工智能为代表的新科技正在深刻改变人类社会的发展进程。我们在前文中讨论了数字化与互联网对青年一代的塑造作用，事实上，这种影响与塑造并不仅限于青年，而是渗透于全社会的方方面面。从某种程度上来讲，技术主导下的加速主义正在让全球经济和社会处于全方位的快速变迁之中。信息技术革命的核心是以人工智能替代人类参与到社会劳动当中，未来 20 年大约 59.5% 的中国就业岗位将受到人工智能的冲击，这对包括青年在内的所有劳动人口将产生巨大的影响。此外，数字技术还将创造新的生产方式和生产关系，青年一代究竟需要在哪些方面做好准备，才能应对这些变化带来的挑战，需要认真思考。

三是数字与经济相结合所产生的数字经济，又将成为新的发展方向和增长点。凡是直接或间接利用数据来引导资源发挥作用，推动生产力发展的经济形态都可以纳入数字经济的范畴。在技术层面，包括大数据、云计算、物联网、区块链、人工智能、5G通信等新兴技术。在应用层面，"新零售""新制造"等都是其典型代表。作为经济学概念的数字经济，是人类通过大数据（数字化的知识与信息）的"识别—选择—过滤—存储—使用"，引导、实现资源的快速优化配置与再生，实现经济高质量发展的经济形态。数字经济不等于虚拟经济，关于数字经济的通俗说法是："数字产业化"+"产业数字化"。发展数字经济的主要目的之一，是实现产业智能化。面对这样的新趋势，个体在其中的位置如何，他与既有的经济模式和经济架构之间是怎么样的关系，青年面临的挑战和机遇分别在哪里，这些问题值得思考。

## 五、张力之下：当代青年的进退空间

"巨变"与"转型"是伴随这一代青年成长的关键词，这意味着从过去的模式到新的模式，变化与不稳定性是其中的关键。当代青年所面临的是转型的张力,即两种模式在切换时造成的认知堕距,这使得部分青年需要在不确定性中寻找动态的稳定与平衡,处于一种既不能全力以赴又无法彻底放弃的状态。

经济增长的模式正逐步从高速增长转向高质量增长,资本市场的兴起改变了财富积累和分配的逻辑,金融与房地产的崛起塑造了分化的规则。这一系列的变化,使全社会对于试错、失误、差异性的态度、主体性的体验等的容忍程度不断降低。"增长"变成了"发展"的核心要义,落实到个体的身上;"发展"变成了上台阶,必须是累进向前的。这种观念对于处在初期积累阶段的青年并不有利:他们刚进入劳动力市场,议价能力本身就低,如果在一定时间内没有踏上一个台阶,则可能面临边缘化甚至出局的风险。在这种情况下,青年被置于外在于自身的衡量标准之下,时常处于追赶状态,很难掌握主动权。进而,个人化的经历、体验及感受不被重视,挫败感和无力感都会进一步增强。

尽管发展的路径从稳中求进向多种发展逻辑并存演变,但是时间加速和竞争加剧将推动青年不断投入、持续自我更新。一方面,时间加速,且对效率的要求越来越高,人必须在有限的时间内完成既定任务,导致个体总体投入的时间不断增加。另一方面,为了提高效率,引入淘汰机制,青年往往处于淘汰的高风险区域，必然需要付出更多的劳动和精力用以自我更新，从而满足机制要求、降低被淘汰的可能性。传统型行业的发展壮大、新兴职业的兴起，使得项目制、科层制等多种管理方式并行存在。青年尽管在情感和偏好上有所取舍，但是在现实职场中，仍然要学习处理多种关系、遵从多套规则，这显然提高了对个人的要求。进而，人与人之间合作的目的性增强而共同体意识减弱，因而个人又需要通过不断的自我能力提升来增强竞争力。

经济发展和社会结构的转型，造就了今天多种发展逻辑并存的局面，青年的选择看似变多了，事实上发展的成本也增加了。一种是求"快"。赶在时间的前面，达到一定的程度，完成基本的积累。但如前所述，时间加速、竞争加剧，使得求"快"的难度直线加大。一种是求"稳"。我国经济发展进入换挡期，获得稳定的发展机会成为不少青年的选择。但青年在这一逻辑下更为被动：它并不意味着躺平，而是以高标准的准入门槛和规定路径过滤风险。一种是求"自由"。互联网的发展以及它所创造出来的垂直细分领域，在一定程度上满足了青年对于自由的追求。但它要求个体持续且高强度地投入，用大量的时间和精力跟随求新求变的发展态势，同时还要承担风险。青年无论选择哪一种发展逻辑，都只是在不同的逻辑下对风险、自主、获得感、保障性等因素进行权衡与取舍。

与此同时,个体取向在青年一代当中的认同和影响逐步加剧。在本书多个章节的讨论中,我们都会发现,个体取向、主体性、自我意识等,在这一代人的观念体系中发挥着举足轻重的作用。

在当下全球发展出现新态势的背景下,新的思潮和表现形式对青年价值体系的形成造成了最为直接的影响。其中突出的就是个人主义思潮。个人主义思潮通过多种传播媒介对青年形成影响。在互联网原住民当中,丰富便利的传播媒介变得稀松平常,这样的传播形态使得问题和概念的边界不再清晰;而以个体机制及利益为核心的各种观念,在青年当中的流行度和接受度都不断深化。另外,传统的个人主义思潮具有高度的理论化特征,但就目前的传播形式和影响力来看,当下的个人主义思潮更多地结合了现代社会一部分人的生存发展基本状态。尽管它缺失了传统上的系统性、理论性特征,但是它却迎合了互联网时代人人都能发声、人人都能表达的传播特征。这样一来,个人主义思潮与青年的生存状态和现实境遇相结合,更加能够让青年产生共鸣。

主流价值观将青年视为理所当然的继承者,集体主义精神是青年价值观培养的核心内容。首先是希望青年能够理解集体的合理性和正当性,对个人自由与利己主义加以区分;个人与集体的关系不是对立而是统一,没有集体保障的个人自由是

# 好书推荐

**中国人民大学出版社**

── 县乡中国书系 ──

## 县乡中国：县域治理现代化

杨华 著
定价：69元　2022年4月出版

**"县官"如何治县？从这里读懂中国政治**

- 一本展现中国县乡政治生态的写实白描书
- 揭示了县域政治运行的底层逻辑
- 一部从中国大地中生长出来的作品

## 故乡可安身：扎根型城镇化中的古源村

董磊明　谢梅婕 等著
定价：69元　2024年1月出版

从一个村庄的故事中，读懂乡村社会向何处去、乡土文化根脉何以存续

- 一部乡村社会纪实作品
- 在故事的呈现中告诉读者，故乡何以成为城镇化中的根

## 韧性：县乡政府如何运行

田先红 著
定价：69元　2024年1月出版

**从田野调查中发现县级政权如何保持韧性**

- 呈现县乡干部的具体行为机制
- 阐明县乡政权的活力来源
- 对县域治理体制、政府动员、干部流动、财政制度、政策转化与执行等进行了透彻解读

## 县乡的孩子们

杨华　雷望红 等著
定价：79元　2023年9月出版

**畅销书《县乡中国》姊妹篇。比新闻报道更深入教育本身的问题，比教育学的分析更贴近社会生活的逻辑**

- 从田野调查中理解县乡教育现状
- 聚焦县乡学子的困境与前途
- 从社会学视角看教育背后的政治、经济与文化因素

## 县乡中国书系

### 东西中国

贺雪峰 等著
定价：69元  2024年10月出版

**首部以县域为单位系统认识中国区域差异的书**

- 揭示东西差异给普通人带来的影响
- 以县域为单位将中国东西差异具体化
- 将微观经验与国家宏观数据结合
- 将区域比较作为一种研究方法

---

### 治大国若烹小鲜：基层治理与世道人心

吕德文 著
定价：58元  2021年4月出版

**直面复杂真实生动的基层实践，揭示基层运行规律**

- 以抽丝剥茧的方式剖析基层治理的难点、痛点、堵点
- 探寻基层干部提高工作能力的方法
- 基于新闻案例和实地调查材料，呈现中国之治在基层的复杂实践

---

### 中国式社区

王德福 著
定价：69元  2024年5月出版

**中国式社区承载着不同的生活常识、处事规则、人情期望**

- 从居住形态出发剖析中国社会的形态，透视了中国社会的巨变图景
- 用案例呈现社区居民最关心的关键小事，梳理了中国式社区的形成与发展历程
- 扎实的调研，近年一线的社区业主自治、维权、居委会工作等新鲜素材
- 让人理解城市社区及其治理的复杂形态与内在逻辑

---

### 县域政制中的基层法院

刘磊 著
定价：69元  2024年5月出版

**发现基层法院运行的"常识"**

- 呈现了我国基层法院运行的实然状态
- 讲清楚了基层法院在治理秩序内的深层逻辑
- 剖析基层法院运行实践与理论研究为何存在显著差异

## 硬科技：大国竞争的前沿

国务院发展研究中心国际技术经济研究所　西安市中科硬科技创新研究院　著
2021年10月出版

**讲透了硬科技的内涵、全球格局及其与大国博弈的关系**

- 从历史视角探索科技创新与经济和社会发展的螺旋促进关系
- 系统讲述硬科技八大领域的前沿成果、全球格局，厘清了我国的"卡点""赌点"
- 回答硬科技时代需要怎样的金融
- 对比分析美国、日本、以色列在科技创新方面的行动举措，总结其可借鉴的经验

## 硬科技2：从实验室到市场

米磊　曹慧涛　李浩　张程　著
2024年5月出版

**讲透科技与经济"两张皮"难题**

- 从体制机制、人才、金融、新型研发机构等方面展开，破解科技成果产业化难题
- 源于硬科技投资实践，是十多年的思考和探索的总结
- 从国际比较和历史中汲取经验，基于调查和访谈获得一手资料

## 企业生命周期

伊查克·爱迪思(Ichak Adizes) 著　王玥 译
2017年10月出版

**豆瓣评分8.6分，京东7800条评论，一本畅销30年的商业经典**

- 被翻译为20多种语言，畅销全球30年，影响了无数人
- 周期规律，是创业、投资、管理及任何工作的底层逻辑
- 了解周期并采取恰当的干预，能帮助我们避免很多不必要的问题

## 中国新经济：创新与规则

吴小亮　王静　等　著
2023年5月出版

**我国新经济领域创新与监管历程的经典案例集**

- 源于作者在国家行政学院讲授的新经济案例课，该课程深受各级领导干部喜爱
- 分析新经济与规则的冲突和融合，帮助读者把正在经历的社会现象看个清楚，理解热点事件背后深层次的原因
- 以案例形式展开，详细讲述了十个新经济领域的发展历程

## 好书推荐

**中国人民大学出版社**

### 潮起：中国创新型企业的诞生
（创新中国书系）

封凯栋 著
2023年8月出版

**解开中国创新型企业崛起之谜**

- 对"市场换技术"和"自主创新"两种工业发展路径对比分析，探寻华为等自主创新企业崛起的原因
- 强调对一线工程师的组织动员是自主创新的力量源泉
- 再现中国政府和企业在工业追赶和自主创新的历程中奋进的历史

### 现代货币理论在中国

贾根良 等 著
2023年8月出版

**启动我们强大内需所需财政投资的钱从何而来？**
**财政投资投向哪些领域？**

- 主要由中国学者撰写的现代货币理论入门书
- 探讨了现代货币理论大辩论的主要问题和深层次根源
- 讨论了疫后重振中国经济的战略

### 影响美国历史的商业七巨头

[美] 理查德·S.泰德罗（Richard S. Tedlow）著
梅丽霞 笪鸿安 吕莉 译

**通过七位商业巨子的故事，展现企业家精神的真正内涵，反映企业家与国家繁荣的关系**

- 讲述美国历史上七位极具代表性的商业巨子的故事
- 再现美国是如何借助工业革命实现崛起的
- 深刻挖掘企业家精神的内涵、企业家与社会的关系
- 入选吴晓波《影响商业的50本书》，商业史写作的典范之作

### 实业强国：中国制造自强之路

观察者网·科工力量栏目组 编著

**有历史、有故事、有细节地记录中国实业强国之路**

- "工业党"观察者网科工力量团队厚积11年的心血之作
- 读懂中国实业百年征程的荆棘和荣耀
- 理解23个核心产业的深层逻辑
- 求索实业强国、科技强国的制胜之道

短暂和片面的。其次是要引导青年理解整体与部分、个人与社会的关系。向青年传输集体主义思想，本质上是让他们认识到个体能力的有限性，从而能够跳出个人输赢得失的思维方式，对问题有更高维度的认识，进而具备投身大规模、长时段、复杂合作机制的思想认识。

集体主义和个人主义这两种思潮秉持着相对而行的价值观，但它们都在围绕青年展开争夺，希望青年能成为自己的继承者。个人主义对青年的影响加剧，与主流价值观所秉持的集体主义形成争夺之势，青年的主体性恰好就是在这样一种争夺的状态下得以展现和确认的。

"观念"往往意味着人对自身和外界如何认识和理解。通过对观念的研究，我们可以看到面对特定的时代和情境，人想获取什么、达成什么，他们想要突出的自身的优势何在，又担心和畏惧怎样的困难。正是在观念的指导之下，人们有了种种行为方式的选择，进而塑造了具体的行动策略，这个过程中生成的社会互动又将形成超越个人的社会事实，作用于外在的社会结构。

因而，本书关注和讨论的重点，就是当代青年的价值观念。在本书的主体章节中，我们不再将"青年价值观"作为一个总体来对待，而是从一个个局部的观念出发，通过对奋斗观、消费观、情感观、社交观、婚恋观等不同侧面的解析，来观察"巨变"与"转型"在青年身上是如何具体发生作用的，他们又将如何理解这些变化并做出回应——这里有他们怎样的曲折，他们想要在这当中获得什么、实现什么，他们的愿景与期望何在，又是什么让他们感到畏惧或痛苦。可以这样说，本书认为"如何理解"比"如何行动"更加值得去研究和探索。

# 第三章
## 奋斗观

奋斗的过程是人追寻并建构自我价值的过程，具有对内自我挖掘和对外寻求认可的双重需求。奋斗观既体现人对于为何去奋斗的认识，也指导着人如何去奋斗。"自由"与"稳定"是理解当代青年的奋斗观时最为核心的两个要素，但它们并不是两条永不相交的平行线，也不是跷跷板的两端，更不是解决问题的两套方案。青年对于自由或稳定的追求也不是非此即彼。

"人生是旷野，不是轨道。"在青年的眼里，这句话意味着人不应该依据某种外界给定的标准来规划自己的人生，无论是径直向前还是攀越向上，没有什么非如此不可。与此相对，人要做的是在广阔的天地中发现自己、释放自己、成就自己。奋斗并不容易。在面对求进无门、求退无路的境地时，"旷野"包含希望、带来慰藉，也可以成为情绪的出口。除了那些被不甘和无望所侵扰的日常生活之外，人生似乎还存在着更多的可能性，此时此地的局限一定可以改变或突破。青年一代崇尚自由，其中或多或少包含着支配时间的自由、工作场所的自由，有一技之长，人际关系简单，不用看老板脸色。他们在自由中期待获得的，首先是财富的积累，给自己奠定"说走就走"的物质基础；其次是个人的才华和特长能够得到充分的展示，能力可以得到正向的积累；更为重要的是，个人不被规则所宰制，拥有选择与决定的权利。

然而，当年轻的人们或张扬、或随意、或信心满满、或小心翼翼地拥抱了这个世界之后，他们发现事情并非如自己所预想的。随着技术的不断迭代更新，新的行业、新的职业门类不断涌现，社会分工呈现各种新趋势，进而，新规则、新标准纷纷出现。在社会变迁不断加速的背景下，青年所要面对的情势并不是新事物代替旧事物，而是新与旧在同一场景中交织并行，各种规则、观念均呈现叠加效应。旷野中或许确有他们所期待的自由与自主，但更可能潜藏着丛林法则、算法投喂、隐秘控制，以及更为直接的陷阱与危机。青年在闯荡的过程中，渐渐意识到，世界远远不是看起来的那么专业、那么有序、那么坚不可摧、那么欣欣向荣，而是充满了随机、任性，于是，人们便听到大声的感慨："世界就是一个巨大的草台班子！"

也正因如此，一些人开始积极寻求"上岸"。什么是

"岸"？观察一个个具体的"上岸"过程，会发现这个问题难以用高度概括的语言去准确界定、清晰回答。青年对"岸"的希冀，包含着稳定的工作节奏、可见的职业路径、不被 KPI 所牵制的收入结构以及后半生的保障与体面。但是，"上岸"本身就是一个综合竞争的过程，它不仅是一场考试，更是对人的社会属性的全面考察。"岸"并不是一个结构统一、要素匀质分布的整体，它里面包含着不同层次、不同层级、不同属性。人能够到达"岸"上的哪个位置，也许与自己事先的认知和计划全然不符。即便是一些旁人看来就在"岸"上的工作，也并不意味着"上岸"之后就一劳永逸，"岸"上仍然充满了无尽的考核与竞争，不能达标便再次跌下"岸"去。

我们常用"内卷"或者"躺平"来描摹当代青年的奋斗。事实上，在大多数情况下"躺"或者"卷"既没有可循的章法，也不是自主的选择，更多的是行动主体在有限的客观条件下做出的被动回应，而"躺不平"或者"卷不动"也是身不由己的结果。奋斗是一个复杂过程，用"躺"或者"卷"来描述这个过程，会使其丰富性大打折扣。在这一章，我并不想用"内卷"或者"躺平"等概念去观察青年的奋斗姿态，而是围绕着"自由"与"稳定"、"旷野"与"上岸"这些被人们津津乐道的词语，审视青年想要在奋斗中实现什么、获得什么，即将他们的奋斗观放置在奋斗的过程中，一方面聚焦于他们的愿景,观察他们为此做出的尝试和努力;另一方面观察他们如何与外部世界互动,以及因此而形成的坚守、放弃与调整。

## 一、自由:"旷野"的吸引与艰辛

在当代青年的奋斗观中,"自由"居于显要位置。尽管在不同人眼里,自由的具体含义千差万别,但究其核心,主要有三点:一是希望"被看见"。他们期待,在奋斗的过程中,自身的优势能够得到充分展示,个体化的经历、体验和感受都可以得到重视和尊重。二是自主性。奋斗,是一个发挥主观能动性、彰显人的主体性的过程。在这个过程中,个体能够不断拓展行动的边界,并为自身的处境和选择赋予价值及意义。三是自决权。为自由而奋斗的历程,还意味着在适应外部世界变化的过程中拥有了广阔的视野,锻炼出充分的应变能力,从而具备了选择和规划自身发展路径的决定权。这些在很大程度上体现了青年一代奋斗观中的主观方面,但是,能够在多大的范围内施展拳脚,很大程度上并不取决于个人的主观愿望,而要看外界提供了多大的空间范围。所以,青年在追求自由发展的过程中,有成长和收获,也有困难和失落。他们倾尽全力把握着社会多个层面的快速变迁所带来的机会与可能,也深陷于同步出现的结构性困境。

## （一）机会与变数同步增长

中国的劳动力市场正在经历着重大的变化。服务业的崛起、平台经济的发展，尤其是数字技术的运用和平台企业的组织模式，培育出了以第三产业为依托、服务城市基础运转、切入细分领域对接生活需求的新兴职业门类，同时也释放出了大量的、不同层次的就业空间。

一方面，新蓝领的崛起让青年看到了更广阔、更灵活的职业路径，新蓝领多劳多得的收入特点恰好符合青年一代对勤劳致富的期待。《2023 中国蓝领群体就业研究报告》显示，以家政工、外卖员为代表的新兴蓝领等职业普遍有着较大的收入增长空间，收入水平与白领的差距持续缩小。货车司机、月嫂、外卖员、网约车司机、美容美发师这些位居蓝领收入前五位的职业均为服务业蓝领，平均收入在 6 000 ~ 8 000 元。蓝领群体平均月收入显著提升，由 2012 年的 2 684 元增长至 2023 年的 6 043 元，是原来的 2.25 倍。新蓝领的职业道路不断拓宽、职业内容日益丰富，他们的价值也被重新估算。蓝领从业者不再是靠体力、做粗活，在非标准化的单边就业市场处于被动地位，越来越多的有文化、手脑兼用、善于沟通的青年加入其中。新职业形态带动的灵活就业包括在线平台零工、外包、内包、众包等多种形式。外卖员、网约车司机等带动的新就业形态以更为准时的薪资结算，带动其他行业提升薪资结算的准时性。体力、知识、技能兼具的新兴职业让青年看到了劳动致富的希望,在他们看来,月入6 000元的小白领并不比月入两万元的"跑单王"更值得追捧,他们相信"现金为王""赚到就是体面"。

另一方面,社会需求的多元化导致职业种类不断增加。能够满足社会的需求、充分发挥个人的特性,就能够开拓新的收入空间。在大城市里,人们的工作压力不断加大、生活节奏不断加快,依靠个人或家庭解决全部生活问题的难度随之增大;同时,人们对生活品质的要求却不断提高。这样一来,帮助人们节省时间、提高效率、保障生活品质的职业日渐走红,如家政工、保洁员、外卖小哥、快递员等,他们的工作主要依靠体力,但又要求体力与技能兼备。近年来,网络直播的市场越来越大,尽管直播的部分内容缺乏主体、没有深度,但是在广大的下沉市场,网络主播迅速走红,并成为大众争相追捧和效仿的对象,这是因为他们向中下层群体勾勒出了"好生活""品质生活"的模样。网红、主播依靠的是个性化的风格营造职业形象、开拓收入空间。此外,心理咨询师、职业培训师、健身教练、美容师等以服务个人为主要目标的职业门类也逐渐成长壮大起来,他们的工作就是帮助个人保持较好的心理状态和社会竞争力。这当中,付费知识主要通过内容的输出获得盈利,咨询师、培训师则要求知识与技能相配合。多元的职业路径形成了多渠道的收入来源，这让从业的青年认为，自己并不是依靠某个单位或者某种制度获得收入，而是靠自己的体力、手艺、特长创造财富。他们觉得，吃饭的家伙就长在自己身上，不管外面再怎么变，只要自己足够能干、足够活络，总能找到饭碗。他们选择新兴的职业、自由的工作形式，也更加相信"越努力越幸运"，只要自己足够努力、勇于尝试新生事物、勇于打破界限，就一定能够找到更多的赚钱方式，获得更多的经济报酬。

的确，有人在新兴行业当中不仅站稳了脚跟，还获得了丰厚的经济报酬，积累了可观的个人财富。但这并不意味着所有的人都能够在这当中分一杯羹。

首先，财富的增长方式和分配逻辑在今天已经发生了根本性的改变。资本市场的兴起加速了资产社会的形成，金融在经济活动中的地位越来越重要。很多青年懵懵懂懂地步入劳动力市场时，不管他们主观上是否意识到，客观上都要面对一个现实问题——个体在劳动力市场上的表现对于财富积累的作用日益减弱。包括投资、债券、股票等在内的金融手段所带来的增值速度和增长效率，远非个人的劳动创造所能及，个体的人力资本与资产的多寡相关性降低。换句话说，如果个体的劳动未能搭上资本的顺风车，那么"努力"获得的则主要是劳动收入，并不会出现高于劳动力价值的几何式增长。

其次，部分新兴行业收入分布的"头部效应"越来越显著。自由职业的从业者收入并不均衡，同一职业内部差距也可能很大。以直播行业为例，主播收入的头部效应明显。直播的作品成本低、可复制性强，传播量和范围越大则收益越大。从业者的个人特质看似十分重要，但是获得收入的多少则更加依靠算法推介、平台引流，因而头部、腰部、尾部差异巨大，收入结构上呈现"强者愈强"的马太效应。根据《中国网络表演（直播与短视频）行业发展报告（2022—2023）》，截至 2022 年末，我国网络表演（直播）行业主播账号累计开通超过 1.5 亿个，"头部"与"尾部"主播的收入差距巨大，以直播为主要收入来源的主播中，仅 0.4% 月收入 10 万元以上，而 95.2% 月收入为 5 000 元以下。这是因为，电商直播领域被称作"注意力经济"，头部主播凭借高流量、高关注度和高转化率的优势，在算法推荐上处于强势地位，逐渐掌握了话语权。一些头部主播可以通过控制货源、定价等方式来影响消费者的购买决策，甚至形成自己的粉丝经济，热度越高则越有可能被更多人关注、获得更高的经济收益。而头部以外，流量和关注度越是处于劣势地位，算法推荐的可能性越小，就越不容易被人注意到，获得经济收益的可能性就越低。

最后，不受限定也意味着没有保障。在数字平台的推动之下,"零工经济""计件工资""计时工资"出现在人们的生活中,这也为青年提供了大量的就业岗位和就业机会。"零工经济让人们更注重生活方式而不是收入",这句话似乎是将人的感受和体验摆在了显要的位置,然而落实到真实的生活中,对于大多数人而言收入的稳定性依然是不可忽视的问题。如以体力劳动为主的外卖骑手,其工资收入主要取决于工作量和工作经验,行业结构性影响相对较小,收入普遍在 5 000 元左右。但是,他们的工作可替代性很强,有些骑手生病或受伤后不能停工,或不敢去就医,因为这样的工作性质很可能让他们面临着手停口停的处境。因而,即便收入可观,由于缺乏制度保障,这种收入可以维持多久,便是一个很现实的问题。再如以知识输出为主的教培行业转型。"双减"政策出台之前,教育培训被看作一个灵活性与稳定性兼具的新兴行业门类;随着"双减"政策的出台,一些教培机构开始积极探索转型之路。儿童剧本杀是一条小众却颇为可靠的转型路径,通过设计文化知识类、逻辑推理类、财商知识类等游戏,对剧本杀的内容进行丰富和优化,有了适合儿童的专属游戏,原来教培机构的教师则可以转型为剧本杀的组织者和主持人。但时间不长,这种转型探索就因为准入门槛低、缺乏行业准入标准及相关管理办法、存在多种风险隐患等因素而呈现发展萎靡的状态,在市场中的影响力越来越小。更为重要的是,这一转型之路面临着一种两难境地：不加入教育培训的因素，很难招徕稳定且足够的儿童客户以维持运营；加入教育培训因素，则立刻触及"双减"红线。所以，在缺乏制度性保障的情况下，无论个体向市场提供的是体力，还是技术、智力、创新能力，本质都是一样的，都需要有人买单，体力、才智等才能切实转化为收益。因而，在设计、咨询等行业才会流传"手艺重要，拉单子更重要"的说法。

根据人力资源社会保障部等部门公布的数据，2023年我国灵活就业人员规模在2亿人左右，他们使"零工经济"这种新业态在中国逐步成型。自由的行业和工作形式在一定程度上确实蕴含着多种可能，但是，从社会财富分配形式的转变，到行业内部分配原则的多样化，再到经济形势的变化导致的业态不稳定性，以自由的从业形式在新兴行业中获得可预期的收入，仍然不是一件容易的事。尤其对于初入劳动力市场的青年而言，他们本身缺乏劳动、生产以及对市场进行判断的经验，议价能力有限，所以，他们的收入预期和实际收益之间必然存在着差距。

## （二）看重才华与能力的核心作用

青年一代的奋斗观中，在旷野中寻求自由，很重要的一点便是希望自己"被看见"，自己的才华、能力、个性都能够在奋斗的过程中得到彰显。奋斗的支点最好是从自己身上生发出来的东西，在青年看来，这些东西夺不走，还能随着年龄和阅历不断积累和增长，而它们最大的价值，是通过自由的竞争充分激发出来。但是，自由并不等于没有规则，有些行业的规则十分明确，却以更为隐秘的方式出现。同时，不同行业之间对人的能力要求的侧重点不同；在一个行业训练有素、得到成长，并不意味着换个行业仍能得心应手。此外，青年十分看重将兴趣与工作联系起来，"把兴趣变成工作"或者"兴趣变现"，但这些只有在有人买单的前提下才是有意义的。很多人以为发展的核心是技能的提升，但其实是产品力和客户获得能力。

内容生产是目前接纳青年就业的重要行业，其作品与产品的形式主要包括文字、图片、音频、视频等，核心竞争力在于原创性。内容生产早已突破了传统的新闻行业。互联网和数字技术的持续发展，不断拓展内容生产的内涵和外延——短篇和长篇网文、短视频、长视频、付费知识、生活分享等都快速地扩大并丰富起来。当代青年被称为"互联网原住民"，因为他们是与互联网、数字技术、社交平台同步成长起来的一代。他们对与互联网相关的新生事物的敏锐度和熟悉度是前几代人所无法比拟的，这让他们相信自己在内容生产上具有更明显的优势，于是有青年便认为内容生产可以成为自己才华的出口、事业的增长点。

但他们往往没有认识到的是,当"内容"转化为"产品"、内容生产转化为文化产业的一部分时,商业模式和运营规则也应运而生。作品与产品是两种逻辑,这种情况下,兴趣和敏锐度是否可以转化为有销路的产品,则成为内容生产的从业人员需要面对的问题。

首先,畅销的产品从选题到生产,再到投放市场,都围绕着盈利逐渐形成了固定的模式。一些内容生产公司的从业人员,主要负责写短篇网络小说和短视频脚本,在行业里干了一段时间之后,深刻体会到爆款文章有套路,虐心爱恋、逆袭老板、随机穿越是阅读量最高的几类选题,他们需要做的,只是琢磨怎么在旧瓶子里装上新酒,几乎没有什么自行选题的空间;而行文结构也基本上都是三板斧的模式,最终的写法往往取决于怎么写能切实提高阅读量,执笔者所可以决定的仅仅是具体的文字内容。

其次,阅读量和关注度是用来衡量内容生产的两项重要指标,所以"关键不在于你说了什么,而在于有多少人愿意听你说"。也有青年初入公众号写作的行列时信心满满,觉得自己思想深刻、文字功夫扎实,能把问题说深、说透,给读者带来启发和思考,从而获得大量的粉丝。但入行一段时间之后才发现,他们所认为的"开辟新视角""带来启发"在读者那里往往变成了"看个热闹",而读者并不想深入进去;当他们的新意与受众所期待的新意不相吻合时,也就没有什么人持续关注了。稳定且庞大的阅读数据,背后最重要的是大平台自身的流量保证,以及引流策略;然后是文章本身的品质要接地气、抓眼球,懂得大众心理,能够利用热点制造卖点,以及有效的推送渠道。不容否认,依托内容生产形成的各种行业,确实为青年的奋斗与发展提供了更多的可能,但需要考量的是,他们个人所看重并依赖的才华和能力,在多大程度上能够契合这样的生产方式和产品要求,并不是一个简单的输入与输出转化的问题。

"在奋斗中成长"是当代青年非常看重的,他们不愿意接受传统的、稳定的工作种类的一个重要原因,就是不想在端茶倒水、复印打印、发通知、写纪要当中花费太多的时间,感觉这样不会有什么成长。与此同时,他们也不想让自己成为生产链路中的一颗小小螺丝钉——自己经手的只是一个环节,而对于整体却缺乏充分的认识,迈出熟悉的一亩三分田,会不会两眼一抹黑?

在青年的奋斗观中,"成长"除了物质财富的积累,还包括技能的增长、经验的增加、视野的开阔,以及判断力的提升。而这背后更深层次的期待是,他们能够通过奋斗具备更加全面的能力,如果中年以后离开了原来的工作,还可以应对新的生活,甚至是开辟更广阔的天地,而不是出了单位大门什么也不会做、什么也做不了。寻找自由的奋斗方式，就是要不断接触新的工作内容、不断迎接新的工作任务，在向困难发起挑战中获得个人的成长。的确，受到青年青睐的行业，大多对从业人员都有严格的训练，但是，不同的行业对从业者的要求不同，因而训练的侧重点也各不相同。有人在互联网公司做产品设计，本来觉得可以帮助人解决问题，也能够实现自我价值，但很快发现并非如此，实际每天的工作就是面对很多任务列表，不停地参加会议、跟不同的人沟通，工作的主要内容就是协调并满足各方的需求。与加入这个工作之前所设想的不同的是，人与人之间的沟通并不是基于技巧或者能力，说服还是满足也不是什么高大上的事情，大多数时候都是按流程办事，少部分情况下拍脑袋也就决定了。另有人在咨询行业工作，不停地接手新的项目，辗转于不同的城市，为不同的行业或机构服务，但在咨询行业中所训练出来的调研、爬数据、做PPT、汇报、谈判等，换了行业就未必有用武之地了。

此外，一些初入社会的大学生，在考虑发展问题时非常注重个人价值的发挥，而他们所理解的个人价值，很大一部分是自己的特长。他们希望自己未来职业的增长点能够与包括写作、图像设计、音频视频制作等软能力结合在一起，这样可以使自己的工作更加有趣，也更有意义。《中国青年报》在2023年开展的一项调查显示，在不考虑现实因素的情况下，

92.98%的受访大学生愿意将爱好发展成为职业。但在同一项调查中,另一组数据则透露着现实的骨感和残酷:在兴趣发展为职业的道路上,有63.32%的受访者认为"为爱发电"难以长久。最直接的问题,也是最大的挑战便是:如何将热爱、坚持转化成职业技能或是有人买单的产品?尝试过将兴趣变成职业的过来人认为,任何一项工作或职业都是有门槛的,把兴趣转化成职业,要么就是职业的门槛很快消磨兴趣,要么就是兴趣始终不接地气、无法带来所需要的收益,"发挥特长,顺便挣钱"这种事并不适合初次进入劳动力市场的青年。

所以,在发展与奋斗的过程中,个人才华的展示、能力的成长、兴趣的发挥都是青年一代十分重视的因素,但是它们与行业的发展、市场的需求以及具体工作岗位对个人的塑造,能够在多大程度上衔接,并达成青年的奋斗期待,仍然是一个需要认真考虑并严肃对待的问题。

### (三)尤为重视灵活支配的时间

"零工经济"在全球兴起的大背景下,时间上的自由感和灵活性在青年观念中的重要性显得更为突出。"时间"具有独特的本体论意涵,且在不同的生态情景中表现不同[1]。在青年

---

[1] 唐晓琦. 工作情景、时间体验与不同劳动体制下的自由感知:关于青年群体"奔赴零工"现象的反思. 中国青年研究,2022(4).

看来，传统的工作场景——机关、学校、医院、工厂等——在时间的安排上都有着共同的特性：工作时段固定，工作时长不能自主决定，时间完全没有弹性。这些特性让青年觉得自己是被决定的，"缺乏时间做自己的事""时间被侵占不需要理由"。与此不同的是，"零工经济"下的劳资双方以分割传统劳动关系为前提，以人与组织的分离使工作时间、地点和报酬都不再遵循统一固定的规则，使工作具有了极大的灵活性[①]。这样的灵活性对青年具有重要的吸引力，进而深刻地影响着他们的职业观和发展观，他们不愿拘泥于"朝九晚五"的时间和固定的"格子间"，追求只要按时完成工作就可以获得报酬。

灵活的工作形式，给从业者带来的是"时间是可以自己支配"的主观感受。一方面，一些行业工作时长与收入直接挂钩，从业者意识到收入多少与劳动时长成正相关关系时，他们会将延长工作时间作为主动的选择，认为"这是我自己做出的决定"，是自主的结果。另一方面，一些行业不限制工作状态，只要求在规定的时间内提交劳动成果即可，而在这个时间段内，从业者何时工作、何时休息、时间如何安排均不受干

---

① 杨滨伊，孟泉. 多样选择与灵活的两面性：零工经济研究中的争论与悖论. 中国人力资源开发，2020（3）.

涉，这让从业者认为"自己的工作时间是由自己支配的"。而事实上，"零工经济"只是看似对上班时间没有作出明确的限制和规定，却成功打破了常规工作的时间制度，模糊了从业者工作时间与生活时间的界限，使实际劳动时长不断延长，"睁开眼睛就工作，闭上眼睛才休息"几为常态，在有些行业甚至出现 24 小时待命的状态。

一种情况是工作时长不自觉延伸，且"完成时间"成为即时考核指标。从工作时长来看，包括各种"零工经济"在内的自由职业，工作时长已经超越金融业，居于第一位。有些青年在发泄对工作的不满时，常喜欢说"还不如出去送外卖算了"，然而，外卖骑手的辛苦除了肉眼可见的风雨无阻之外，最主要的就是看似无人规定工作时间，事实上工作时间却被更大、更无形的算法所约束。本着"接单越多，收入越多"的认识，骑手们的总体工作时间基本上都是自觉延长的。辽宁省检察院《外卖骑手权益保护与算法监督的调研报告》显示，外卖骑手平均月休息时间为 2.57 天，62.5% 的骑手日工作时长在 8～12 个小时，8.65% 的骑手日工作时长超过 12 个小时。与此同时，每一单的派送时长也是明确规定的。网约配送行业平均配送时间，从最初的 1 小时缩短到现在的 28 分钟。这 28 分钟就像是一场倒计时考试，一旦点了确认键，倒计时便开始了，剩余的时间"倒计时"也会不断提醒。"倒计时"把完整的时间切割成一个个连续的碎片,再拼接在一起,变成了有范围的存在,直接关切到目标的完成度①。然而,这28分钟里总会遇到难以预测的突发事件,打乱行程,并造成限定时间内无法完成工作的后果。如果某一单超时,后面的单子就可能全部延后。如果要改变后面的单子连续超时的局面,骑手在路上就要更快地行驶,且不能再遇到一路红灯、电梯慢行、出入场所身份检查等情况。于是,外卖骑手变得"分秒必争",成了风雨无阻的"追赶时间的人"。

另一种情况则是工作时间与生活时间的界限越来越模糊。尤其是在一些规定时间内提交劳动成果的行业,时间上的安排并非完全自主,甚至在工作时段内会出现24小时待命的情形。以设计圈为例,他们面临的第一个环节一般都是"比稿":一位业主可能同时找好几位设计师,并试图通过多个方案的对比,决定将项目交给哪个设计师团队完成。比稿的结果,对于中标的团队来讲,是先试后用。而对于那些被淘汰的团队,则是试而不用,这意味着过去一段时间内,包括时间在内的各项投入,都会随着结果的失败而打水漂。那些顺利拿下项目的团队,接手之后,"5+2""白+黑""007"等工作制便成了家常便饭,因此,设计师又被戏称为"秃头职业"。在整个工作过

---

① 廉思.时间的暴政:移动互联时代青年劳动审视.中国青年研究,2021(7).

程中，设计师还要与甲方不断做需求沟通，必要时前往一线勘察项目落实情况，"客户随叫随到，方案随调随改"基本上是工作的正常节奏。随着互联网平台的不断发展，"互联网＋工程设计"的新模式越来越流行，对个人时间的侵蚀也越来越彻底，有人大呼"设计师苦互联网久矣"。在这样的工作节奏之下，看似每一阶段都没有明确的时间限制和时间规定，但在细节性需求、突发性调整，以及一些非预期因素的共同作用之下，每一个时间段都是填满的，甚至超负荷运行。

除此之外，新的就业形态下，时间的异化还会进一步导致从业者的自我剥削。2023年2月，人力资源社会保障部下发《新就业形态劳动者劳动合同和书面协议订立指引（试行）》，在附件《新就业形态劳动者劳动合同参考文本》中，建议乙方（新就业形态从业者）每日累计工作时间不超过8小时，每周工作时间不超过40小时；（对于配送、出行等行业）乙方接单时间连续达到4小时的，系统会发出疲劳提示，甲方停止推送订单20分钟。这一指引出台之后，"零工经济"等新就业形态的从业人员并不认同，他们当中有人认为，延长劳动时间、多劳多得是自愿选择的结果，万一停止推送的时候恰好错过了一个大单子，那可是一天不小的损失。再者，羊毛出在羊身上，与其平台从抽成运价里找突破口，还不如自己奋力"卷"起来。

借助数字化和互联网平台,青年群体带起了灵活就业领域,成为"零工经济"的重要力量之一。在新的就业形态下,青年一代进入"零工经济",想要突破的是制度化的工作对人身严格规定的时间安排。他们也并非没有意识到数字化对劳动关系链条的延伸和劳动控制的技术化,会强化青年从业者劳动过程的不确定性,然而,他们想要寻找的,正是"在不确定中产生满足"①,于是他们对自主性尤为强调,其中,可以灵活支配的时间便是自主性的重要体现。但事实上,当时间被效率至上重新赋予价值之后,"自由支配的时间"在更大程度上意味着对时间的控制更为精细和隐秘——在单位时间内有更多的产出,成为精密安排和系统计算的对象,时间更具有弹性,可以随时插入更多需求。另外,数字化产生职场的"无线缰绳",数字劳工的身份使得工作、生活、娱乐的界限更加模糊,"自由的工作时间"演变成了一个伪命题②。

**(四)抱有不被规则所宰制的期待**

新就业形态并不意味着自由和高薪。从工作时长来看,

---

① 罗峰.在不确定中生产满足:网络时代下中国青年数字劳动研究述评(2010—2020).中国青年研究,2021(4).
② 杜莉华,吕行.情境协商与边界游移:青年群体网络失联的动因、策略与过程.中国青年研究,2024(3).

这些职业的加班时间超越金融业居第一位;从薪资收入来看,这些职业计时与计件标准并存,收入并不稳定,且社会保障体系并不完善。那么,吸引力何在?新兴职业形态去雇主化的工作方式,在很大程度上满足了青年不被规则宰制的期待。"边工作边撸狗""裹着睡衣干活,穿着拖鞋数钱""离群索居,但能挣钱"这样的工作状态能够吸引青年。他们看重的是:在工作内容上,多元化、灵活性逐步取代了标准化效应;在职业路径上,扁平化的横向扩张与科层制的纵向上升形成对垒态势,其中最主要的是靠自己的一技之长吃饭,不用处理复杂的人际关系。"不用对规矩低头,不用跟领导较劲,不用跟同事争斗",成为青年选择自由职业的重要原因。尤其是在资强劳弱的宏观就业背景下,青年对建立在规范严密的组织结构基础之上的传统工作方式更加难以形成认同感。

然而,在有些情况下,没有规则,可能仅意味着"没有明确的规则";在更为隐秘的规则之下,丛林法则可能更为盛行。特别是规则被转交给技术和系统,而不是具体的某些人的时候,在复杂的算法投喂之下,个人的境况更加没有商量的余地。2023年底,某位生活方式短视频平台前算法工程师在接受采访时表示,在自媒体的运行规则中,平台对创作者拥有绝对的决定权。创作者刚入驻时,平台会主动给你引流,制造一种"我也能火"的错觉。什么时候给流量,什么时候不给流量，都是根据平台的需求进行事先设计，目的就是让创作者在这个社区持续贡献内容。对平台来说，创作者只是一群带来数字和增长的符号。平台会利用创作者的焦虑，引导他们不断产出内容，从而维护平台的活跃；同时还会为创作者制造一个"阶层跨越"的幻想，让人们接受"越努力越幸运"的观念，以为底层向上的渠道是通行的，只要足够努力，就会看到并成为那些"上层阶级"的人。但是，正如《中国青年报》"冰点周刊"的文章《主播之死》所讲的那样，平台背后的隐形机制会让新主播不断尝到甜头，但绝大多数"草根"主播的成功只是"昙花一现"：由于缺乏文化资本和社会资本，他们无法持续生产优质的内容，生命周期都非常短暂，大多数只有几个月。

另外，部分青年在过去的一段时间里，恰好赶上了某个行业起步和高速发展的时期。在起步阶段，行业的规则往往不甚明显，只要能够完成工作量，个人受到的规制会相对较少。卖力肯干、善于突破规则的人，经常能够获得突破性的成长。从本质上来讲，这是个体借助了蓬勃发展的朝阳产业的力量，是产业和平台给个人提供了更多的可能和良好的发展机遇。但是，个体往往对此没有充分的认识，反而认为是自己拥有良好的判断力、卓越的能力以及打破规则限制的勇气。"双减"政策出台之前曾在全国范围内高速发展的教培行业就是较为典型的例子。在之前十年间进入教培行业的青年，赶上了这个行业的朝阳时代，他们对这份工作的认识是既能学到东西，又能得到较高的薪资报酬，每天的工作充实又向上。在他们看来，能够在这个行业中得到发展，是因为自身具备了多项优势技能，如：执行能力很强，擅长发挥个人潜质解决问题，尤其是在突发事件出现时，能够及时打破条条框框，稳定处理甚至超常发挥。正是基于这样的认识，教培从业人员对自己的职业转型往往产生较高的估计。"双减"政策出台之后，各地教培机构都面临转型或关闭，一些从业人员认为自己在这个行业中的经验积累和工作成绩，能够帮助自己在转入其他行业后依然出色发挥，但事实并非如此。这种不被规则所决定，甚至在特定的情况下可以突破规则限制的现象，主要出现在行业或产业的朝阳时期，打破规则的是行业成长的力量，而不是从业人员个人的能力和胆识。当行业进入稳步发展的时期，这样一种不破不立的局面便会随之结束，而潮水退去后，从业人员才能意识到自己的能力与规则的约束力孰轻孰重。

青年一代既看重奋斗的自由，也希望能够在自由中奋斗。他们希望被看见、被尊重，能够在奋斗中展现并确定自身的价值；他们希望拥有自主性和自决权，能够做出自己的选择，并为自己的处境和行动赋予意义；他们希望在自由的奋斗中获得财富的快速积累，个人的才华和思想得到充分的展示，能力和水平能够不断提升，可以灵活地支配时间，不被外在的规则所宰制。然而，他们所追求的"自由"及其内容，无不嵌入庞大且复杂的社会结构之中。对"自由"更为执着的人，更可能是在现实社会生活中个人发展资源相对不足的人，他们大都怀抱在旷野中闯出一片新天地的愿景，也有不同程度上"弯道超车"的企盼。但有些时候，"旷野"意味着规则更为隐秘、欲望更为直接、收益要求更加明确、更依赖于别人的评价或喜好，最为重要的是，具有更大的不确定性。

个人如何在旷野中与不确定性共舞？有些人在亲身体验或者冷眼旁观之后，做出的选择是：上岸！

## 二、稳定："上岸"的挑战与企盼

"上岸"这个词在青年群体中，经历了一个意义变化的过程。最初，这个词使用的范围是比较宽泛的，泛指在某件事情上经历过一段时间的努力后，最终获得了成功。近来，"上岸"的含义越来越聚焦，其内涵是通过努力获取进入体制内工作的机会，外延则包括获取各种带有编制的工作——考公、考编、考教师资格证，进机关、进国企、进事业单位。也就是说，它的含义越来越靠近"铁饭碗"。最近，并不拥有正式编制，但由公共财政支出聘用的岗位也被纳入"上岸"的选项中，人们把这种类编制的工作称作"编制平替""瓷饭碗"，例如社区工作者。这意味着，在人们的认识里，只要是公共财政支出负责，哪怕没有被纳入行政或事业编制序列，也至少是在"岸"上有了立足之地。

"上岸"在今天的青年当中变得越来越重要。以国家公务员考试为例，2021年以来一直呈考生快速增长的趋势。据国家公务员局的数据，2023年"国考"的总报名人数突破259.8万，竞争最激烈的岗位报名与录取比例超过5 800∶1。2024年"国考"共计303.3万人通过用人单位的资格审查，这也是"国考"报名规模首次迈入300万大关，相比2021年几近翻番。要理解青年，就要认识到，这是他们在对个人资源价值和自身特质预估的基础上做出的选择，也是社会经济结构转型与个人奋斗观念转变合力的结果。

当人们谈论"上岸"时，往往与它相对的一个词语是"下海"。40多年前的"下海"潮，除了进入市场经商的本义之外，还被赋予勇于打破窠臼、善于抓住机会、积极进取的引申义。相对之下，"上岸"则被认为是保守、缺乏魄力，是社会结构转型的背景下追求个人稳定的理性规划，是基于实用主义和功利主义基调的个人利益最大化的选择[1]。有一种较为突

---

[1] 周恬恬，苗国. 何处是岸：当代青年"上岸"思潮建构与自我生平实践反思. 中国青年研究，2023（12）.

出的声音批评追求"上岸"的年轻人：不敢闯、不敢拼、贪图安逸、依赖稳定。在知乎上，关于"人为什么要考公务员"的提问中，高赞回答是这样讲的："作为一个普通人，公务员差不多是最好的工作了。几十块钱报名费，既不看你几本出身，也不看你爹是谁，就看你笔试面试成绩的公平竞争。考上以后，只要你不作死、不违法乱纪，老老实实勤勤恳恳为人民服务，国家就不会亏待你：体体面面，安安稳稳，生老病死包你一辈子。一生无忧、免于饥寒交迫、免于996ICU、免于中年失业、免于大起大落……这不好吗？某地新三不孝：不考研、不考编、不考公。听过吧？为啥有这玩意儿？还不是因为这个社会给普通人翻身的机会就这么多点儿？你以为你不考公务员就能升职加薪、当上霸道总裁、出任CEO、迎娶白富美、走向人生巅峰？醒醒，大兄弟。你要有这么幸运，还至于蹉跎这么多年？"

有青年说，"上岸"这个词好有意思，仿佛一个人在水里挣扎不休，没人知道，也没人关心这个水是江是海，还是臭水沟、烂泥塘，总归就是一个人在里面翻腾、搏击、无所依靠、浑身湿透。至于"岸"上是什么样子，也并没有一个确切或清晰的认识。在竭尽全力"上岸"的时候，也不知道"岸"是不是救命稻草，只知道上去了不管是不是光明大道、有没有锦绣前程，至少有了一个干干爽爽、踏踏实实落脚的地方。

所以，目前关于"上岸"的种种讨论，大多将其作为一个整体性后果予以评价，既没有注意到"上岸"的过程与结果中所蕴含的千差万别的境遇，也缺乏对青年主体意义的深入观察。什么是"上岸"？它有着丰富的、具象的含义——稳定的工作节奏、明确的职业路径、不受 KPI 影响的收入结构，以及具有跨代际优越性的体面身份。青年对于"上岸"的认识，并不都是基于被动和实用主义的动机。他们对于保障的理解，并非简单的旱涝保收；仅仅待在"岸"上，也并非全部的职业期待。我们接下来主要从两个方面展开讨论：一是"上岸"意味着什么；二是青年一代如何认识"上岸"。

### （一）"上岸"不易

在讨论"上岸"在当代青年奋斗观中的价值和地位之前，先来看一组近几年的就业数据，了解近几年青年择业的宏观背景和现实压力。

首先，求职人口总体数量增加，而招聘岗位数量一直呈现减少趋势。一方面，求职人数总量增加，伴随着不同类型的求职者形成叠加压力的趋势。据教育部统计，2023 届全国普通高校毕业生规模达到 1 158 万人，同比增加 82 万人。国家统计局 2023 年初的数据显示，截至 2022 年底，还有近 20 万离校未就业毕业生的问题没有解决。2022 年我国失业率统计为 6.1%，其中有一部分因裁员、行业优化等造成的失业人口，也将再度进入求职市场寻找新的工作机会，这就形成了应届大学生、再就业人群的叠加竞争。另一方面，社会上释放出来的岗位需求量下行却较为明显。2022 年底有 1 697 家上市企业进行了不同程度的裁员，裁员总数超 90 万。2023 年以来，释放出的新岗位数量减少了 20%，头部互联网企业的岗位需求明显下降，部分中小微企业缩减招收名额或直接停招。字节跳动 2022 年下半年发布岗位约 3 000 个，较上一年缩减 60%；美团发布岗位约 5 000 个，较上一年缩减 50% 以上。

其次，互联网大厂渐渐"不香了"。互联网大厂在过去的十年多时间里，为青年提供了充足的就业岗位和发展机遇，但是近几年人们能够享受到的发展红利却越来越少。大厂大多集中在北上广深等特大型城市，深夜甚至凌晨上百人排队叫车的大厂加夜班场面是每个在大厂工作过的人都会有的体验。这几座城市定居成本之高，让年轻的大厂人感叹"这里允许你窥探、接受你燃烧，但从来未曾打算接纳"。"35 岁被裁""高龄员工被劝退"，员工的经验和资历在追求性价比和年轻化的大厂面前似乎不值一提，能在大厂做到退休的可能性微乎其微，"如何逃离 35 岁陷阱"让一些青年对大厂产生犹疑。近两年，影响更为直接的一个现象是，部分互联网头部企业还出现了"撕 offer"的现象,即先给毕业生发放 offer(录用通知),但在正式入职前,人事部门突然告知"公司没有 HC(headcount,即正式员工名额),offer 需做撤销处理"。所以,"毕业后的首选还是不是大厂"在青年择业和就业时成为一个实实在在的问题。

再次,对于一些来自农村的学生,读书所在地工作机会日益减少,向市场要效益、争取高收入来改变生活处境难度加大,但是如果回农村,基层就业渠道较为单一,主要是行政管理类或综合性岗位,缺乏专业技术类岗位。这将学生推向了举棋不定的状态:既想回家乡工作,又担心发展前途受限;既想尝试留在大城市奋斗,又受制于工作机会的减少和生活成本的增加。对于这些尚在校园、社会资本十分有限的学生,无论是在家乡还是在读书所在地,能够获得一份体制内的工作,都成为职业生涯起步的上策。

正是在这样的情形下,进入体制内成为越来越多青年的选择。然而,随着人数的增长,"上岸"之路已然拥挤不堪,招录还充满了各种要求和限制。

以目前的"全国第一大考"公务员考试为例,首先,报考公务员有明确的年龄规定,即 18 周岁以上、35 周岁以下。应届毕业硕士研究生、博士研究生(非在职)招考年龄可放宽到 40 周岁以下。这也意味着,35 岁是大多数地区、大多数人报考年龄的上限,过了 35 岁,编制的大门就不再向你开放了。其次,关于文化程度,尽管明文规定报考公务员要求具有大专以上文化程度,部分岗位要求本科学历或者研究生学历,但随着这些年学历普遍提升,很多岗位报考者的实际学历都要高出招考公告中的要求一大截,于是水涨船高,造成了实际上没有硕士学位就无力竞争公务员考试的局面。再次,部分招考职位要求"2 年以上基层工作经历",这具体意味着报考人员须具备在各类企事业单位和其他经济组织、社会组织和生产一线、农村、县级及以下党政机关(含参照公务员法管理的事业单位)工作,或曾在军队服役、自谋职业、个体经营累计 2 年以上的经历。其中,"大学生村官"等服务基层项目人员服务基层时间计入基层工作经历;在全日制学校就读期间参加社会实践、实习、兼职等不能作为基层工作经历。抛开其他各种个人不可控因素,年龄、学历、基层工作经历等方面的要求已经在报考公务员的青年面前竖起了层层壁垒。但是这并没有降低他们对公务员考试的热情,近年来,公务员报考人数始终处于上涨趋势。据界面教育统计,2022—2024 年"国考"报名人数分别为 212.3 万、259.77 万、303.3 万,同比增速分别为 35%、22%、17%。

面对"国考"竞争越来越激烈的现实,一些青年同时还将目光投向了事业单位、国有企业,以及并不具备正式编制的社区工作者。例如，上海市某区属国有企业 2023 年招聘名额为 40 人，仅在上海市内就收到逾千份简历；其中一个文秘行政类的岗位，收到上百份简历，其中不乏名校硕士、博士应届毕业生。同样是在 2023 年，在安徽一个县级市，35 个社工岗位就迎来了超过 2 000 名竞争者，其中绝大多数都是青年。

其实，青年一代对于体制内的工作也有着清晰的认识：它早就不再是"面朝南，好做官"了。今天在体制内工作，很大程度上意味着要扎根基层，时常加班，体力要跟得上工作的节奏，脑力要跟得上工作的要求。对于大多数人而言，体制内的上升空间都较为有限，上升通道是否通畅也都充满了不确定性和不可预期性。然而，相对稳定的工作环境、不受 KPI 影响的收入结构、即便不能前进也不会后退的职业路径，还是让青年一代愿意踏上这条拥挤的"上岸"之路。

### （二）"岸上有岸"

"考编青年"的诞生，虽然在一定程度上反映了存在着避险心态和奋进叙事的失效，但如果仅仅归结为丧失意志和斗志的"躺平"，也并不全面。在社会结构和经济发展转型的时代印记之下，青年一代对个体身份的现象、职业判断、人生价值重新进行了预估和赋值，一步一步探索着属于他们这一代人的自我实现方式。

"岸"并不是一个整体，它里面也存在着不同的职业类别和行业属性。在考编青年的眼里，公务员自然是"上岸"的最高目标，其次是国有企业和事业单位，二者都有吸引他们的地方。近一两年，类编制的工作也被青年纳入目标，被称为"瓷饭碗"，例如社区工作者。只要考上了，哪怕算不上正式"上岸"，也算是在"岸"边有了歇脚的地方。所以，有青年感叹，"上岸"之前以为上了"岸"就万事大吉了，后来才明白"岸上有岸"。然而，对于大多数考编青年来讲，哪一个"岸"才是他们停靠的地方，并不由自己选择；他们自身所能做到的，只能是朝着那个方向拼命努力。

公务员被考编青年看作"上岸"的最高目标。事实上，他们对公务员的认识有一个转变的过程。他们出生和长大的时候，正赶上20世纪末到21世纪初的经济高速增长期，那个时候的奋斗观主导思想是进入企业、走向市场，公务员则在很大程度上意味着收入少、人际关系复杂，选择做公务员的人被认为是胆小、保守、缺乏进取精神。而当这一代青年长大成人、准备步入劳动力市场的时候，他们发现包括市场和公务员体系在内的整个大环境，已经和他们最初的理解不太一样了。最为重要的一点就是稳定性，大多数家庭希望孩子进入公务员体系，最为看重的一点就是它的收入来自财政拨款，"旱涝保收"是最为直接的目标之一。除此之外，有些青年确实认为进入公务员队伍更加能够施展自己的才干。一些大学应届毕业生，为了与统考招录的公务员形成错峰竞争并突出自身优势，将目光投向了选调生。选调生是各省党委组织部门有计划地从高等院校选调品学兼优的应届大学本科及其以上毕业生到基层工作，作为党政领导干部后备人选和县级以上党政机关高素质的工作人员人选进行重点培养的群体。选择这条路，则意味着看重的不仅仅是稳定，还有作为重点培养对象、容易做出业绩、享受更好的资源配置，从根本上看是更容易获得向上的晋升机会。

事业单位和国有企业都是排在第二位的上岸选择，这两条路各有其长处，青年在选择这两条路时也各有其侧重点。事业单位现在也实行逢进必考的原则，但它的编制属性与公务员不同，因而收入的来源也有别于公务员，只有全额事业单位是财政全额拨款。考编青年选择事业单位的原因主要有两个方面：一方面，岗位总体数量多，尤其是侧重于特定领域的专业技术岗位基本上都集中在事业单位。事业编制招考人数本身就多，再加上事业编制内部的细化，还有像教师资格考试这样专门的考试，使得通过考试获得编制的可能性增加了许多。另一方面，事业单位的职务晋升渠道从理论上来讲没有公务员通畅，但是事业单位从业人员可以走专业技术路线，即便不能晋升职务，还能通过评职称来提高自身的职业地位和工资待遇。就像一些考事业单位的青年所言，在事业单位扎扎实实做些业务、认认真真评个职称,简直是稳定感和成就感兼具了。

相对来讲,青年对国有企业的认识不像前两种那么统一,但是只要讲得去,所有的问题便都不是问题。国有企业的收入与地方经济的关系很大:经济好,收入就有可能高;经济不好,非行政岗位也可能引进末位淘汰,导致的结果就是绩效不好的人,即便不会被辞退也很难有前途可言。国有企业要承担市场责任,经营性收入占很大一部分比例,所以收入水平在一定情况下还会随着经营的波动而波动。再者,国有企业如何也很难一概而论,不同行业、不同层级的国有企业待遇和发展也可能大为不同。例如,电力、烟草等垄断性国企,在稳定性上堪比公务员,但收入水平又高于大多数体制内单位,是奋力上岸的青年眼中的"巨无霸"。然而,他们也清醒地认识到,这么好的岗位,不是谁想有谁就有的。

近两年,像社区工作者这样的类编制岗位也越来越受到青年的青睐,这样的岗位被戏称为公务员或正式编制的"平替",哪怕它不算上"岸",也算到了"岸"边。社区工作者是由各地政府部门统一招聘,经过报名、笔试、面试、体检、考察、公示等一系列程序,统筹安排到社区从事最基层工作的工作人员。这类工作虽然没有编制,但是会签订正规的劳动合同。在青年看来,这类工作虽然工资收入不算高,但其最大的好处就是稳定地缴纳五险一金。更值得注意的是,这类工作在部分地区也打通了向事业编或行政编转轨的渠道。在"择优入编"的激励机制之下，从事这类工作者在参加公务员考试或事业编制考试时享有一定程度上的优先权，这能够在更大程度上吸引青年投入和参与。但其竞争难度在两年之内骤然上升，比如，2023年山东菏泽市东明县社区工作者公开招聘，开放的100个岗位吸引了3 888名考生竞争。中公教育统计数据显示，截至2023年9月，西安市社区工作者共招聘1 000人，而报名者达到了23 468人[①]。

在青年一代还没有长大的时候，家长时常跟他们说：高考就是人生一战，等考上大学了，你就轻松了。等到长大之后，他们发现，高考不是人生一战，而仅仅是人生一站。后面的任何一战，都要比高考更加残酷、激烈、不可预知。

**（三）何处是"岸"**

在这一部分，我们将专门针对一个群体展开讨论——大学里的青年教师以及青年研究人员。在一般人眼里，大学教师是一份值得奋斗的好工作，从业者都在一个领域深耕多年，拥有深厚的知识沉淀和丰富的经验积累，周围打交道的都是高级

---

① 马延君. 争考社工的年轻人，没有编制也想上岸."人物"公众号. 2024-01-17.

知识分子，属于大众眼里的社会精英。在不了解的人看来，大学教师的工作也应该很清闲，一年两个假期，课时量又少，不需要像小学教师那样花功夫管孩子，也没有中学教师的升学压力，简直是"黄金海岸"。只有身在其中的人才知道，其实并非如此，大学教师同时肩负着两种角色：一个是教师，一个是科研工作者，这份工作投入大、周期长、收效慢，并不轻松。

即便如此，高等教育从业者也属于事业编制，在大众的眼中，得到了这个工作机会也就是"上岸"了。但是，2018年开始，随着高等教育教师职务聘任制度改革的推进，这一情况发生了根本性的转变。获得大学教师工作并不意味着"上岸"，而明文规定的考核年限、日趋严苛的考核标准、愈演愈烈的同行竞争，让十年苦读的"青椒"们高呼：何处是"岸"？

高等教育教师职务聘任制度改革的核心内容，是加强聘期考核，准聘与长聘相结合，要求教师做到能上能下、能进能出[1]。在这一原则指导下，"非升即走"制度在国内大多数"双一流"高校展开，并逐步向普通院校下沉，成为高校青年教师职业发展的制度基础。新进大学教师之间最常讨论的，就是"非升即走"，它意味着在明确期限内，受聘教师需完成规定的

---

[1] 中共中央 国务院关于全面深化新时代教师队伍建设改革的意见. 2018-01-20.

科研、教学以及社会服务的任务，达到晋升职称的要求；如果未能达到要求，则无法顺利获得正式聘用待遇。近年来，随着高校教职岗位需求量日趋饱和，在供大于求的情况下，结构性矛盾凸显；高校的考核标准也日趋严苛，青年教师的聘任标准不断拔高。

首先，针对青年教师的考核有明确且缺乏弹性的时间期限。一些高校的新进教师进校后参与考核的岗位主要分为"科研岗"和"教学科研双肩挑岗"，科研岗的考核时间一般是三年，教学科研双肩挑岗的考核时间一般是五年或六年。到了考核时间节点，提前半年提交材料，每一步都有不同范围的公示环节，整个流程全部公开。三年为限或六年为限的考核期限，被青年教师称为"大限"，尽管各个学校具体的实施细则存在差异，但明确的时间限制几乎是不可动摇的。有些学校只要达到考核要求，没有晋升也可以转为正式聘用，有些学校则必须晋升才能留下；对于未能达标的教师，有些学校提供一到两年的缓冲期，有些学校提供转岗机会，也有些学校在考核结束后直接解除聘任合同。在考核时间段内，青年教师在高校的身份是暧昧的，他确实是在编人员，承担工作、福利待遇都是编制内应有的；但是这个编制并没有"落地"，到了考核期限节点没有达标的话，学校不再续聘，教师个人几乎没有议价空间。

其次，青年教师需要面对的是不断调整且越调越高的考核标准。尽管各个学校考核的具体要求不同，但 CSSCI 期刊（中国社会科学引文索引，简称 C 刊）和省部级及以上基金项目是考核要求中都会涉及的"硬通货"。所不同的是，有些学校要求相对较低，只要是一定数量的 C 刊和省部级项目即可达标；有些学校则要求较高，要通过考核，在发表了一定数量的 C 刊论文的基础之上，还必须有权威期刊或国家级项目。但 C 刊的发表并不容易，有些刊物为了维护自身的专业价值，在稿件的选用过程中出现了职称歧视、约稿制度等非预期性情况，青年教师在发表序列中处于劣势地位。而基金项目的申请又以发表一定数量的论文为基础，中标与否又和学术影响力相关，所以青年教师很容易陷入恶性循环。然而，在成果压力已然巨大的情况下，青年教师还需要关注考核的标准是否又发生了调整。

近几年，高校调整考核标准的方向主要有三个：最常见的是提高成果级别、增加成果数量，即要求在考核期限内完成更多更高级别的成果；二是调整成果类型，例如，多所高校提升著作、中文期刊在考核中的重要性，同时降低外文文章的认定等级，从而鼓励青年教师多写书、多发表中文文章；三是增加成果的时间限定，例如，参与考核的成果必须是进入本单位之后正式发表的，或成果是在考核前一定年限之内（一般是五年)正式发表的,才予以认可。尤其是在实际操作中,人事制度一般默认"老人老办法,新人新办法"的原则,哪怕是进校时间相隔一两年的同事,可能都面临不一样的考核细则,后来人面对的考核难度可能又上了一个台阶,而他们之间也很难再有经验共享,这也让压力山大的青年教师时常感叹"好饭不怕晚是落后观念""赶什么都不如赶早"。

最后,考核要求普遍提高与优势学科不断集中的矛盾,使青年教师在夹缝中求生存的难度也越来越大。在"非升即走"的制度影响之下,提升科研考核标准、加强新进教师考核力度的做法不断下沉,从"双一流"逐渐下沉到一般本科院校。与此同时,高校在参与教育部学科评估的过程中,不断加强优势学科建设,学校的各项考核标准也都主要依据优势学科的特征制定,未必能够兼顾其他学科的特征与需求。这样一来,一些青年教师从入职开始,便可能面临着双向资源缺乏的尴尬境地:一方面,在学校内,不属于学校重点建设的优势学科的,得不到学校的重视,考核标准不利于自己;另一方面,在学科内,只要不是在学科评估中排名靠前的那几所学校,就面临着学科内的资源和关系网络匮乏的情况,论文发表和项目申请都无法得到强有力的支持。

微博上一位博主自称"末流本科院校的文科青椒",跟管理学的同事在同一个学院工作。管理学的同事发表文章可以团队作战，发了 SSCI 二区的英文论文可以算 1 000 科研分。但他所从事的人文学科研究往往是单兵作战，前期投入大、发表周期长的学科属性很大程度上决定了他发论文没法"跑量"。让他感到更为不公的是，他的学科的权威期刊在自己学校的评价体系中只能按照一般 C 刊计算，仅折合 300 科研分。于是，他在微博上感叹"在管理学的同事面前没有一刻能抬起头来"。然而，考核的标准并不会因为资源的缺乏或学科的特点而进行调整，这些压力最终都落到了青年教师个人的身上，他们只能通过自己更加勤奋的研究和写作，为自己尽可能地争取发表文章的机会；他们只能更积极地参加学术会议，以求建立更为广泛的学术网络支持体系。

在这个过程中，"上岸"已经被具体化为一条又一条明确的考核指标、一个接一个严格的考核步骤。就像要集齐七颗龙珠才能召唤神龙一样，他们只有一步一步完成所有的考核任务，"岸"才会像神龙一样，真正来到他们身边。

## 三、奋斗："旷野"与"上岸"是硬币的两面

近来，网络上出现了一对很有意思的热词：一个是"县城婆罗门"，指在地市级、县级等小区域内，掌握了当地的人脉与资源的青年群体。与之相对应的是"都市首陀罗"，指的

是处于大城市社会底层，缺乏资源，靠自己辛苦打拼的年轻人。这一对热词直指代际积累在当代青年工作与生活中的重要性，它们的出现呼应了一句传统俗语"望族留原籍，家贫走他乡"。

那些离家在外拼搏的青年，需要持续付出多年的时间才能在北上广等大城市扎根，哪怕是获得了高薪的工作，在房贷、车贷、养娃的三座大山面前也不值一提。而那些回到了县城老家的青年，工作稳定，父母帮衬，各方面的压力都在承受范围之内。前者的生活质量与幸福感远远不如后者。

于是，人们不禁会问：面对这般现状，这一代青年还会奋斗吗？这一代青年的奋斗还有意义吗？不容否认，奋斗确实是为了更好的生活，但奋斗的目标并不仅限于过上好生活。人始终有确认自我价值的需要，奋斗的过程就是确认和建构自我价值的过程。

奋斗观被认为是人的价值观体系中一个较为核心的因素，因为它既主导着个人价值的实现，也担负着推动社会进步的重任。青年的奋斗观正处于拔节孕穗的时期，他们与先前每一代人一样，都要接受时代的馈赠，也无法逃避时代的考验。"旷野"与"上岸"并不是二元对立的关系，它们同时存在并合力塑造了当代青年的奋斗观。

### (一)为什么不能"既要……又要……"?

放下抽象的奋斗观,在具体的职业道路的规划上,青年大胆地想象通过工副同步或中年换挡,将"旷野"与"上岸"在自己的人生中统一起来。

首先,很多青年起步性的职业规划,都希望借一把互联网的东风。互联网的发展使得新兴职业门类不断细分。青年虽然在现实中的经验不够丰富,但对互联网的理解和应用给他们带来了绝对的代际优势。于是,他们的起步性行业大多与互联网密切相关。北大国发院－智联招聘 2022 年度调研数据显示,在"00 后"的求职意愿中,超七成愿意当数字游民;而早在他们在校期间,他们中就有占比约 15% 的人凭借教育、法律、金融、咨询、摄影等专业技术做兼职,还没毕业就尝到了专业技术变现的甜头。互联网行业的业态也与他们崇尚自由的职业观念相吻合,细分赛道的出现更让他们认为是机遇所在。与此同时,他们对互联网行业的发展趋势也有初步认知:更迭趋势不断加快,"还没跟上就被淘汰",持续性不可预测;头部效应显著,"多数人很难做到不成炮灰"。再加上互联网行业劳资关系缺乏稳定性,大厂的"35 岁陷阱"也让大学生望而生畏。因而,在职业规划上,他们都将互联网作为发展兴趣爱好、释放个人技能、追求自由的寄托,但少有人将其作为终身职业所系。

其次，主副同步或中年换挡成为青年未来职业规划中的重要一环。在为数众多的青年眼里，公职岗位仍然是最终的职业归宿。有人打趣说，人到中年"年薪百万不如体制两年"。于是，两种职业路径的打算便浮出了水面：一种是主副同步，即以稳定的公职为主业，同时借助互联网开展副业，发展兴趣爱好、发挥特长，"主业存放肉身，副业托付灵魂"。一种是中年换挡，即刚毕业几年趁着年轻做些跟互联网相关的工作，要么赚点钱、要么寻找风口，等到需要稳定下来的时候，再通过考公、考编等方式转入公职行业，"稳定就好"。也有人认为，"趁年轻拼一把，中年开始上个养生班"。

### （二）自由与稳定：凡是追求，皆有意义

人的观念总是被结构性因素所塑造，然后观念又指导着行动，影响着社会结构的进一步变迁。奋斗观最是能够综合反映一个社会的整体价值取向和总体经济发展水平。新中国成立之时，尽管面对的是一穷二白、百废待兴，但全国人民齐心协力拧成一股绳、多快好省地建设社会主义新中国，做"技术革新能手""生产建设标兵"曾经燃烧了一代人的青春。进入改革开放阶段，在中国经济迅速崛起、成为世界第二大经济体的过程中，"勇做时代弄潮儿"又将青年一代的奋斗历程与社会主义市场经济建设密切地联系在了一起。进入新的历史时期，

时代又呈现全新的景象——当代青年在世界经济"大缓和"全面开启中出生,在互联网技术飞速发展和数字化浪潮中成长;他们体验了全球化加速带来的繁荣,也见证了伴随世界格局调整、利益冲突产生的动荡。这种剧烈而快速的社会变迁,以及变迁所释放出的丰富内涵给个体带来的冲击,使当代青年的奋斗观呈现强大的张力。

奋斗的过程是人给自身的价值寻找定位的过程。这既可以是求诸内,对自身内部的挖掘和探索;也可以是求诸外,寻求外部世界的认可与肯定。个体在奋斗的过程中,一方面希望自己对他人、对社会是有用的,另一方面也渴望通过奋斗使自己得到积累和成长。青年一代渴望在旷野上奔跑,追求自由是对控制有意识的反抗。他们不想让自己被制度与技术交织而成的规则所决定,希望作为"人"的性格、感受、创造力被看见、被重视、被释放。青年一代也奋力"上岸",这并不意味着贪恋个人的稳定,也不是放弃发展,而是在外部世界的变迁快速、剧烈且不可控的情况下,把握住一条可预期、可规划的发展路径。无论是"旷野"还是"上岸",青年都需要在不断努力、调试、接受、妥协当中实现自身的理想和价值。

中国经济进入从高速增长到高质量发展的换挡期,产业的转型升级、新职业门类的不断涌现,为当代青年的奋斗历程开拓了新的图景,也提出了新的挑战。奋斗是在不断的探索与调整中前进，从原来的经验到对现状的认识，再到对未来的判断，都在塑造着当代青年不同于以往几代人的奋斗观，因而，仅用"内卷"或者"躺平"，都不足以描绘出他们心中为之奋斗的愿景，以及奋斗之路上的艰辛。

# 第四章

## 消费观

"消费",是消费者选择商品的过程。消费不仅是一项经济交换活动,还是一项蕴含着消费者价值观念、行为模式以及背后制度环境的社会活动。

当代青年的消费观出现了许多与以往几代人有显著区别的新趋势:一方面,他们依旧高调消费,绝版球鞋、奢侈美妆动辄上千,宁可刷信用卡也要维持"精致"人设;不停地追逐新潮,最新款的电子产品说买就买,例如,华为手机 Mate60 Pro 上线不到一分钟就出现"缺货"状态;为自己的兴趣爱好不惜砸下重金,手办、电竞、登山、徒步等烧钱项目,年轻人都是重要力量。

另一方面,他们反对消费主义,主张能省则省,在互联网上分享打折信息、省钱小妙招,热衷拼单、拼购,积极讨论衣服什么时候买比较便宜、生活用品如何二次利用等,试图以"低欲望、低需求、低消费"来抵制物质主义和消费社会的侵蚀。

再一方面，他们又身体力行实践透明消费，做消费决策之前，查成分、看配料表、看参数、仔细阅读买家评论，恨不得货比三十家；在消费过程中积极与品牌方及其他消费者互动，表达自己的感受和意愿，从小培养的参与意识让他们形成了"与其花钱跟风，不如建构品牌"的消费观念。

人如何消费，又如何认识消费，既反映了人对未来的预期，也体现了人对自身与物质的关系的认识。在过去的几十年时间里，中国人的消费观经历了多次重大的变迁。始于1978年的改革开放，给中国社会带来的影响是全方位的。尤其是20世纪90年代以后，经历了一系列的适应和调整，中国经济增长驶入快车道，全社会的物质基础得到了极大的提升。人们在不长的时期内，经历了物质从匮乏到足用再到丰裕的变迁，正需要通过物质消费来确认"兜里有钱了"、展示"要对自己好一点"。在这种情况下，物质不仅成了"好生活"的载体和具象表现，还塑造了人们对确定性的认识，让人们对于"明天会更好"有着执着的信念。正是在这样的背景下，超前消费、炫耀性消费在部分人群中流行起来。同时，相比商品的使用价值和物质属性，人们在消费中更加注重商品的符号意义和象征交换价值——这也被认为是消费社会在中国的来临。

经历了40多年的发展，青年一代的消费观也体现着他们对物质的认识、对未来的预期。今天的青年成长于我国经济高速增长期，社会物质财富的增加，使他们这一代人的物质基础是前几代人所不能比拟的。与此同时，物质积累方式的改变使家庭财富状况产生了分化，贫富差距也因此拉开。这一代青年对于"钱就是用来花的""花钱让自己的生活更美好"有着自然而然的认识，所以，他们当中高消费、超前消费并不稀奇。

近年来，全球经济增速放缓，我国经济进入转型换挡期，在这些宏观的结构性因素综合作用下，过去40多年形成的对确定性的认识逐渐消退，整个社会的不确定性增长，这使得青年一代中有人选择了更为谨慎的生活态度，低欲望的、反消费主义的观念和做法在他们当中流行起来。另外，经历了从追求温饱到追求享受再到部分人群追求奢侈与炫耀之后，全社会的消费观近年来都发生了全面的变化，生活品质和个人感受在消费观中的重要性逐渐增加。

在丰裕环境中成长起来的青年，对"物"的认识发生了根本性的变化，"物"是为我服务的，不是用来彰显自我的，"物为我用"代替了"我为物用"。他们在消费时更加看重物品与自身的气质、需求、个性是否相契合，消费是否能够提升个体的幸福感、带来愉悦的体验。然而，必须看到的是，高额消费、追求物质享受仍然受到部分青年的追捧，他们将消费能力等同于自我价值，通过消费来获得参照群体中的优势地位[1]。

可以这样认为，高消费、品质消费、控制消费同时存在于当代青年的消费行为中。甚至在有些情况下，花钱和省钱的是同一拨人，"斤斤计较"和"一掷千金"看似对立却同时存在于他们身上，我们难以通过群体的划分加以区分，因为它们是以弥散的状态呈现在青年的日常生活中的。这背后所反映的观念和心态，恰是需要我们去深入探索的问题。

## 一、积极消费：追求品质，建构"精致"

用传统的眼光来看，当今的青年舍得花钱。他们或者还是学生，或者刚刚进入劳动力市场，可支配收入并不多，但是敢买敢花。不过，盲目跟风并不是这一代青年的消费风格。在花钱问题上，他们都显得有目标、有方向，不同个体兴趣点不同，消费聚焦的方向也各有特色。他们都想要打造精致的人设，希望通过消费来展现自己的兴趣和品位。他们对于自身的消费追求——无论是奢侈还是舒适——都不再回避，他们将这些偏好视为可以提升自己幸福感的生活态度，大胆而坦然地呈

---

[1] 林江，李梦晗."精致"人设的自我呈现：青年超前消费问题探析．中国青年研究，2021（3）．

现在众人面前。盲盒、球鞋、美妆、电竞、徒步等都是让青年倾心的消费领域，尽管烧钱，他们也乐意在其中扮演主力军的角色，只要是看中的，"几百上千的开销并不算大""十地块钱说买就买"，一旦进入某个消费领域，还会持续跟进、不断买入。他们对奢侈品的喜爱也很直白，称得上奢侈品消费中的积极分子。易观联合苏宁易购于2021年发布的《95后年轻人群消费趋势洞察2020》显示，中国线上奢侈品消费者的59%为"95后"，而这当中大约有50%的消费者奢侈品年花费超过5万元。

青年的消费有一个前提，即在这个年龄阶段，消费需求不平衡。简而言之，就是他们尚不用承担养家及长期消费规划的责任，在消费时可以集中一点发力。因而，还需要引起注意的一个现象是，有些人消费支出的绝对值似乎并不高，但是在可支配收入中的占比却不算低，通俗地讲就是有多少花多少。

正因如此，在分析这些消费现象的时候，我们并不想简单地将其称为高消费、超前消费、炫耀式消费、透支消费等，因为这样做等于在分析之前先界定了事物的性质，进而形成先入为主的偏见。我们发现，青年的种种消费行为和消费观念并不是头脑发热的结果，也不能完全归结为消费主义的裹挟，他们是在主观意愿明确的情况下主动做出的选择，所以，在这里，我们将其称为"积极消费"。

不能否认的一点是,在这一代青年中,依然有很多人钟情于高消费,用"低欲望""反物质主义""反消费社会"来概括这一代青年的消费观并不准确。不过,在这一代青年的观念中,花钱不是目的,而是使自己的生活达到精致或舒适的手段。

### (一)花钱,让自己精致又漂亮

在日常生活中,青年一代是奢侈品最大的粉丝群体。罗德传播连续多年发布奢侈品消费报告,《2020中国奢华品报告》显示,中国奢侈品消费者日益年轻化,首次购买奢侈品的消费者呈现越来越年轻的态势,Z世代第一次购买奢侈品的平均年龄不到20岁,比千禧一代早2~3年。《2022中国奢侈品报告》则显示,奢侈品在中国消费人群中呈现"高端化、年轻化"的两端化分布特征。在一些电商平台,海蓝之谜、宝格丽、爱马仕、雅诗兰黛等是30岁以下用户消费增速最快的奢侈品品牌。在青年眼中,奢侈品消费的价值何在?首先,它展示了消费者的品味;其次,它也是经济实力的体现;再次,奢侈品在一定程度上彰显身份和地位;最后,奢侈品引领潮流时尚[1]。青年在购买奢侈品的时候,不会过多考虑性价比的问题,也不会因

---

[1] 曾燕波,叶福林.消费文化、价值体现与发展壁垒:青年奢侈品消费情况的调查.当代青年研究,2021(5).

为消费太高而产生道德负担。他们认为，奢侈品的物质本身和它所承载的符号是一个整体，都是供人取用的。它们所包含和展现的美感、氛围、情调等都是奢侈品消费的组成部分，不能割裂开来，更不能用性价比来衡量这笔钱花得值得不值得。在他们看来，只要在自身的能力范围之内，高消费还是低消费，都不应该被视作问题。如果有人节省日常开销攒钱买奢侈品，这可能无法获得青年的广泛认同，但是他们不会去否定这样的行为，因为在他们的观念中，怎么花钱是个人的事，自己的钱愿意怎么花就怎么花，别人无权干涉。

在生活方式上，青年一代更加注重通过健身和保养来保持健康和年轻的状态，边喝养生茶边蹦迪的"朋克养生"几年前就在他们当中流行开来，近几年，投资自己的身体、让自己变美变年轻也为越来越多的青年所接受。一般而言，身体养护、美容美发，以及微整形、医美等颇受女孩子欢迎，在这些项目中，一个单项的开销动辄几百元甚至上千元，并且都不是单次消费就结束的，需要连续消费，因而往往都采取预付会员制，即办卡才能消费。

以医疗美容为例，在一般人的印象中，医美吸引的只是少数人，而这些人去做医美，往往与其从事的职业有关。但一项关于医美市场的统计报告显示，中国医疗美容市场依旧是全球增速最快的医美市场之一，成熟医美用户中Z世代医美消费者占比超半数，并且男性医美消费者占比稳步提升，增长速度为女性医美消费者的六倍[①]。医美将"美"转化成一种商品，使个体感到有机会通过消费对自己的相貌做出改变，或变丑为美，或延缓衰老，进而期待相貌的改变给生活带来更多的机会和变化。医美的价格并不便宜，在上海一家整形机构的宣传广告中，全切双眼皮2 080元，中式切开双眼皮1 280元，两人成团仅需1 028元；假体鼻综合4 099元，套餐价立减200元；某品牌玻尿酸一支2 580元，三支套装7 800元。它通过广告和折扣活动，使青年感觉到变得更美不是梦。尽管有学者用容貌焦虑、身体焦虑、消费规训、情绪符号、性别刻板印象、伪精致等概念对医疗美容进行批判，但是青年却认为，既然变得更美、更好、更精致可以通过花钱来实现，那么为什么不去尝试呢？所谓"更好的自己"应该是由自己选择并界定的，如果自己认为花钱做医美换来漂亮和开心，那么就是值得的。此外，青年还觉得，从医疗美容到身体规训、容貌焦虑，中间还有很大的空间，"美容贷"也是偶尔发生的小概率事件，如果用这些来审视所有的医美行为，反而有以偏概全的嫌疑；他们虽然喜欢通过消费的方式来取悦自己，但量入为出、内外兼修

---

[①] 揭其涛. 当代青年"身体焦虑"的社会机制、症候呈现及其引导进路. 思想理论教育，2023（9）.

仍是消费的主要原则。在医美消费中,青年格外强调医美是"自己的选择",消费是否合理都是"自主的决定",借助外力达成的是"让自己变得更好"的目标。

### (二)花钱,让自己新潮又健康

专业的运动和健身消费近年来同样受到青年的青睐。私教课程、健身房年卡、固定饮食搭配,再加上一些不定期的器械、衣着装备消费,均价格不菲,但是这并不妨碍青年对运动和健身的追捧。从行为的动机上来讲,缺乏运动、身体活力降低是导致许多疾病出现的原因,通过运动释放多巴胺,可以改善超重、肥胖、高血压等身体不健康状态,以及降低焦虑、抑郁等心理或精神疾病的发病风险。青年希望改变久坐不动或多吃少动的生活方式,避免潜在的身心健康风险。同时,在运动中流汗、燃烧脂肪,可以很直接地让人觉得"哇!自己正在变得越来越好",也可以从一定程度上满足人对自身的掌控感。有人将健身称为"青年中产的新宗教",这是因为运动在当下被赋予多重的含义,包括健康、自律、有型,以及自我掌控力,同样也是品质生活的象征。

也许有人会问:健身或运动,为什么要通过消费的方式来达成呢?跑步要有专门的衣着装备,有些人还会选择健身房的跑步机;健身需要买课程、请私教,健身过程中还要注意饮食的搭配。这是为什么呢?

在不少青年看来,正是"消费"塑造了"专业"。喜欢在跑步机上练跑步的男生分享:在健身房里,可以和教练交流正确的跑步姿势以及选什么样的跑鞋,这些都可以帮你在运动的时候减少对膝盖的冲击力,降低膝盖受磨损的风险。也有喜欢去健身房的女生认为,有了私教的指导,就可以避免盲目减肥、瞎运动,因为私教可以帮助你判断这一阶段需要干什么,是减脂,还是增肌,还是塑形,然后选择哪一款运动更适合你。运动到一定的时间,会有坚持不下去的时候,教练的鼓励也很重要,他还可以帮助你避免一些不必要的错误动作,更正你急于求成的心态。所以,运动与健身正是通过消费的方式,完成了在大众当中的专业性建构,这就界定了什么样的运动方式是正确的、有效的、有益的。青年认可并接受了这样的建构与界定,进而向着塑造由健康、审美、品格三个维度构成的气质而努力。他们并不认同这是符号消费或者符号化的身体塑造,而更多地倾向于认为,既然市场上出现了更加专业的方式,可以使运动更具品质、达到更好的效果,那就没有必要刻意地拒绝或否定。

除了健身,衣着打扮也是青年打造精致生活、彰显个人品位的重要消费领域。他们不仅要穿得漂亮,还希望衣着能够凸显自身的风格,显示自己的爱好和个性。

与国外奢侈品消费相对应的是，国货和国潮在当代青年中圈粉无数。以汉服消费为例，有年轻女孩形容"汉服消费是个坑，但不是掉进去的，是躺进去的"。汉服的入门级消费门槛并不高，喜欢的人越来越多。淘宝统计数据显示，2019年淘宝汉服市场规模已经超过20亿元，并且保持着每年150%左右的增速。更为有趣的是，很多青年一旦入门，尤其是了解了一些服饰制度的历史之后，便不再满足于便宜却太过随意的汉服消费了。这也就是人们常说的"入坑"。"入坑"的青年了解在不同的历史时期形成了不同的服装制度，并且怎么穿、怎么搭配一直处于变化当中，所以没有所谓的"汉服"，而是不同时期不同服饰制度下有不同的衣着装扮及搭配。这样一来，热爱传统服饰的年轻女孩便开始追求正确的、复原的穿着方式，而此时的消费就不再是买一件，而是买一套，甚至想将一个服制系列都收集齐全。"价格都不便宜，普遍上千元，也有上万元的，平常穿着的场合有限，但就是喜欢，想要购买、收藏。"

于是，汉服就制造出了两个平行的消费市场：一个是人数众多但服饰随意的平价消费市场，一个是相对小众但专业的高消费市场。这两个市场的共同之处在于，青年都认为，这样的衣着打扮、这样的消费方式，不是被动的，不是为了取悦他人、给他人留下好印象、博得他人的关注。哪怕有些价格不菲的衣服买回去后穿着的机会很少也无所谓，只要这身衣服是自己想要的，消费的动机是在自己身上，是个性的代表和态度的体现，那么，即便花了大价钱、关注的人很少，也不妨碍自己感受到幸福和满足，以及由此而生活变得更加精致。

### （三）花钱，让自己舒适又有趣

另一个备受青年青睐的消费领域，便是旅游。马蜂窝发布的《2023年旅游大数据报告》显示，青年正在成为旅游消费的主力军。在2023年的旅游消费者中，"00后"和"90后"占比达到了68%；出境游的消费者中，25～35岁人群占比达44%，其中女性占比达27%。他们彻底抛弃了上一代人"穷游""踩点""跟团"的出行方式，认为这样走马观花式的旅行空洞无物；尤其是跟旅行团，认为那是拖家带口的中年人和精力不足的老年人才做的事；年轻就要自由，认为只有贴合自己需求的旅行，才能够实现出行的意义。

青年的旅行，其一是追求挑战与发现。例如近几年热度持续走高的徒步旅行，被媒体称为"当代年轻人氪金集结区"——精良的户外服饰和装备，所选择的路线皆是雄奇秀险、奇伟瑰丽的"非常之观"，无论是装备还是行程，都是一笔不小的开销。尽管如此，仍然吸引了越来越多的青年加入其中。尽管不少徒步旅行团都可能存在投机的运营和投机的管理，但是在徒步爱好者看来，这是对自然和自我的双重拓展，有人表示"在这里能够聆听到自然和内心的声音，走出平庸而琐碎的日常"。

其二是追求舒适与豪华，目标是国内外著名的风景名胜、人文景观、度假胜地。在能力所及的范围内，最好的酒店、标志性美食都是旅行的一部分。青年一代并不认同节住缩食的旅行方式，认为吃好住好才算玩好。如果将吃、住、享受从旅行中剥离出来，那么整个行程就会显得索然无味，甚至在有些人眼里，好的酒店就是旅行最主要的目的。

其三是追求融入与体验。青年一代改变了以往浮光掠影的旅行方式，他们觉得这样的旅行还不如不去，边走边逛的沉浸式体验是他们到达目的地后最喜欢的旅行方式。他们追求个性的特质在很大程度上决定了要选择与自己的爱好、习惯相契合的场景。在他们的观念中，参观不是平均使用力量，而是根据自己的兴趣选择侧重点。"到此一游"式的奔赴景点、打卡探店、酒店度假很难符合他们的胃口；沉浸式体验或安安静静不受打扰，才是他们眼中旅行的正确打开方式。青年正在改变着传统意义上的旅行概念，他们是多元化、碎片化、与自身需求深度贴近的出行方式的拥护者，也是旅行市场新增长的主要贡献者。他们在旅行中的消费理念并不能用节省或铺张来概括，"物有所值"才是核心标准，例如：有些青年乘飞机、赶火车、抢订宾馆，只是为了去淄博吃个烧烤或者去哈尔滨看场冰雕，哪怕交通和住宿占据了开销的大头，他们依然觉得不虚此行。

这一代青年是在经济高速增长、生育率却逐渐下降的背景下成长起来的，全社会物质财富的增加才是他们能够积极消费的根本基础。关于青年一代的积极消费，有两个方面值得深入理解。

首先，无论个人的经济状况如何，他们在消费中都非常看重自主性：花钱的决定是由自己的主观意愿做出的；花钱的行为是为自己服务的；花钱的目标是提高自身生活质量，让自己的生活更加有品质、更加精致；消费性价比的衡量标准是这个钱花得值得不值得，而不是花得多还是少。他们在整个消费过程当中，都积极地传递着"物为我用"的信号。

其次，还需要注意到，当代青年内部、不同群体之间的物质基础差异非常大，形成差异的原因则需要追溯到上一代人的成长历程中。他们的父母的青年期和成年期恰好与改革开放同步，站在大时代的风口，不同背景、不同基础的人理解和把握机遇的能力并不相同，差距由此产生，并渐渐形成了当代青年充满差异的人生起点。因而，都是积极消费、都是建构精致的生活，他们的心态和目标也各有不同。在经济条件处于优势地位的家庭长大的青年，希望通过积极消费、精致生活建立区隔；他们借助奢侈品、高消费来体现自身的优越性，将自己与其他同龄人区别开来。另一部分家庭经济条件相对较差的青年，则希望通过消费建构精致的人设，达到破壁的效果，从而能够引起外界的注意、获取社交资本，为自身创造更多的展示优势和能力的机会。

通过消费的方式建构"精致"人设，从一个侧面反映了青年对"好生活"的理解。一方面，经济增长所引发的消费结构升级，让他们看到了花钱可以使自己更美好；另一方面，物质增长激发的消费动力，使他们可以借助消费表达对自由选择的渴望。

## 二、参与式消费：重视价值，强调体验

在经济高速增长奠定的物质基础上，近些年来，广大居民的消费偏好发生了总体性的转变——从购买商品到购买体验，从注重实物到注重品质，从生存型消费转向发展型消费、品质型消费的优化升级。青年一代的消费观则更向前推进了一步：消费的核心渐渐转向价值认同，在消费的过程中积极倡导价值建构。"参与"成为消费的一项关键要素。一方面，消费与社交深度绑定、融为一体，包含深度互动的场景式消费越来越受欢迎；另一方面，与社交媒体共生的青年，对待品牌时，

并不是被动地接受或拒绝，而是在互联网上与品牌进行深度的、全方位的互动，奉行"与其盲目跟风，不如建构品牌"的原则。

**（一）消费与社交深度绑定**

2021年发布的《长三角青年消费大数据报告》显示，剧本杀、脱口秀、密室逃脱、萌宠会馆、付费自习室、特色小咖吧、整理收纳工作室、潮玩手办店、换装体验馆、街舞工作室等成为十大青年消费新业态。与此同时，社区营造等将商业、公益、社区治理等结合在一起的新型场景式消费，也得到了广大青年的喜爱。透过这些新业态的具体表现形式，观察其中的共性，我们发现有以下几个共同的主要特征。

首先是故事性。这种故事性与现实生活可能相关，也可能不相关，但是要通过这样或那样的故事为青年塑造消费的情境。例如：脱口秀的素材基本都源于现实生活，能够吸引听众的"梗"一般都来自人们遇到的普遍困境、社会热点问题等，尽管选择的表达方式有些时候是讽刺、有些时候是自嘲，但都有一个故事性的内核。表面来看，与其他文化形式相比，脱口秀的门槛相对偏低，但是要做出有影响的"爆梗"并不容易，找哪些故事做素材、有了故事该怎么讲，都离不开演员们反反复复的打磨。他们要做的是将那些能够激起听众共鸣的内容提炼出来，再找到最能够激发听众的表达方式，将二者融合在一起，最理想的状态是故事的内核是现实性和戏剧性的统一体。由此，脱口秀提供给消费者的，是一场"给辛勤工作的年轻人一场放松和治愈的喜剧"。

　　剧本杀也强调故事性，但是它与脱口秀不同，故事的基底是现成的，大多源于小说，经过剧本化的处理，为参与游戏的人提供角色扮演、融入故事的机会，并配合完成游戏。青年之所以喜欢剧本杀，一是因为它有剧本，大家可以扮演角色玩起来，避免了闲坐、尬聊、没话找话的尴尬场面；二是因为它具有一定的挑战性，需要人的理解力、沟通能力，有时候还需要表演和分辨的能力，这让游戏有了很强的趣味性；三是因为它是在故事中玩耍，让人从现实生活中短暂地抽离出来，在身临其境的故事场景中去经历一段别人的人生，倾心享受游戏带来的乐趣。

　　其次是空间性。这样的消费空间并不是一个简单的物理场所，它是将消费情境化的关键性因素。以付费自习室为例，近年来，主打沉浸式学习的付费自习室热度越来越高。不仅是大城市，小县城里也办起了自习室，可谓遍地开花。截至2022年，我国付费自习室用户人数增长到755万人，其中20～30岁年龄段的青年占比超过50%。从付费自习室数量来看，北京位居全国第一，西安、上海、成都、广州分列二至五位。这种基于空间共享的新业态，所提供的不仅是一个学习的场所，还为前来付费自习的青年提供了接纳感和社群感。

有在小县城选择付费自习的年轻人表示，自己在大城市考研失败、就业失败，回到家乡只有考编制一条路可以走，自己也决定咬紧牙关好好复习。但是，只要待在家里，父母关心的叮咛更像是在时时刻刻提醒他，不能松懈，"华山只剩一条道"。在这种情况下，他的心情会变得复杂、焦虑，安静不下来，心思全然无法放在书本上。在付费自习室里，这种状况完全改变了，在这里可以自助使用各种设施，无线网络、充电插口、自助打印都让他觉得方便又安心。安静学习的人们很少交流各自经历过什么，却保留着一种互不打扰又相互支持的默契，营造出一种缓解压力和提升助力的氛围，焦虑的情绪在这种氛围中得到了很好的疏通和排解，便不会让人去想曾经和将来，反而可以静心学习。

大城市的付费自习室在空间上的划分更为多元，有些还专门开辟了相对独立的讨论区域。有在大城市租用自习室讨论区的年轻的自由职业者分享，以前遇到需要几个人聚在一起讨论项目的情况，总是找不到合适的地方：去咖啡馆环境太吵，去安静的地方又怕吵到别人，既带充电插口又足够大的桌子更是可遇不可求，各个方面都让他们满意的地方一般又都比较贵。有了付费自习室，这个问题基本上就可以解决了。在使用之前，他们只要事先登记、预约时间，就可以有自己的专享时段；自习室楼下的便利店可以随时买吃的，不用担心出去吃饭地方就被人占了。自习室给他们一种安定下来的感觉，这个稳定的空间让他们终于不用到处找地方了；而这个空间的功能和氛围形成了一个社交和分享的场域，给人提供了自由背景下的社群感。通过消费，青年可以拥有这样的空间，并且享有空间所带来的接纳感、松弛感和稳定感，在他们看来，这样的消费提升了工作和生活的质量，是很有价值的。

最后是主体性。当同质化、标准化的大型消费场所已经无法对青年产生吸引力时，社区治理、社区营造、社区商业三者相结合的精细化消费方式正在各个城市中悄然兴起。这样的消费模式，具有多种多样的表现形式，但它背后的共同特征是与社区居民的生活精准对接，虽然辐射范围小，但是穿透力强，营造出的全场景感会让居民在消费的同时感受到参与和建设了这个社区，自己并不是单纯的消费者，而是与这个社区共同成长，形成了情感联系和价值共鸣。消费，只是其中自然而然的一个部分。

商业与生活密切联系在一起的消费方式，之所以吸引青年，恰恰是因为它不是凭空而起的——有些被大型商业设施抛弃的老旧建筑被改造成了街区口袋公园，有些无人管理、原本用于堆放公共垃圾的场所被改造成了睦邻空间，有些工作日被占用、周末被限制使用的场所被选择性利用，改造成了周末市集——这些场所在改造的过程当中有一个重要的原则，就是调动人的积极性，因此，如何做才能盘活人的资源贯穿于社区营造的始终。例如，在西安大明宫遗址公园东门附近的银河坊 941 号有一座始建于 1966 年的老院子，里面有一栋闲置多年的 90 年代职工宿舍楼，占地仅 4 600 平方米左右。17 个年轻人将这里打造成了名为"城隐知野"的城市社区，最初的目的就是为每一位忙于为生活奔走的青年力所能及地打造一处休憩角落。位于上海市长宁区的"新华·社区营造中心"，则缘起于拯救一条衰败多年的小弄堂，在经费、人手、资源都不充足的情况下，选择"边参与、边建造、边运营、边迭代"的建设方式，动员年轻的社区伙伴，在小小的 840 平方米的空间内，搭建出了互动展示场、社区交流场、主理人实践场、多功能小剧场等多重活动场所。在这样的地方，人们可以根据自身的需要和兴趣，来决定做什么、建造什么、交易什么；在直接的互动中，原先的陌生人可能因共同的兴趣而熟悉，不愿被打扰的人也可以找到安静惬意的相处方式。共享空间、共享办公设施、自助厨房、杂货铺、儿童游乐场、亲子空间、周末读书会、电影放映、各种讲座等各种设施与活动都是根据附近居民的需要灵活设计；物质的交换、情绪的释放、兴趣的培养，以及闲暇时间陌生人之间的社交与陪伴都被容纳其中。

如果用"小资"来形容在这里发生的消费行为,则无法准确理解青年青睐这样的消费场所的原因。从根本上讲,它不像在大型商场或商业综合体中那样仅仅是物质商品的购买,商品与消费者有明确的"主—客"之分。在社区营造所建构的消费中,消费与社交是相互关联甚至融为一体的,会让人觉得我自己是参与消费中的,周围的一切都围绕着"我"的需要,"我"也在满足着他人的需要,消费的"主—客"之分在这里显得不那么突出了。

在与社交深度绑定的消费当中,消费不是目的,但也不能单纯地作为手段来理解。消费和社交是融合在一起的,社交由消费的方式达成,消费是社交的一个部分。青年一代所青睐的社交形式,不再仅仅是吃饭、逛街、K歌、打牌;他们在社交中既需要互动与共情,又需要保持适度的距离,不突破界限、不触碰隐私。正因如此,消费与社交相互塑造:消费建构出可参与、可互动、可赋情的社交方式;社交使消费不再是主体与客体分明的买卖,而能够体现青年的自主性、主体性,满足他们表达、交流和分享的需要。

### (二)与其盲目跟风,不如建构品牌

今天的青年是与互联网同步成长起来的一代,在他们的生活中,线上与线下、虚拟与现实很难彻底割裂开来,网络世

界深刻地参与了他们的成长，社交媒体的影响力也渗透在他们生活的方方面面，自然也塑造了他们的消费行为和消费观念。对于青年而言，参与式消费的另外一层含义，就是在社交媒体上展示、分享自己的消费观念和消费体验，对商品做出评价，与其他消费者深入沟通，与品牌方积极互动，以自己的品味、兴趣、消费圈层参与到品牌建构的过程中。

青年一代眼中的品牌并不直接等同于名牌或大牌，与前几代人不同的是，他们并不需要高高在上的名牌商品为自己抬高身价。比起穿戴一身名牌招摇过市，他们更看重消费品为他们所用、为他们服务，品质优良、细节周到，更垂直、更细分、更贴合自身的需求才能够博得他们倾心。电商作为消费与传媒的结合体，在崛起之后，更新迭代的速度不断加快，营销手段也越来越灵活多样，而这样一种基于互联网的销售方式，恰好契合了青年一代喜爱表达、乐于分享以及社群化生活的偏好，激发他们内容自生产的积极性，并使他们将关注、分享和互动等社交化网络元素融合到消费之中，塑造出青年新的消费模式和消费图景。

首先，"悦己消费"是年轻的消费者在处理自身与消费关系时的首要特征。他们喜欢在互联网上分享那些与自己的兴趣爱好相关的内容。无论是购物、出游，还是看电影、参加活动，他们都喜欢积极参与评价、表达自己的感受。这种分享并不直接以消费为目的，但是如果有消费的需要，这些分享便具有了重要的参考价值。在购买物品时，青年都会先在网上做功课，从行业信息、同类产品信息、折扣、促销，到外卖平台的开箱、测评等，均在网上一览无余，用他们的话说就是"只有懒得找，没有找不到"，看成分、看测评、查配料表、比较性能都成为消费的构成环节。外出旅行时，确定目的地之后，先在网上做攻略，从出行方式的选择，到是住酒店还是住民宿，再到是休闲式旅游还是特种兵式旅游，以及游览路线、打卡景点的确定，都要先看看去过的人怎么说，通过比较选择最适合自己的行程。近年来，音乐节、演唱会、剧场演出、展览等重新回到了各地青年的生活中，他们进行选择的时候，不仅要看演出和展览的内容，还会关注演出的主办方、票务方，如果有好几家票务代理，他们还会进行比较并把心得发布在社交平台。

年轻人之所以喜欢这样做，是因为他们觉得花钱就是要让自己高兴、感到值得，这种"值得"未必是性价比的最佳值，却一定意味着这钱花得让他们舒服、感到有价值，因而，他们所认为的"值得"包含着诚意和尊重。这一代青年在年纪很小的时候就或多或少拥有了一定的财务自主权，虽然可支配的钱数有多有少，但他们可以不受干预地尝试自己感兴趣的事情，在自己喜欢的领域深入挖掘；只有在对自己消费的对象深入了解，确定是"值得"的时候，他们才会进一步进行选择。而对于那些"不值得"的消费，他们选择在青年聚集的社交平台曝光，哪里做得不好、哪里名实不副、哪里过度营销，都会一一指明，目的就是让后来的人不再掉到坑里。

有人指出，互联网所塑造的信息传递方式从根本上打破了这一代青年的信息壁垒，他们拥有和理解信息的方式已经与以往的人们截然不同。这塑造了他们理性与务实的作风，他们将消费决策建立在充分透明的信息基础之上，这使得他们货比三家甚至是三十家都成为可能。那些能够忠实地展示信息、也愿意充分沟通的品牌比较容易赢得青年的信赖，这是因为他们所理解的消费，不仅仅是获取供自己使用的物品，优良的品质、合理的价格、舒适且实用均在考虑的范围之内。在这之上，悦己的消费，意味着通过参与、分享和表达，达到满意、舒服、不屈就的目的。

其次，"种草消费"是消费者在处理彼此关系时的一个显眼标志。"种草"这个互联网流行语最初的含义是，把自己喜欢的某样东西或某种事物推荐给别人，展示优点，激发起别人尝试的兴趣。"种草"的说法在消费领域最早是在美妆论坛流行起来的。随着互联网购物在青年当中越来越重要，"种草消费"逐渐演变成他们消费中的一个重要环节，可分享的推荐的范围越来越广泛，深刻地影响和改变了人们的消费习惯，有人调侃"移动互联时代,万物皆可种草"。商家和生产商也认识到,包含着多方隔空互动的"种草经济""种草营销"是吸引青年消费者的重要手段。传统的市场营销、广告和销售技巧正渐渐失去作用;要赢得青年消费者,就要进入他们的世界,用他们认可的方式进行沟通,走进他们的话语体系,才有可能激发他们的消费欲。于是,各大电商平台也纷纷加入,摒弃过去单向度投放广告的做法,在网络上营造互动空间,让消费者们先"转、赞、评"起来。

我们看到,外出旅行,连去哪里都没想好也不要紧,先上携程、马蜂窝,看看别人的推荐和行程笔记;朋友聚餐,选餐馆不再是麻烦事,上大众点评搜索附近推荐;买化妆品,翻翻小红书、看看别人的笔记;入手电子产品,看看社交媒体上专业人士的建议。有些东西自己也不是特别需要,但是看到别人的分享和博主的推荐,也会激发起购买的欲望,产生买来试一试的想法。艾瑞咨询发布的《种草一代·95后时尚消费报告》将"95后"称为"种草一代"。乐于"种草"的青年拥有强大的品牌传播能力,这是他们建构品牌的一条非常重要的途径。"种草"将品位、社交、传播、消费等几种要素嵌套在了一起,相互不认识的小伙伴通过"种草"笔记了解产品的口碑、探讨消费的体验,既能够找到与自己兴趣相投的群体、收获认同感和归属感,又创造了消费自己不熟悉的产品、跨出固有生活半径的可能，如果推荐的东西被他人认可并选购，内心也会感到十分愉悦。

"种草"的过程中，消费信息是垂直输出和广泛传播并存的，消费者可以在最大范围内获取关于某个品牌或某项消费精准对接的评价，而品牌的建构过程就是借助这样的传播特征得以完成的——被"种草"后，他们会仔细阅读那些并不相识的卖家的评论，好评提升消费的可信度，负面的评价也可能使产品的吸引力被毁灭。精准的"种草"、真实的反馈、细节的交流，都会成为他们是否消费的重要参考项，品牌就是在这样的过程中得到认可并被建构起来的。

再次，互动式消费是青年一代消费者处理自身与品牌关系时所展现的特性。他们积极发表自己对于品牌的意见，参与品牌的建设。他们希望了解自己所购买的品牌，尽管他们尚未成为劳动力市场的中流砥柱，但这也不妨碍他们在社交媒体上与品牌互动，包括关注品牌的官方社交媒体账号、观看网上视频、提出自己的疑问、撰写评论以及回应其他消费者的征询。他们有自己的想法，也敢于表达。他们对于品牌的认同，并不是"你大牌，所以我认可你"，而是"你对我的胃口，所以我认可你"。如果品牌能够为青年提供身份认同，从而使青年形成品牌归属感，那么青年就会主动购买、维护品牌声誉，并用"安利""种草"等方式自主传播。认同感可以打破很多界限，让他们像护犊子一样维护品牌形象，自发成为"水军"，四处推荐，成为"自来水""行走的人形安利机器"。他们将所购买的品牌视作自己的一部分，因为品牌代表着他们的生活态度，他们借助品牌表达自己的观点。品牌成了这一代青年生活方式的选择和"人设"的基础。

"共鸣式营销""体验式营销"也更能够占领这一代青年消费者的心。以共鸣式营销为例，2022年青年节之际，国内最大的线上运动平台Keep发布了一部从实习生视角出发、用电脑录屏制作的实验性视频作品《别叫我青年》，以实景记录的方式还原互联网大厂实习生的生活，表达了"年轻人不该被定义，但你永远可以相信年轻人"的青年态度。这部短片从策划到演绎，都是由Keep的实习生主导并参与完成的，以第一视角的方式借助桌面录屏进行实景记录。视频通过主人公每一次点击鼠标、输入和删除，传递对于青年精神和青年营销的真实想法和思考。不管是视频的创作者还是受众，互联网就是他们的生活方式，手机和电脑好比身体的延伸。这部视频就像是青年生活的缩影，非常能够唤起青年一代的共鸣，使得Keep在他们当中更具有影响力而得以扎根。在年轻的受众看来，这种由实习生完成的内容创作，体现的态度不是重视，也不是讨好，而是希望通过共情从精神上链接青年。Keep也确实贴近青年又忙又宅又需要健身的生活方式，打卡、分享、社群式活动更成为缓解焦虑情绪的一种新手段。正是由于贴合了青年的生活状态、满足了青年的需求，从对青年精神的解读到对运动精神的升华，Keep 受到了极大的欢迎，2021 年月活跃用户数超过 3 440 万，其中约 74% 的用户年龄在 30 岁及以下。因此，与其说 Keep 在营销，不如说 Keep 在邀请青年一代共建品牌。

又如，网易云音乐行云流水般的好文案受到众多青年的青睐。这些不断推陈出新的文案使用青年熟悉的语言、话题和流行文化元素，与他们的生活体验密切相关；更加关注人的情感层面，青年通常对未来充满期待，哪怕当下迷茫，仍相信未来有希望，所以将强烈的情感寄于娓娓道来的故事之中，更能够吸引他们的注意力；在"抑"与"扬"之间，穿插了大量的新鲜、有趣、个性化的要素，在文案中尝试全新的表达方式、创意元素或个性化视角，让青年眼前一亮，既感到亲切又引发兴趣，也更加便于传播和分享。网易云音乐 2017 年还做过一次爆款营销，在青年当中引发强烈反响：他们在平台点赞数最高的 5 000 条优质评论之中筛选了 100 条具有穿透心灵力量的乐评，铺满了杭州地铁 1 号线和整个江陵路地铁站，使云音乐带给用户的精神力量更加具象化。有人说，"一条乐评就是一个故事""即使素未谋面，也对他们经历的欢乐与悲伤心有戚戚焉"。对于喜欢听歌的青年而言，这次营销让他们又以新的方式真真切切体验到了音乐带来的震撼人心的力量。这次营销使得参与评论的用户变得更多,看评论的用户也增加起来——看评论的用户比例从之前的5%增长到之后的50%。

在青年一代的消费观念中,品牌不再是凌驾于消费者之上的大牌,更不是高不可攀的奢侈品;它不再是外界推荐或者强加到消费者身上的东西,而是消费者根据自己的偏好,通过表达、分享、互动、社交等得以确立的。在青年消费者参与建构他们所认可的品牌的过程中,有三个关键点值得引起注意:

一是悦己。当下非常流行"人生苦短,及时行乐,先悦己,再悦人"。悦己消费不仅提供了商品的使用价值,更重要的是通过消费的行为,体现了人对自身的感受与需求的重视。消费是抚慰情绪的手段,其中也蕴含着沟通社会交流的情感价值。在这一层意义上,消费所体现出的自我重视的态度要比产品的实际功能更为重要,产品的物质属性只是为取悦自己而服务。一次说走就走的旅行、一款新发布的手机、一个充满仪式感的新发型、一场大汗淋漓的健身舞蹈……消费的目标不再是获取生活物资或什么必不可少的东西,而是让自己感到快乐、舒适和满意,并且能够提升生活品质、体现生活风格。

二是认同。参与也好、表达也好、社交也好,其目标都是在寻找认同。参与消费,既是表达意愿,也是希望通过他人的认可,找到具有相同观念的人。在垂直圈层中生活的青年一代,也渴望在消费中遇到那些有共同兴趣、可以深入交流的人。物质和精神消费的圈层化，催生出基于兴趣的无数细分市场；圈地自萌的青年在信息垂直传播、交流深入小众的背景下，希望找到属于自己的圈子。这反映出人在本质上对社群和社交的需要，在这种情况下，消费也成为建立社群的重要途径。

三是价值。如果说消费社会让人在认识物质时过多注意到它的符号价值的话，青年一代消费者对于价值的认识则变得更为多元，物品的质量和实用性重新回到了他们的考虑范围内，他们认为质量好本身就是高品质的组成部分。他们看重消费品的个性价值，认为满足个性化需求的商品才是商品，因而他们乐意与品牌生产商互动，他们在互动的过程中尝试推动改进品牌，让产品更能满足个性化的需求。这也体现着他们对产品的社交价值的重视——通过产品表达自我、突出个性来不断强化社群归属和自身意愿。从本质上看，这个过程早已超越了消费本身；他们对参与的重视，是在追求自我的实现，更重要的是体现了他们改造世界的意愿。

青年热衷于参与式消费的深意何在？他们重视价值、强调体验，在消费过程中既看重物，也看重环境、氛围、感受；既追求在消费中得到物质的满足，又希望个体被看见、被尊重，也希望个体被认可、被接纳。他们不轻视物质，也不迷信符号；在他们的消费观念中，物质是重要的，精神的放松、情感的释放也同样被看重。这体现出青年一代既有强大的自我意识，也极其在意别人的看法；既希望自己的独特性得到体现，也希望唤起共鸣；既希望彰显自己独特的品味，又希望建立社群达成认同与归属。

## 三、控制式消费：聚焦需求，减少浪费

在相去并不算远的一段时间里，"花明天的钱，享受今天的快乐"一度成为流行的消费观。大牌包包、高档化妆品、潮流新品都是消费标配，哪怕刷爆信用卡，也要享受野性消费的快感，节省或者攒钱往往被看作亏待自己的行为。到了今天，消费观在不知不觉之中发生了变化，"买买买""花花花"的热情逐渐退散，越来越多的人选择告别超前消费，花钱的观念也变成了"该省省，该花花，勤俭节约会持家"。尤为突出的一个现象是，在青年的消费观念中，低价、折扣、平价替代品几乎完全取代了超前、冲动、即时满足。《2023年中国消费者洞察白皮书》显示，"精细化"成为消费关键词，超过92%的消费者表示，自己需要更精细地规划或减少消费。在豆瓣上组成"抠组"、"不要买"小组，在APP上蹲点抢打折菜、团购生活用品，分享低价实惠的购物链接，逛街只逛打折区，渐渐成为青年的日常消费方式。

"反向消费""新节俭主义"等随即出现，概括和描述了种种消费新趋势。青年的观念为什么会发生这样的变化？有人认为，钱越来越难赚，大家的口袋瘪了，青年也只好降低物质要求，自然就开始精打细算了。也有人认为，青年一代从小成长在信息流动更加及时和全面的环境当中，他们对高消费祛魅了，更加谨慎和理性，不再被消费主义所绑架。还有人认为，后物质主义时代到来，青年对于物质的消费不再有以前那样高涨的热情，注意力越来越转向精神层面的满足。再有人认为，在"佛系""躺平"等影响下，低欲望社会来临。

那么，当代青年的省钱习惯有什么样的代际新特点呢？是对老一辈节约观念的继承吗？通过观察我们发现，首先，他们买东西时喜欢多方比价。电商拼购、随机红包、特惠日打折都深受广大青年喜爱。每逢电商促销，"拼团""盖楼"等名类各异的优惠活动中，青年都是主力军。其次，"不值得"和"不想花"都是他们省钱的理由，薅羊毛成为一种生活中的小乐趣。外卖拼单、砍一刀、银行卡打折，这样做看上去似乎花钱不干脆、费时费力，但在他们看来，省下来的配送费、外卖软件时不时掉下来的红包、团购价的折上加折，都是从资本手里"薅"回来的钱，那可都是自己的啊！再次，如前文所述，青年一代依然存在着高消费，在他们当中也出现了新的消费领域和消费方式。"1 000 元可以花，10 元必须省"正说明他们提倡的并不是单纯的节省，而是不值得花的钱绝对不花。所以，省钱和花钱的其实是同一批人，或者说，省与花同时平行存在于这一代青年的消费观念和日常开支之中。

相较于老一辈的节约观念，青年一代"不买"的内涵与之完全不同。老一辈眼里的能省则省是尽量降低物质的消耗、延长物质使用的期限。尤其是经历过物质匮乏的那几代人，在他们看来，物质是珍贵的，需要爱惜。物质被放置在一个高于自己的位置，压制的是自己的欲望。当代青年的能省则省，则是基于这笔开销值不值得自己付出的判断，即它是否具备了让自己花钱的价值。有些钱省下来不花，不是因为不舍得，而是因为不值得。在这样的消费观中，自身才是主体，物质是客体、是被判断是否值得的对象。

因此，相对于反向消费或者新节俭主义的提法，在我们看来，"控制式消费"更能够说明这一代青年省钱的原因和特性。

### （一）没必要花的钱不花，没必要留的东西不留

这些青年所热衷的消费场景想必大家都不陌生：骑共享单车之前，先查一下有没有"一分钱"活动，或者看看骑行卡怎样买才便宜；点外卖的时候，看看哪个平台付款有优惠，算一算随机立减和攒金币换优惠券哪个活动更划算；智能售货柜

的饮料有6元、8元的，小程序下单一杯鲜榨果汁，选择自提，既省了派送费，还有优惠券，可真划算。

在青年看来，节省或者不花钱，并不是消费降级，而是重新判断了什么样的消费是值得的。在当前，相当一部分青年认为，如果花更多的钱去做某件事，只是为了充面子，得到的效果却和精打细算差不多，那还不如选择合适或较低的价钱去把这件事办了，这样才是更有烟火气的生活。他们在自己的人生经历中切实体验过为面子、仪式感所累会让生活变得辛苦和复杂，因而，简化消费并非只是减少开支与物质上的获取，更为重要的是简化生活，让自己不为外物所累。

首先，既然便宜的东西品质也不差，为什么要选贵的呢？青年当中流行一句话："赚得少"可以安慰自己，"花得多"才是罪大恶极。在他们看来，只要质量过关，买打折商品、临期商品以及找平替不仅不丢人，还值得提倡。他们买东西会先找打折品。近些年，城市中的奥特莱斯、折扣店如雨后春笋般地出现，专攻大品牌、高价商品的降价促销，平日里高价的商品在这里低价出售，青年很喜欢这样的消费场所，认为在这里满足了购买欲的同时也避免了当冤大头。电商平台如果没有折扣，他们便不看不买。于是，分享打折信息、互甩打折链接也成为青年之间相互交流的重要内容。另外，他们还发现，学会灵活替换关键词进行搜索，便能避免交智商税。这是因为，功能相似的产品，放在不同的使用场景中，换了个名字，价格就有可能天差地别。例如："iPad支架"与"菜谱架"、"美妆蛋收纳盒"与"鸡蛋盒"、"珊瑚绒布料"与"沙发套"、"宜家小推车"与"理发店工具车"，都是差不多的东西，前者小清新的名字背后的价格，就要比后者高出很多。因此，他们找平替不再局限于寻找大牌商品或奢侈品的评价替代品，更发展成了怎样用更实在的名称找到价廉物美的商品。同时，临期商品也成为他们购物的选择。大大方方捡便宜并不是什么丢人的事；只要质量不受影响，价格还低廉，省到就是赚到。"这东西买贵了"是最扎心的话，溢价当了冤大头会令他们无比糟心。前些年的"花明天的钱享受今天的快乐"，已经被"用打折的价格，享受不打折的品质"所替代。

其次，没用的东西不买，没意义的社交不参加。青年一边愿意为价值和体验消费，一边坚持没用的东西不买，有"种草"就有"拔草"。他们很敏锐地意识到：当一种没听说过的新产品或者小众产品突然在社交媒体上"火"起来，最大的可能性就是商家在背后做推手，将"种草"作为营销手段，带动青年消费。这种情况下，保持购物警惕、不被带节奏就显得特别重要。前文已经分析过，这一代青年在花钱问题上的做法是，该出手时就出手，把钱省下来不是他们的目的，把钱省下来花在更值得的地方才是目的，所以他们根本上排斥的是被别人带节奏消费、跟着营销稀里糊涂地买了一堆自己不需要的东西。他们希望自己买到的是"我真正需要的",而不是在外界的诱导下误以为的"我想要的"。这样便可以理解豆瓣的"抠组"和"不要买"小组为什么在青年当中走红,因为这些小组的宗旨就是"不盲目跟风,不被消费主义裹挟"。小组里有人设计了控制消费的小问卷,每次花钱之前先做一遍,衡量一下这笔钱有没有必要花;也有人分享抵御消费诱惑的小技巧,把自己最近必须要买的东西列个单子,不在单子里的就坚决不买;还有小组成员分享当天忍住没买的东西,零食、美妆、服装鞋帽、小日用品等都有。大家相互鼓励,一起计划开支。抖音、哔哩哔哩等也推出了大量关于"拔草""踩雷""智商税"的视频,与"种草""安利"旗鼓相当,还有人在视频中化身"守钱侠",分析各种促销套路,帮助大家理智又安心地消费。

除了花钱,青年一代还主张没意义的社交不参加。在他们看来,社交必然是有目的的,要么是和好朋友们一起开心,要么是参加有趣的活动找到对路子的人。如果这几样都没有,只是因为磨不开面子而被拉去社交,又产生了消费,这种费神又费钱的事真是非常不划算。于是,有人在豆瓣"抠组"分享:办公室的同事经常下午一起叫奶茶、咖啡,外卖到了之后聚在一起又是吃喝又是八卦,自己既不喜欢这样的社交又不想花这个钱,就告诉大家"我戒糖""我乳糖不耐受",这样做既省钱又避免无效社交。与此相类似的还有结婚随礼的问题，有人表示："是好朋友的话，包多大红包我都心甘情愿；普通同事或一般熟人，干吗为了面子让自己损失？"还有人表示"微信随礼直接拉黑，工作上的事用钉钉沟通，不必保留什么私人关系"。

最后，东西坏了就扔，该淘汰就淘汰，该更新就更新。以前，注重节省的老一辈人信奉的观念是"新三年，旧三年，缝缝补补又三年"，所有用旧了或者过时了的东西都舍不得扔。后来，随着物质的丰富，人们又渐渐形成了囤积商品的习惯，原因是一次多买就可以享受大额优惠，省下一大笔的开销。很多东西都是买回来放在家里慢慢用，哪怕是用到后面已经乏味或者完全不喜欢了，甚至是没等消耗完就过期了，也要硬着头皮用完，无论怎样都不能浪费。虽然这样囤货是为了想尽办法节省开支、避免浪费，但是其既侵占空间，又让消费变得索然无味，很难说对提升生活品质有什么贡献。当下的青年则完全放弃了上述生活方式，他们主张失效的、用不着的东西赶紧扔掉，把空间让出来。如果问他们，这个东西扔掉了，万一以后用到怎么办？他们会认为，一样东西半年没有用，今后用到的概率就很小了，为了极小的概率再让它占着地方躺一年，才是更大的浪费；再者，及时清理也是一种提醒，提醒自己买东西的时候三思，不要脑子一热就乱买，更不要跟着别人囤积没用的东西。不断清理、拒绝盲目囤货，就是把注意力放在那些真正需要的东西上。豆瓣"抠组"有人特别强调不要陷入打折商品的泥潭，固然这些商品很便宜，但是如果因为贪图便宜就买了用不着的东西，或者买了太多根本用不完，过期的、浪费的加上最后扔掉的，整体算下来并没有省钱，还占用了空间。我们并不能说青年在购物时是完全理性的，但他们的确会经过反复考量，把可支配收入最大化地利用。可以这样认为，值得、有效、不浪费，是这一代青年节约消费的核心原则。

### （二）支持二手交易，主张物尽其用

在青年看来，旧的不一定是坏的，也不一定是差的，可以共享的自己也不一定非要独有。所以，二手消费和共享经济在他们当中尤为流行。

青年当中的二手消费，所覆盖的领域非常广泛：要考执业资格证了，先在社交媒体上问一问，有没有人出让教材和复习材料；出国需要大行李箱，用起来也就一次两次，没必要买新的，二手交易平台看一看有没有合适的。而打折季囤积了太多的护肤品，放到过期也用不完；外出旅行时头脑发热买下的大牌手包，根本没什么场合用得着；买来没多久，但基本没空玩的电子产品……与其放在家里落灰，不如在社交媒体、二手

平台、周末市集再寻有缘人。有人断舍离、有人去库存，有人寻宝、有人捡漏，买卖双方各取所需，买家与卖家的身份自由切换，造就了二手市场的热闹景象。国际咨询公司弗若斯特沙利文联合清华大学能源环境经济研究所等机构发布的《2021中国闲置二手交易碳减排报告》显示，中国的二手市场从2015年起，每年消费数额达到了3 000亿元，2022年已突破万亿元，预计2025年将达到接近3万亿元的市场规模。二手物品交易的范围覆盖了几乎所有的消费品品类，"90后""00后"成为二手市场消费主力军，二手市场与年轻人的生活已经产生了密不可分的联系。

年轻人喜欢做二手交易的物品主要可以分为两类。一类是使用价值没有受损，但自己已经用不着了的日常用品。例如，有人刚跳槽换了工作，作为卖家在社交平台上分享：自己的前一份工作有很多场合需要穿正装，于是自己购置了很多高品质的西装外套、小套装、修身长大衣，但只是用得着的时候穿一下，大多数时间都是挂在衣柜里，都很新、很平整。新换的工作没有那么多场面活，对穿着的要求也低了很多，这些衣服几乎不会再派上用场了，直接扔掉的话实在是太可惜，送人又拿不出手，幸亏有了二手交易，给这些行头再觅有缘人。也有对二手交易赞不绝口的买家分享：她准备去滑雪，正在为雪地靴发愁。为一次旅行专门置办一件很贵的配件，对此她总也下不了决心。幸运的是，她在二手交易平台买到了又新又便宜的雪地靴，卖家只穿了两三次，价格却是新品的一半。她觉得自己可能也就穿这一次，滑雪回来后，打算再一次折价出售，物尽其用。还有人要参加执业资格考试，而一套全新的指定考试用书价格实在太高，考完就再也用不着了。于是，这个人将目光投向二手市场，不仅买到了指定考试用书，还获赠了成套的复习材料；意想不到的是，书上还有上一个备考的人勾画的重点和记录的学习笔记。买家赞叹："赚翻了！跟新书相比，实在是物超所值！"所以，二手交易不是简单地处理废品或者捡便宜，而是在少花钱多办事的同时，让物品的价值得到更充分的发挥。

另一类是受众范围较小，市面上不容易买到，需要混"圈子"才能买到的物品。例如，"中古圈"流通的是20世纪40年代至90年代的奢侈品精品，里面既可能存在独一无二的绝版物件，也可能出现代表某个时代时尚文化的标志性商品。近年来，中古风潮再度兴起，追求个性和品位的消费者开始淘货。然而，这样的小众市场，有时候价格水涨船高，有时候有价无市。如果在专柜购买，单品价格就让大多数人承受不起，有些还要配货。中古风二手市场兴起，年轻的消费者能以不同的折扣价拿下同款，既能够拥有自己心仪的单品，又在很大程度上降低了经济负担，翻起行头来心理压力也没那么大了。还有一类二手交易小圈子，包括二次元周边产品、动漫手办、卡牌、明星小卡等。这些圈子里交易的东西都不是生活用品，很多物品不会重复生产，有些东西没人收集就不会再在市场上流通了，所以 IP 的热度加上物品的稀缺度，就足以使这样的二手市场细水长流下去。除了买卖双方的交易，这里另一个吸引人的地方，就是把有共同爱好的人聚集在了一起，晒、分享、沟通，营造了圈子的乐趣，大家在这里找到了有共同语言的人，物品的交易融合了兴趣的交流，使这样的平台不仅是一个二手商品的交易平台，还成为同好者的精神家园和社交场所。

　　青年一代消费者对二手商品青睐有加，原因何在？首先，最根本的一点在于，他们这一代人对"二手"的观念已经完全改变了。过去几代人对二手的东西或多或少都有一些心理上的抵触，认为那不是全新的、是别人用过的；用二手的生怕别人以为自己没有能力买新东西、好东西，把自己用过的东西给别人还要担心别人会不会误会看不起他，甚至有人觉得接受二手货是没骨气、没底气的表现。这样的想法在当下这一代青年当中基本不存在了，二手货和"面子"已经脱钩。他们在意的问题不是"一手"还是"二手"，而是如何一边省钱、一边让物品发挥最大的价值。别人用没用过不是关键，这个商品对我有没有用才是关键。在保证使用体验的情况下，青年对二手货既没有心理上的障碍，也不会在乎面子问题。

其次，调整经济上的收支，也意味着理财有道。卖家把对自己没价值的东西卖掉，不但物品可以变成商品继续发挥价值，而且旧物还变成了收入。对于买家而言，既然使用价值可以得到保证，价格却可能打到"骨折"，又何乐而不为呢？所以，很多人都会愿意买相对而言更便宜的二手商品来满足自己对于日常使用价值的需求。买卖双方都省了钱，闲物和废物也找到了新的有缘人。

最后，二手交易还带有社交属性，尤其是小圈子文化，交易场景可以衍生出基于兴趣的交流。社交与交易相互嵌套。交易也成为一种分享，以及情感沟通的过程。在这里，买家和卖家没有严格的区分，其基础在于彼此之间的共性所产生的默契，让他们相互之间购买同类产品。在前文中，我们已经讨论过消费在当代青年中的社交属性，二手交易也呼应了他们重视价值、强调体验，追求个性与归属、品位与认同融合的消费观念。

### （三）重拾现金，学习存钱

在上一代青年那里，很多人还奉行"提前透支，到期还款"的消费观念，他们认为开源比节流更重要，钱是靠赚出来的，不是靠省出来的。然而，当大众还对青年花钱的印象停留在"月光族"的时候，今天的青年一代已经默默地开始学习如何控制消费，把开销安排得更为合理。同时，他们认识到了存钱的重要性，开始学习存钱，让自己卡里有余额、花钱有余地。近几年来，青年群体对提前消费的兴趣逐渐减弱，开始从源头上控制开销。

青年控制消费的第一步，是从关闭或注销信用卡、降低消费信贷开始的。中国人民银行发布的数据显示，从2022年第四季度开始，信用卡市场已经连续三个季度发卡量下降；也有报告表明，截至2023年第二季度末，信用卡和借贷合一卡在用发卡数量7.86亿张，相较上一年同期减少2100万张。另一组数据则显示，35%的青年没有信贷消费的习惯；有信贷消费习惯的，比例也控制在收入的20%以下。作为银行零售业务的曾经主打产品，信用卡在青年当中不"香"了。2024年初，"为什么年轻人不爱用信用卡了"话题登上微博热搜，引发了热议和广泛的共鸣。为什么曾经是青年主要消费形式的信用卡，在今天的青年这里失宠了？曾经用过又注销了信用卡的青年表示，刷卡消费很容易形成"数字不是钱"的错觉，稀里糊涂就花多了；收入本身就有限，消费的资金源于信用卡的透支，经常得算着最低还款额度来还钱，说不定还得拆了东墙补西墙，有时候也难逃利息快要赶上本金的窘境。信用卡还有各种各样的刷卡限制，比如，使用过程中一不小心就会产生一些额外的费用；又如，一年内刷卡消费不够次数，有些银行还会要求缴纳年费；再如，办理分期还款，还会产生新的利息和手续费，叠加起来又要还更多的钱……凡此种种，经常还没弄清楚为什么收费，就欠银行一笔钱。于是，透支消费就像一柄利剑，总是悬在消费者的心头，让年轻人处在透支与还款的循环中，越来越觉得缺乏安全感；一旦逾期又会纳入个人征信，以后办理贷款、重大消费事项都会受到影响。当过"大冤种"的青年发觉信用卡消费并不划算，于是，不办信用卡，宁愿不花钱也不花冤枉钱，正逐渐成为这一代青年的消费新态度。

  青年控制消费的第二步，便是降低移动支付的使用频率，甚至弃用。近些年，移动支付盛行，不管走到哪里，只要有手机和二维码，扫码就能完成消费。"嘀"的一声弱化了钱花出去的视觉效果，人们对金钱的感知越来越模糊，100 元、1 000 元、10 000 元都仅仅是手机屏幕上显示的一个数字而已。这给消费带来的影响显而易见，人们越来越没有精打细算的习惯，交易金额和购买频率都在不知不觉之间增加了。如果再将移动支付和信用卡绑在一起，便会经常出现"没觉得花，钱已经没有了"的尴尬境地。

  未来会怎么样？这样一直花下去，万一以后哪一天真的要用钱了，手里却拿不出来怎么办？万一遇到突如其来的裁员怎么办？万一买房子、车子这些大件的时候，连个首付都拿不出来怎么办？为了改变花钱如流水的状况，不少青年重新启用现金，并将存钱纳入日常生活的计划当中。关于如何把钱存下来，不同于老一代悄悄去银行、尽量不让别人知道，今天的青年不仅存钱的花样多，还要大家相互监督、一起存钱。

最大的改变是启用现金。豆瓣上有"抠组""省钱小组""物尽其用小组"，素不相识的青年朋友们在一起，总结出了一套"定额省钱法"：每个月都预设好一个日常开销的总额度，然后把相应的现金提取出来并进行分配，比如饮食开销多少、出行开销多少、娱乐开销多少等。然后，每次支出的时候，最好能够确保每笔现金开销都在计划好的额度范围之内；如果这个额度花完了，这笔开销就算了。花完了，说明自己没安排好，那就不花了，而不是把其他的挪过来用掉。除了日常开销，还要再做一个预算，留出那些不是每个月都用到但是肯定会支出的开销，比如旅游、健身、人情开销等。这一部分现金用时现取、不用不取。这些开销都安排好之后，留在银行卡里不拿出来的钱，就是存款了。为了确保这样的现金消费可以坚持下去，他们把分配好的开销放在带夹层的活页文件袋当中，这样便能够直观地看到每一部分花了多少、还剩多少。坚持用现金一段时间以后，直播间里"只售九块九"的小玩意、微信群里随时跳出来的团购接龙、购物小程序里的砍一刀等的吸引力逐渐下降。刷信用卡或者用移动支付扫码的时候，不管是自己花钱、帮别人代付还是给别人借钱，都对"这些钱到底有多少"没概念，使用现金之后才意识到，原来这些钱掏出来放在桌子上，有这么多啊！如此一来，省钱不再需要巨大的意志力，从不知不觉花钱，渐渐变成了自然而然省钱。

有些人觉得"定额省钱法"太吃力，有时候确实会影响生活质量，比如月入 5 000 元硬存 1 000 元确实需要省吃俭用才能实现。为了存钱更轻松，青年还在网上分享了"无痛攒钱法"——小红书上的"365 天省钱法"和"52 周省钱法"。以 365 天省钱法为例，第一天存 1 元、第二天存 2 元、第三天存 3 元……以此类推，到一年的最后一天要存 365 元，加起来一年共攒 66 795 元。实践过的青年表示，虽然随着时间的递增，到后面会越来越难，甚至根据数字计算，需要存进去的数额超过了进账，更谈不上消费，但是这种方法对于养成存钱的习惯绝对有帮助，有了余额就会想着存起来，而不是动不动就打着奖励自己的旗号统统花掉。这样，渐渐地有了小金库，面对不知何时会到来的不时之需，心里也有了底气。

到这里为止，我们发现，青年存钱的观念和行为已经发生了好几次变化。从"花剩下的存起来"，到"月光族"，又到"提前透支、到期还款"，再到"先存再花"，这一系列的变化，前后加起来不到 20 年的时间。今天的青年一代为什么要存钱？不同于老一辈骨子里对于储蓄的执着，哪怕将物质需求降到最低，也要把钱存下来，这一代青年是在物质欲望满足后，对物质的追求不再像以前那样执着，意识到自己不能被消费牵着鼻子走。他们存钱是为了培养储蓄的习惯，给自己的生活增加安全感。很多人享受合理规划金钱，体验"我的生活我作主"的掌控感。另外还有一部分人表示，攒钱是为了控制乱花钱，进而确保以后能够更好地消费，这些青年存钱是为了"聪明地花钱"。

## 四、消费观：花钱还是省钱并不是关键

消费既是一项经济活动，也是一项社会活动。人们消费的行动体现着对消费的认识。我们可以通过消费，观察人如何定位自身与物质的关系、如何认识花钱、如何认识消费的目的。当代青年的消费观中体现出了许许多多的新特点：喜欢花钱的是他们，热衷省钱的也是他们；奉行"物为我用"的是他们，强调"物尽其用"的也是他们；打造个性化消费方式的是他们，在消费中热衷互动、寻求社交的也是他们。因而，要理解当代青年的消费观念，落脚点不应该放置在他们究竟是省钱还是花钱上，而是需要审视他们如何定位自身与物质的关系，进而在与物质互动的过程当中确立消费的原则和观念。

新一代的青年在对待自身与物质的关系时，最为突出的特点就是认为：自身高于物，是主体；物外在于自身，是客

体，物是为我服务、供我支配的。进而言之，通过消费获取物质，是用来为人服务的。他们不管是花钱还是省钱，都秉持"我驾驭物"而不是"物驾驭我"的态度，"悦己"取代"悦人"成为消费的根本目的。

他们愿意花钱，希望通过消费来换取高品质的生活。商品的存在就是为人服务的，既然通过消费可以让自己变漂亮、变健康，让生活更方便、更舒适，那又有什么可否定和拒绝的呢？他们购买奢侈品，在医美、旅行、健身等方面消费，尽力让自己的生活精致起来，呈现他们所向往的美好生活。经济增长所引发的消费结构升级，让他们觉得不断出现的丰富而精美的物质，就是拿来装扮自己的美好生活的，花钱去享受这些、提高自己的生活品质是理所当然的啊！但更为重要的是，他们借助消费，表达着对自由选择的渴望：消费本身不是目标，人也并非借助物质来抬高身价。积极消费的根本意义在于通过选择优质的物质，建设有品质的生活。物质和消费都是建设"好生活"的工具。

他们注重体验、追求社群、热衷互动，都是在着力打造以"我"为中心的个性化消费方式。需要体验，在消费中找到交流和共鸣。他们希望自己的消费方式是个性化的，能够彰显个人的兴趣、倾向和品位，但又希望这种个性化得到共鸣，有人欣赏和认同。在消费与社交融入并互构的过程中，消费既不是目的，也不是手段，消费催生出融参与、互动、共情于一体的社交方式；而社交使得消费不再是你买我卖的生意，演变成了体现青年自主性、主体性，满足他们分享欲和表达欲的一个个鲜活场景。

他们精打细算、物尽其用，尽量减少透支和接待的可能，督促自己不被消费主义所裹挟，不在丰富的物质、眼花缭乱的消费面前丧失自身的主体性。青年的控制式消费，既不是把钱攒着舍不得花，也不是觉得商品精贵舍不得买，而是要让每一笔钱都花得值得。省钱不是目的，"值得"才是意义。他们不想被喧闹的外部世界牵着鼻子走，在不清不楚之中让生活变得辛苦而复杂。他们希望自己消费的决定由明确的自我意识所主宰，简化消费并非只是减少开支与物质上的获取，而是自己清楚地知道哪些消费值得、哪些消费不值得，让自己不为外物所累。

从总体上来看，社会物质基础的丰富使当代青年在消费问题上有了更多的选择，也让他们消费的范畴和内容与前几代人有了很大的不同，在哪里花钱、在哪里省钱，都形成了新的原则和主张。他们的消费行为所彰显的观念是，消费应该是自我意志的体现，要与自身的需求深度契合。他们的取舍重塑了消费格局。

# 第五章
## 情感观

　　情感之于人类，生而有之。情感具有多重属性，它既是人建构意义体系的关键内容，也是社会结构生产与再生产的基本要素，还是生成社会秩序、达成社会团结的基石。

　　当代青年的情感世界里存在着一种张力：一方面，人们感受到自身不断被孤独侵袭，仿佛需要一个人去面对全世界，找不到情感上的驰援，加之各种各样的生存焦虑，冷清无助的感觉挥之不去；另一方面，人们又担心与他人关系过于密切而受到干扰，个人的边界遭到破坏，限制了对自由的追求与渴望。面对情感世界的张力，当代青年探索着有没有什么新的方法或者途径来满足自身的情感需要，于是便有了各种试图将情感切割开来，再分而治之的想法：既期待从中获得自己想要的、满意的，又希望避免因为付出与获得不对等而带来的失望、伤害以及背叛。但是，情感被切割之后，便不再具有整全性的特点，很容易被推向极端；又或者被资本、商业所裹挟，形成了情感的异化。

"冷感"是当代青年情感体验和情感表达的一个重要特征。对于外界贴上的"情感无能"或"情感冷漠"的标签，他们并不排斥，认为一定程度上的冷漠是成熟和独立的表现。青年一代主张，人与人相处时要有边界感，越界的打扰是一种冒犯，作为成熟的个体，要有尊重他人私人空间的意识，也要有拒绝他人过度打扰的能力。强烈的情感表达会让他们觉得虚假和做作甚至带有表演的性质。如果生气或不满，他们主张"安静地发疯""沉默震耳欲聋"。在生活中，我们时常可以见到对亲情、友情、爱情都显得十分疏离的"空巢青年"：谈到爱情，他们说"滚蛋吧，爱情！赚钱！"；谈到亲情，他们主张"适度断亲，有利身心"，豆瓣上还出现过"父母皆祸害"小组；谈到友情，他们说"不求朋友两肋插刀，只求别被朋友插两刀"。

以往人们在面对压力、委屈、挫折、痛苦时，一般会向身边的人寻求陪伴和慰藉，希望从他们那里获得情感的支持以渡过眼下的难关。而现在的青年受伤时，却更喜欢听歌、刷剧、沉默、暴食、熬夜、独处，不和任何人交流，一个人默默地恢复元气。在青年一代看来，高度的信任、深度的依赖可遇不可求，如果为了获取某种情感而去刻意经营，付出了很高的成本，却很有可能会落空，也有可能得到的未必是想要的。因而，他们主张，如有满心喜悦或感慨，但是翻遍通讯录找不到分享的人，这时候，不要失落、不要气馁，与其求得别人欢心，不如学会和自己相处。

然而，这并不意味着他们愿意独自面对外部世界的喜怒哀乐，不需要来自他人的温情与关怀。于是，年轻的人们尝试去建构有边界、规则明晰的交往方式，希望能够兼顾有效的陪伴和适度的距离。例如，圈群化的社交尝试在某一个兴趣点上的交流不断深入，共同兴趣点之外则确保不被打扰。也有青年希望以消费的方式，寻求高浓度情感的释放与表达，比如粉丝经济，就是通过消费和经济支出强化情感的意义、巩固归属感和认同感。也有人的情感并没有这么极端，他们希望通过商品交换的方式将更加日常化的情感释放出来，欢喜和温情得到释放，被爱、被接纳、被理解的需求得到满足，现实中可能遇到的单相思、冷暴力、辜负、背叛等各种伤害最好能够避免。这种情感寄托的需求是多样化的。有人花钱在网上寻找虚拟恋人，是为了满足爱情的体验；有人豢养宠物，"毛孩子""猫儿子""铲屎官"等亲切的称呼，体现的是亲情或者友情。这些都表明人们既需要温暖、慰藉和陪伴，又担心过于深度的介入对个体生活造成干扰和束缚，成为个人的羁绊，同时还担心不能得到预期的回报或被辜负而受到伤害。所以，青年一代在不懈地寻找一种路径，主宰自己的情感，使得个体的边界不被冒犯，在适度的范围内可以全情释放，又可以全身而退。

这样充满张力的情感需求何以出现？青年一代又为突破这样的困局做了什么？从形成现象的原因来看，深度嵌入的缺失，使得社会关系、工作和生活的经验都很难进行纵向积累。信任是情感得以建立的基础，当建立信任的难度不断增大、成本不断增高，而破坏信任却不必承担过高的代价，并且在现实世界里多次碰壁之后，青年一代的情感就变得越来越淡漠。此外，当下人们在获取信息和帮助时，都越来越不用依靠人际支持，这使得人与人之间的相互依赖程度不断降低，甚至主动提供支持或主动承担责任都不再得到肯定。当主动变成自讨没趣时，"想想还是算了吧"。为了寻求破局之道，青年一代不断进行着各种各样的尝试，他们希望找回"附近"，营造"当下"，改变这样一种嵌入缺失的状态，能够深深扎根于生活之中，为个人情感世界的满足建构平实、真诚、不疾不徐的现实环境。

## 一、变化：青年情感的三重特性

当代青年生活在一个日趋个体化的时代，他们与周围主动连接的意愿逐步下降，对身边的日常表现得漠不关心。有人认为，是"消失的附近""时空的脱嵌"挤压了他们情感得以正常生长的空间，渐渐形塑了他们较之以往颇为不同的情感体验。情感的对象化、商品化、工具化是其中最为突出的几个方面，它们相互交织，既是过程，也是后果；既是行动的背景，也是行动的场域；既包含着当代青年情感状况得以形成的结构性因素，也反映出当代青年情感社会化的文化规范和互动规则。

### （一）情感的对象化

情感对象化的核心，是不再将情感作为人的整体性的组成部分来对待——它外在于人，从人的主体性当中剥离了出来，情感的发生不再追求时间、空间、场景、行动者的全面介入；它具有边界性，通过人际交往的简化提纯，给情感设定范围、内涵和限度，突出聚焦需求、精准陪伴的优势[1]；它具有可控性，在隐私与真实之间筑起一道防火墙，当关系越过了界限、造成了伤害，或者偏离了初衷时，对情感的范围、深度，以及是否还要维系，都可以在主观上进行控制。在青年看来，情感的过度投入或情感失控，是缺乏智慧的表现；拥有丰富的情感不是问题，被情感所驾驭才是问题。经过对象化的处理，

---

[1] 于语和，周欢．青年"搭子型"浅社交的心理透视与现实审思：基于哈贝马斯的交往行为理论．理论导刊，2023（10）．

"情感"在青年这里变成了一个可以被应对的事物。

首先,情感是准确且有边界的。近年来,青年的社交生活中出现了两种有趣的新现象:"圈群"和"搭子"。圈群以趣缘为切入点得以形成,主张有共同兴趣爱好的人才应该结成情感共同体。各种圈群最初的形态都是自发的,但是在成形之后,通过情感同构和情感意义的生产形成群体共情,进而凝聚出核心理念,使之成为内部青年彰显个性、价值认同、情感慰藉的重要场域。圈群的外部有边界、内部有层级。一方面,圈群创造出一套具有排他性和壁垒作用的符号体系,承载情感的意义,通俗地讲,就是小圈子的"黑话"。它在圈群文化中普遍存在,其来源可能是中文谐音、汉字与字母缩写混排,也可能是某个圈群的专业术语、特有名称等,这些语言和符号构成了判断是否为圈内人的标准。另一方面,各种圈群内部也存在着鄙视链。大多数圈群都崇老,"越古老越正统、越原汁原味,所以应当有更多的话语权";也有圈群崇新,"越新越有时效性";还有技术派与娱乐派的斗争。各种鄙视链的存在都是为了确认自身在圈群内的重要性,从而通过比较优势强化自身的情感归属。除此之外,圈群还对边缘性和小众化尤为强调。例如,二次元曾长期难以融入主流文化,圈内的资深人士便刻意营造出忽视主流、强化圈内认同,进而建立精神寄托的倾向。近几年二次元逐渐被主流文化所接受,便开始更多地注重其消遣属性。这背后的原因都是释放在主流话语体系中被压抑的、边缘化的情感体验和情感表达[①]。

"搭子"与圈群一样，都强调趣味相投，其最大的不同在于，搭子对于情感的诉求更加简单而精准。搭子的覆盖面很广，从饭搭子、牌搭子、电影搭子、旅游搭子，到考研搭子、考公搭子、加班搭子，有人总结"万物皆可搭"。同时，搭子又非常"准确"。在选择搭子的时候，就像定制产品一样，细化自身需求，并按照标准进行筛选。搭子要有清醒的界限意识，绝不能向主题范围以外多试探一步，因为一旦越过界限，关系的深入必然伴随着关系的复杂化，清晰、简约、精准的原则就会被破坏，这样也就违背了找搭子的初心。"搭子"文化对于情感的意义在于，人既能够在边界清晰的范围内基于共同的需求而享受温暖、快乐和陪伴，又能规避因介入太深而造成的过度依赖和情感索取[②]。它既体现出人对情感的渴望，又反映了对个体独立性的重视[③]。

其次，情感是可控的。圈群和搭子在无意之间凸显了青

---

[①] 邢婷婷.45° 青年：张力之下的青年境遇及其社会心态.探索与争鸣，2023（2）.
[②] 王昕迪，胡鹏辉.搭子社交：当代社会青年新型社交趋势与形成逻辑.中国青年研究，2023（8）.
[③] 刘航.现代性视域下当代青年的碎片化社交行动研究：以"找搭子"为例.中国青年研究，2023（11）.

年一代在对待情感时非常强调"不全面占领";互联网和数字技术的发展,又为这样的意愿提供了技术支持。数字化的社交媒体塑造了一个个流动的空间,这些丰富多样的虚拟空间极大地拓展了人们交往的场域,但是,快速的流动和时空的脱嵌使得社会交往越来越碎片化,结果之一就是情感成长的空间不断被挤压、情感越来越无法扎根。互联网的流动性与碎片化逐渐动摇了原先所认为的"日久见真情""感情需要慢慢培养",个体的情感关系从长期的"关联"变为短期的"连接",也越来越认同情感是流动、可变、浅层的[1]。正因如此,青年对长期、全面的情感投入变得越来越没有兴趣,而可以随时抽身、不至于失控的情感才是理性而可得的。无论是哪一类的情感,如果是不可控制的,就会使当事人深陷其中无法自拔,还不如完全没有。

最后,情感是可以从日常生活中剥离的。近来很多关于"附近"的讨论,都认为随着高度的社会分工,个体被"巨大又纤细、庞杂又微末、流动又凝滞的实体空间、社会空间、虚拟空间"所改造,工具理性具备了优先性,情感则成为稀缺的资源[2]。从这个角度来看,人的情感是被决定的。然而,由于

---

[1] 孙萍,李宜桐,于小童."中介化爱情"之困:理解线上交友平台的媒介化与性别化.妇女研究论丛,2023(1).

[2] 王鑫.情感与空间:城市灵韵与流动性.探索与争鸣,2023(7).

人和环境是相互塑造的，我们还需要注意到问题的另一个角度，即这样一种情感与生活剥离的状态，也是青年自身的选择。他们借助数字化的技术手段，将情感与日常相剥离，一方面实现了与外界随时随地的任意链接，另一方面又可以避免身体层面的直接互动，双方的关系也不必扎根于日常生活。人们可以在社交媒体上热烈地交流，但这种交流不会渗透到线下实际的生活当中。这种剥离又与情感的准确性、便捷性、可控性形成了呼应——既期待情感的交流，又希望规避全面的情感介入带来的负担和风险。但不可否认，情感与生活的剥离造成的结果之一，就是心灵无法凝聚在一起[1]。正因如此，便出现了"社会退缩与社交能力赤字"[2]、"线下孤独，线上狂欢"[3]、"现实社恐，虚拟社牛"[4]等现象。

情感的对象化，反映出青年一代对情感既渴望又担忧的心态：一方面，渴望情感的交流，希望得到陪伴、理解和共鸣；另一方面，担心全面而高度的情感介入会对自身的生活形

---

[1] 成倩.聚而不群：社交媒体时代青年"孤独社交"的现象透视与形成逻辑.当代青年研究，2023（5）.
[2] 刘蒙之.从社恐到社牛：青年人社交议题背后的心理分析.人民论坛，2022（1）.
[3] 赵仁青，黄志斌.孤独与狂欢：青年网络圈层化生活的情感透视及其调控.西华师范大学学报（哲学社会科学版），2023（3）.
[4] 谢蝶.从现实"社恐"到虚拟"社牛"：新媒体对大学生社交恐惧的影响分析.新闻研究导刊，2022（21）.

成破坏或打扰,自身的意志、愿望和感受在深度的关系中被淹没,或者需要放弃一部分自我向他人做出妥协。在这样的心态之下,他们所选择的行动策略是:在交往中明确边界、聚焦需求,尽可能避免全面介入的发生,从而使得情感可以被控制,避免无法自拔或牺牲自我的情形出现。

### (二)情感的商品化

情感本身是非物质性的,但是,当情感中所包含的满足、快乐、兴奋、刺激、安全感、归属感、精神慰藉等被纳入交换的过程中,从而可以通过交换获取情感的表达与释放、情感关系的建立时,它便具有了商品的属性。

首先,通过消费来寻求情感的表达与释放。这当中被讨论得最多的是粉丝经济。有学者指出,粉丝经济的基本逻辑是情感的商品化[1]或情感经济[2]。其一,"花钱"是粉丝表达情感的方式。粉丝与偶像的关系并不是直接的经济关系,"爱TA就给TA花钱",粉丝通过消费和经济支出强化情感的意义、巩固归属感和认同感。粉丝为了建立与偶像的深度链接及亲密感,在高强度投入情感和精力的同时,伴随着大量的经

---

[1] 姚建华,王洁.情感劳动与网络空间中亲密关系的建构:基于"虚拟恋人"服务的实证研究.中国网络传播研究,2021(3).
[2] 蔡骐.社会化网络时代的粉丝经济模式.中国青年研究,2015(11).

济支出，用以"控评"、"做数据"、宣传文案撰写、周边产品购买、图片及视频制作等。人力物力财力的投入过程，也是维护粉丝与偶像关系的过程，在他们看来，投入越多则关系越牢固[1]。其二，消费是粉丝情感表达的集体仪式[2]。"你能掌握的，只有你的爱和钱"，消费是粉丝的义务。通过社区化（粉丝群）的营销手段，充分调动消费者（粉丝）的情感，达到为品牌（偶像）增值的目的。其三，情感链接的消费是扩大偶像影响力和号召力的动力支持。电商直播购物兴起之后，粉丝经济又发展出了新的形态。偶像在网上直播售货，通过与粉丝的情感链接，激发粉丝的购买欲，并在此基础上撬动更大的潜在购买力。这样一来，情感在粉丝经济中的作用不断扩大，它既带动了消费，又成了情感再生产的动力。

从豢养宠物到宠物经济的兴起，这一转变的核心问题，便是消费成为青年一代情感建构的重要因素。这时的宠物不再是一个简单的被豢养的对象。青年购买和饲养宠物的过程，也是建设自身"小确幸"的生活的过程。人与宠物建立拟人化

---

[1] 杨玲.粉丝、情感经济与新媒介.社会科学战线，2009（7）.
[2] 童祁.饭圈女孩的流量战争：数据劳动、情感消费与新自由主义.广州大学学报(社会科学版)，2020（5）.

的关系，并期待在这当中获得情感拟象的体验①：宠物被称作"毛孩子""狗儿子"，主人则自称"猫奴""铲屎官"，通过称呼实现关系的构想，并将宠物作为情感投射的对象，认真营造宠物的生活，从分门别类的专属食品，到精细规划的独立空间，再到依宠物性情而定的陪伴方式，均是通过情景的模仿，来实现情感的捕获和共享。在很多青年看来，为宠物花钱是值得的，因为宠物会接纳主人所有的付出，不会辜负、不会离开，还会展示对主人的需要和依赖，在宠物的身上能够得到纯粹的情感反馈，情感的付出、投射与反馈在这当中都得到了满足。

其次，通过消费寻求亲密关系的建立。"虚拟恋人"是互联网介入生活日渐深入的产物，它是一种由真人扮演的有偿服务，借助互联网平台、根据客户的需求扮演特定人设，通过文字、语音或者电话与顾客展开交流，并建立虚拟的恋爱关系。也就是说，"情感"成了一种明码标价的商品。虽然爱情不能买卖，但是人们可以通过消费来获得亲密关系的体验。在这当中，交易的要素主要包括暧昧、声音和外貌，交易的内容涉

---

① 卢娜娜，李桂平．情感拟像：青年豢养宠物的情感消费现象研究．中国青年研究，2023（3）．

聊天、真诚和陪伴[1]，交易的行动策略涵盖了幻想、打赏和金钱投入[2]。比起现实的亲密关系，虚拟恋人具有不稳定性和非排他性特征，因为这并不是真实的恋爱过程，而是将亲密关系转化为商品进行出售，与客户所缔结的是具有时间限制和服务范围的"拟真亲密关系"。虚拟恋人的运行逻辑和交往规则受市场原则支配，关系的本质是交易而不是恋爱，所提供的是满足消费者短暂需求的商品[3]。在与虚拟恋人的相处中，人所追求的是理想化的、完美的感情。根据客户的需要，服务方完全规避了真实的恋爱关系中可能出现的冲突、矛盾与磨合的过程，所提供的是量身定制的理解、包容、慰藉，以及亲密关系中所期待的甜蜜的问候、热烈的回应。这使人"被爱""被懂得""被理解"的需求得到最大化的满足，又避免了现实中的单相思、冷暴力、辜负、背叛等各种伤害。

最后，情感成为构建新的交换关系的工具。随着网上购物的不断发展和细分，小范围、特定商品的代购、团购、拼单等活动逐渐流行起来，基于虚拟趣缘社区的商品交易快速成为

---

[1] 林仲轩，吴奇利. 从情感劳动到情感交易：虚拟恋人的情感商品化实践. 中国青年研究，2023（2）.

[2] 郑广怀，张心怡. 情系云端：数字时代虚拟恋人的亲密关系及其不稳定性. 广东社会科学，2023（2）.

[3] 蔡骐. 社会化网络时代的粉丝经济模式. 中国青年研究，2015（11）.

女性青年交换活动的主要场域。这些交易主要涉及护肤品、轻奢衣物及配饰、保健品等。与打折网站或打折专区不同，这一类型的交易往往包含有个性、小众追求、生活质量的意味，年轻女性对物质的追求、品位的彰显、情趣的打造都包含在里面。因此，它里面包含了情感与交换这两条线索。一方面，情感意味着信任。例如：在有些保健品团购群里，卖家希望不要过多讨论商品的价格，如果有人感到价格过高，可以不跟单，但不要公开讨论；而在一些护肤品购物群里面，卖家则希望要相信商品的质量，不要对是不是真货提出质疑。另一方面，希望情感形成的凝聚力可以激发更多的购买行为。例如：对于某个特定的物品或款式，大家都购买，个别不买的人就可能被排斥。所以，此类消费现象本质上还是情感掩饰下的利益追求，往往都包含着"情感"捆绑"交换"，情感与熟人关系介入由消费引导的新的权力结构，情感不断被矮化和工具理性化，变成链接交换的一种工具[1]。

情感商品化所体现的心态，其根本逻辑是期望通过消费的方式，将情感当中"我想要""我愿意"的那一部分提炼并剥离出来，加以强化并推到极端。值得注意的是，情感的商

---

[1] 欧芃瑞，石力."情感"捆绑"交换"：虚拟趣缘社区中的女性青年交换行为研究.中国青年研究，2023（1）.

品化所看重的关键性问题,并不在于所达到的目的是情感的付出还是获得,而在于消费所体现的核心内容是人的主动性,即:通过主动消费的方式掌握情感的主动权——包括情感的表达、情感的获取、关系的建构、情感的体验——突出呈现个体意志在情感中的主导作用。通过情感的商品化,把自己不愿意接受的部分、不想承担的代价从整全的情感当中切割开来、剔除出去,从表面上看,这样做获得了更为纯粹的情感体验,但是它打破了情感的整全性,又会被消费所裹挟,陷入另一种困境中。

### (三)情感的工具化

情感经济的兴起使情感因素和身体交往在就业和收入中的重要性增加。情感劳动从一个角度体现了情感的工具化。在情感劳动中,人们遵循商业的规则进行情感管理,通过激发或者抑制自身的情感,以维持劳动所需的恰当情感,从而达成生产目标并获得劳动报酬[1]。

首先,不同的行业要求从业者具备与该行业所匹配的情感。在互联网行业,职场文化中有一条约定俗成的内容,就是

---

[1] 梅笑.情感劳动中的积极体验:深层表演、象征性秩序与劳动自主性.社会,2020(2).

尽量不能带有个人情绪。面对额外的工作或突如其来的加班，从业者需要表现得情绪稳定且应对自如，才会被认为是恰当的，"情绪隔离"是专业的表现。咨询行业则要求从业者"情感外置化"，他们被要求有情感，但这种情感不是个人的，而是与客户交往所需要的。在工作中，需要表现出耐心、客观、适度热忱的态度，学会"从客户的角度出发看问题"；相对地，他们不应做出价值判断，带有个人色彩的情感流露也会被认为是不专业的表现。在具体的行业尤其是实体服务业中，个人的情感还要随着工作场景和工作内容的要求而不断调整。在成衣销售业中，工作人员的情感劳动依据工作空间、利润、监控程度而定：正价区的销售员热情、时尚、妆容精致；打折区的销售员在顾客呼唤的时候才出现，并用模式化的回答予以应对；而到了存放货物的仓库，她们则卸下所有的表演，调动真实的情绪释放自己①。在缺少具体商品的美容美发行业，从业者与消费者之间关系的维护是重要主题，通过情感经营不断将客人变为熟客，说服熟客办预付卡、避免"伤感情"的讨价还价，使得消费可以长期持续下去，从"钱"到"情"再到"钱"的

---

① 苏熠慧，杜金瑾.青年销售员与空间化的情感劳动：以 S 市 I 品牌 W 门店为案例.青年研究，2020（1）.

不同阶段都体现着情感经营的作用[①]。情感劳动所需要的是情感的展演，而不是流露，它们是资本、消费、技术等对空间、身份、价格的设计，不同行业的从业人员要依据这些设计展现出符合要求与期待的情感与情绪，从而达到增值和增产的目的。一方面，真实的情感被压抑，或者说真情流露被认为是不恰当、不专业的；另一方面，又要根据职业场景的需要，表演出恰当的情感，而它又与人的真实感受相剥离，久而久之，形成了"感觉灵魂被掏空"的情感体验。换句话说，人们真实的情感感受和职业所需的外在情感表达之间形成了一种张力，"表演的自我"和"真正的自我"将人的情感朝着相对的方向不断拉扯，真实的情感不断被压抑、异化，进而自我疏离并逐渐形成了身份认同的危机[②]。

其次，互联网社交的不断升温，使情感经济的新形式不断涌现。短视频、直播、网上团购、虚拟恋人等兴起，使得青年一代在情感劳动中的参与率不断提升。前文所提到的虚拟恋人，从需求方来讲是情感消费，从供给方来讲则是情感劳动，所以它兼具商品化和工具化的双重属性。他们之间所建立的关

---

[①] 施芸卿.制造熟客：劳动过程中的情感经营：以女性美容师群体为例.学术研究，2016（7）．

[②] 胡鹏辉，余富强.网络主播与情感劳动：一项探索性研究.新闻与传播研究，2019（2）．

系，其基础并不是两情相悦，而是服务的消费，因而根本上受市场逻辑的支配，遵循的是商品交换的原则。从业人员所提供的，是根据消费者偏好的恋人类型，努力营造他们所需要的被重视、被喜欢、被呵护、被认可甚至是被崇拜的感觉，从而满足客户的情感需求和关系想象。在这个过程中，从业人员真实地出售着自己的虚情假意，他们所要做的是竭力变成顾客所期待的，激发出顾客想要不断靠近的欲望，他们做这些的根本出发点是获得较高的客户满意度。

情感的工具化体现出人在情感需求中的一种张力：一方面在特定的场域和情景中提供人们想要的情感，另一方面又无须付出包括情谊、人力、物力、财力在内的大量成本。在这样的前提下，情感是被框定的，而这当中又包含了"劳—资—客"三方面的关系，它们所呈现的权力不对等，本质上都是对情感的异化[1]。社交媒体不断推陈出新，人们对于情感劳动的认识不断发生变化，情感劳动也从劳动的手段演变成劳动的内容。但是，其本质依然由资本和商业的逻辑所塑造[2]。

无论是情感的对象化，还是商品化，抑或是工具化，都从

---

[1] 徐冠群，袁晓川.情感劳动的双重控制与情感的商品化：基于"虚拟恋人"劳动实践的传播政治经济学研究.青少年研究与实践，2022（1）.

[2] 吕鹏.线上情感劳动：短视频/直播、网络主播与男性气质：基于快手的数字民族志研究.社会科学，2021（6）.

不同侧面反映出现代人的情感中所包含的自相矛盾的现象：一方面想拥有温暖、慰藉和陪伴等情感中美好的一面，以消解现代社会中不断被孤独侵蚀的感觉，化解个体化不断向前推进所带来的寂寞与冷清，以及社会变迁速度不断加快所带来的生存性焦虑；另一方面又担心人与人之间深度的介入会对个人的生活造成干扰和束缚，在追求与实践个体的自由时有了现实的羁绊，同时还担心付出不能得到对等的或自身所期待的回报，导致自己的情感被辜负或受到伤害。所以，青年一代所排斥的并不是情感，而是情感中的束缚和伤害，他们希望拥有的是既可以全情释放又可以全身而退的情感。

因而，青年一代为了探索情感需求达成的新途径，或主动、或被动地进行了各种各样的尝试：或是在交往中聚焦需求，尽可能使情感过度介入的情况不至于发生，将情感圈定在可以控制的范围内，避免太过投入而无法自拔甚至是自我牺牲；或是通过消费的方式宣告情感的主动权，无论是情感的表达还是情感的获取，都要特别强调个体意志在情感中的主导作用，并将"我愿意"推向极端，再把自己不愿意接受的部分、不想承担的代价切割开来并剔除出去；或是将情感外置于人，进行客观化的处理，作为一种劳动的手段或工具，来换取更高的产值或更多的经济收益，并认为不被情绪控制、不被情感驾驭才是成熟的表现。

那么，作为"人"的感受又是如何呢？接下来，我们把问题进一步向个体的微观层面推进。当然，这种推进并不是做个体的心理学分析，而是着重观察个体在每一个具体的认知标签和社会场景之下，如何在与外界的互动中形成自身的情感需求和表达方式——人有何种情感诉求，这种诉求被如何定位，受到怎样的回应，人们如何评价，个体又将据此做出怎样的反应和调整，进而形成基于自身理解和感受的情感范式。

### （四）在场景中理解情感

在这一章，我们想通过讲故事的方式，进入当代青年一个个具体而细微的生活场景，在场景中理解情感。

人的情感不同于其他事物，其形成原因和表现机制处于不断的互动与积累之中，不存在唯一的原因、唯一的过程，也没有唯一的结果；不仅是社会关系、个人经历以及个人心理状态的不断重建，还整合了一系列具体繁复的思想、制度、意识及象征。"情感"一直处于一种"未完成"状态——不是某个瞬间形成的突发事件，也不存在一旦发生便不可更改，其中还包含着前后矛盾、不一致以及含混不清。所以，我们要理解情感，就要进入那些鲜活的互动场景中，观察和体验那些参差多态的随机事件、非预期性后果，思考和分析种种偶然背后的必然，进而理解，对于情感而言，外在的力量和内在的动机是无法割裂开来的。在情感发生与变化的过程中,某个特定事件只是直接因素,而情感观念的形成需要跨越阶段性,永久与暂时交织在一起,贯穿在很长的时间线中,甚至是整个生命过程。

我们需要回到青年情感经历的现场,去观察发生了什么,他们感受到了什么,又做出了怎样的反应,才出现了本章开头所提到的种种现象。因而,在这一章,我们将为大家呈现当代青年一个个的生活场景,在故事般的场景中展示他们的情感体验、情感表达及情感变迁的内在逻辑与外在历程,将情感嵌入个体的人生经历中予以理解。另外,我们也不打算聚焦于亲情、爱情或友情中的具体问题,而是对人们在生活的历程中情感面向的问题加以梳理,着重考察青年一代的情感观得以出现和形成的过程。我们所要做的,不是因果逻辑的解释,也不是全景概括式的描摹,而是情感观念的特征、成因等问题的诠释。此外,情感具有非物质的属性,只有把情感的讨论放置在人际关系当中,遵循"人在关系中"的原则,才能理解面临的困局和破局的努力。

## 二、困局:情感的需求与失落

青年一代何以面对这样的情感状态?在各种各样的讨论中,互联网的兴起、个体化生存、物质主义、消费社会、功利主义都被作为影响因素加以分析。在这一部分中，我们将通过对青年一代社会经历、情感求索的社会场景的展示来观察他们对情感的需求、渴望，以及情感的传导和反馈。

**（一）深度嵌入缺失**

在青年一代的成长经历中，跨地域的流动是一种再常见不过的现象。不少青年从读大学，到实习，再到找工作，在不同的城市之间辗转。生活地点的变化、人际关系的疏离、社会经验的不可累积性、项目制的工作形式，都导致了由于深度嵌入缺失而造成的情感失落。

深度嵌入缺失的第一层，是旧关系日渐疏离。

在青年当中，不少人都会觉得自己相貌平平、学历平平、家境也平平，从小到大一直是随波逐流的一员，没有什么特殊之处，似乎也不值得关注。他们出生和成长的地点或许在中原大省的小城，或许在华北平原的县城，或许在西南某地的乡村。他们中的一部分人18岁左右参加高考，告别了家乡，来到省会、一线城市、特大型城市开始了大学生活。我们在调查时遇到的一位叫小荷的姑娘，她前20年的人生基本就是这样。读本科时，正好赶上互联网、新传媒、快消品等行业的快速崛起，于是她在大学实习的时候就开始接触这些行业，工作时也顺理成章加入其中。毕业后，几经周折，她来到因互联网巨头的崛起而跻身一流的东部著名省会城市，开启了职业生涯。她的第一份工作是视频网站的内容审核，之后又在互联网企业做过文案，在线上培训机构做过客服。后来，培训机构转轨，她经人介绍进入一家咨询公司担任研究助理，做案头资料收集等协助性工作，又一步步进入用户研究领域。

她在18岁之前一直生活在家乡，18岁到25岁求学地点和工作地点经历了多次的变化。实习和工作期间所接触的领域，大多与互联网有关，但是工作性质有着很大的差别，接触的人群也全然不同。因而，小荷总觉得自己和人群有种疏离感；跟自己亲近的人，除了父母，就是一个比她大一轮的表姐。她的父母都在中部大省地级市的体制内工作，认为稳定是最值得追求的，不出格、不出错便是好人生。表姐从小学习好，性格外向，敢闯敢拼，坚信人努力就有回报、改变带来成长。表姐曾经是她儿时的偶像，很长一段时间确实也引领了她的成长。

但是渐渐地，小荷发现，哪怕与父母和表姐的情感再真实，也无法改变他们之间相互理解的屏障变得越来越高的现实。一方面，父母所认可的生活方式她接受不了。在她看来，那种从说话做事的方式到人际关系的圈子，再到个人发展的路径都是被规定的生活，个人的特质和感受体现不出来。同时，一眼望到头的生活让她觉得缺乏改变和新鲜感。另一方面，表姐的人生虽然精彩，但是她的经验与小荷隔着12年的距离，参照性越来越弱。表姐曾告诉她，人的成长要有想象力，每个人都应该做一个中长期和短期兼容的计划，每一阶段重点培养什么能力、几年达到什么目标、各个环节之间怎么衔接，都应该有一个大致的规划。然而，对于她来讲，仅是适应不断变化的工作方式、不断加快的工作节奏，就耗尽了大部分的心力；她做过的有些工作就是简单的机械劳动，没什么机会和人打交道，也锻炼不了什么能力，表姐所说的职场发展路径她根本摸不着头脑。再加上父母教给她的那些规矩和做事的规则，时常让她在快速变化的工作节奏和生活环境中显得呆头呆脑。

人的经验总是嵌入社会生活的时空机制中，具有社会性、关系性和互动性的特征。由于社会变迁的速度不断加快，不同代际之间、同一代际不同年龄段之间都难以形成共享的经验。经验的共享是维系人与人之间关系的重要基础，关系都难以为继，即便情感本身是真挚的，共识与共鸣也难以达成。

深度嵌入缺失的第二层，是新关系建立困难。

还很年轻的时候，小荷对一成不变、一眼看到头的生活充满排斥，她希望生活总能发生些变化，这样才能让人对未来充满期待；长大了却又发现简单而安稳的生活其实需要极高的成本，摸爬滚打了很久，却仍然无法超越"走一步看一步"的状态。

她现在所要面对的生活，是变化不停地在发生，甚至没有给她喘息的机会。她根本无法对变化进行选择，更没有精力去考虑"怎样的变化才是我想要的"。她现在所能做的，只有接受变化的到来并应对它。正是因为变化太快了，她身边没有留下稳定的社交关系。关系的建立既需要现实的基础，也需要一个循序渐进、逐渐熟悉的过程。工作中的合作对象总是来得快、去得也快，人与人之间一开始没有相互了解的时间，到后来就渐渐地失去了相互了解的意愿。很多关系从最初接触就决定了没有深入下去的基础。在工作中，大家因为项目合作聚在一起，相处的原则都是目标导向的，最大的敬意就是"合作愉快"。有些关系尽管有一个良好的开端，但仅仅是投缘并不足以支撑关系的建设和维系。当在项目中遇到合作得非常好的人，便会自然而然抱有成为朋友的期待。但是，项目结束后，几次饭局和团建便是对这种关系最大的敬意，情谊也在此时达到高潮。再过不了多久，新的工作到来，不同的项目、不同的城市建构出新的工作场景，原来的关系也就结束了。关系的建立需要很多条件，而结束或破裂的成本却很低。所以，在小荷看来，人和人的关系，就是"一次又一次从陌生开始"。

　　人的情感的培养需要稳定的关系，而关系又建立在共同的生活基础之上。在这二者都缺乏的情况下，小荷时常觉得心里的感受没有什么人可以交流，哪怕工作再忙、生活安排得再丰富多彩，内心也总是充满了空虚感觉。

深度嵌入缺失的第三层，是经验纵向积累困难。

和众多当下的青年一样，小尚读书的时候，正值互联网及相关行业兴起，她实习和工作所从事的行业也均与互联网相关。尽管如此，不同行业，甚至同一行业不同工种之间的性质区别也是非常大的。

她的第一份工作是视频网站的内容审核，这份工作更像是"数字化的'最后一公里'"，既没有太高的能力需求，也不用和人打交道。审核工作由于难以凭借技术完成，或者技术完成的成本太高，所以由人来承担，这种情况下人只是执行的工具，或者称为"技术的末梢"。在线上培训机构做客服则完全不同，最重要的就是耐心、细致地满足客户的需要。在互联网企业做文案，要求的是"快"和"准"，既要能够准确把握推送的时间节点，又要懂得受众的心理需求，还要在一定程度上指导如何通过热点激发更大的受众兴趣。在商业咨询机构做用户研究又是另外一回事，它要求深谙需求之道，有能力深挖并制造消费动机。不同工作对人的要求有着很大的差别，在前一阶段积累下来的思维方式和行为习惯到了下一阶段可能都面临着彻底的改变。

黄斌欢在十年前对二代农民工进行研究时提出了"双重

脱嵌"①的概念，这对理解今天的青年在情感上为什么会出现冷漠仍然具有很大的启发价值。深度嵌入的缺失，给个体带来的挑战是全面的：首先，不同阶段的生活经历将人的交集切割，再加上时代的快速变化，拥有共同经历的人越来越少，哪怕有信任、有诚意，也难以形成基于共鸣的情感共同体。旧关系逐渐疏离，新关系建立困难。其次，前一阶段的生活不能给下一阶段提供支持，经验无法累加，人们处于不断的调整和适应当中。有学者在对情感与空间展开讨论时，提出人与空间可以借助主体生命感生成的氛围，重建"附近"，使得个体情感得以扎根②。然而，青年无法摆脱深度的脱嵌，需要不断依据外界进行自我更新，结果之一便是难以将主体的生命感凸显出来，这种剥离感使得他们对周围的环境始终"陌生"。

### （二）信任成本增加

信任是情感得以建立的基础。当代青年情感冷漠的原因之一，就是建立信任的难度不断增加，信任的成本增高，而对信任的破坏却不必承担过高的代价。笔者与小蔚相识时，她是一名大学三年级的本科生。在随后的几年时间里，笔者目睹了

---

① 黄斌欢. 双重脱嵌与新生代农民工的阶级形成. 社会学研究，2014（2）.
② 成倩. 聚而不群：社交媒体时代青年"孤独社交"的现象透视与形成逻辑. 当代青年研究，2023（5）.

她从毕业到回乡就业，再到返回特大型城市的过程。在多次的访谈和互动中，她向笔者深入分析了建立信任面临的挑战，并分享了她的经历。

首先是信任基础的缺失。

小蔚从小生活在熟人社会，人与人之间交往的距离很近，虽说有时候缺乏边界感，但是也不会有太大的戒备心。在这样的环境中长大，导致她说话的时候不会想太多。工作以后，职场前辈给她的第一个忠告就是"交浅不可言深"——在职场上，要保持专业的工作关系，不要和哪个同事太过疏远，也不要和哪个同事太过密切，否则都容易被人利用。这给小蔚造成的第一重感受，便是"时刻担心失了分寸"，她不知道如何把握交流的尺度——话说得浅，怕别人觉得她假，不和她交心；话说得深，怕别人觉得她傻，利用她。这样的关系让小蔚觉得很不踏实，也很难让她放松地与别人建立信任关系，久而久之，她也渐渐习惯了公事公办、对事不对人的行事规则。

与前文提到的小荷一样，小蔚所在行业的工作性质也实行项目制，但项目制与层级制又并行实施。项目制以团队协作为主要工作方式，需要跨层级、跨部门进行沟通互动，进而在短时间内完成明确的任务，其管理特点是横向的、短时态的。但整个公司的管理体制仍然是科层化的，工作人员的薪酬、职位等待遇都嵌入层级制，服从纵向的、长时态的管理。其中让小蔚和很多青年都感到力不从心的是，他们要同时处理两种关系、遵守两套规则，"不同部门的人，职权不一样；不同项目的人，目标又不一样。领导一直说要做多面手，要有补台意识，但是你自己要留意不要踩到别人的尾巴"，"谁也不能得罪"。项目制看似有目标导向，但它并没有打破层级制的管理形式，条块分割之下，人与人之间合作，从表面上看互动更为密切，但实际上更为孤立和疏远。

工作了一段时间之后，小蔚又发现了一个问题，那就是同事之间的生活背景差距很大，致使每个人关注的焦点很不一样，发愁的问题也各不相同，这就让大家除了工作以外，交流的基点也不甚协调。有些时候想为深陷焦虑的同事提供安慰，聊了几句才发现："人家的地板就是你的天花板，你拿什么去安慰别人？"又有些时候，想为陷入窘境的同事提供帮助，而对方并不想把自己的窘境暴露出来，过多的关怀反而成了冒犯。小蔚深深觉得，其间的尺度很难把握，于是她被动地接受了那句"放下助人情结，尊重他人命运"。

其次是关系定位变化引发的防备。

正是项目制和层级制并存的工作环境，让同事之间的关系从合作主导转向竞争主导，人在工作中既要面对项目制 KPI 的考核，又要考虑层级制中的薪酬增加、职级晋升等问题。青年往往处于被淘汰的高风险区域，他们必须付出更多的精力用以自我更新，不断提高自我能力来增强竞争力，才能降低被淘汰的可能性。

进入劳动力市场后，人们日常接触最多的就是自己的同事。在排位和淘汰机制主导的竞争之下，青年在看待同事时，首要的衡量标准是"我们之间相比，各自处于什么样的生态位"，这样的定位指导着人与人之间相处的尺度和规则。小蔚在刚工作的时候，还对这样的相处之道嗤之以鼻；等到经历过了第一次职级晋升，她才理解其中的缘由。她从进入晋升序列开始，逐渐发现工作关系的相处并不像网上所流传的那样，在她们这样一个信奉绩效第一的行业，领导并没有画什么大饼，同事之间也不存在多少"宫斗"，每个人都是一支队伍，最重要的是把手中的活干出来。用她的话来说，在同一生态位之内，每个人的KPI都是明明白白的：比你高的人犯不着打压你；差不多的人里面，比起搞关系或者紧跟领导，更为重要的是怎么把KPI的各项指标牢牢抓在手里。有一次和部门主管无意间的谈话，也更加让她确认了这一点。部门主管告诉她：晋升的时候看KPI、打排位战，对于管理层来讲也简便，否则的话，人人都来搞关系，管理成本就太高了，人也很累——给你而不给他还要编一套说辞。只看绩效就避免了这一点，管理层也不用和下面的员工打成一片，情感投入太多心会很累，打工赚钱而已，工作又不是自己家的。这番话让小蔚深深感到在工作环境中，个人最重要的是搞清楚自己的任务和目标，也要明确自己的竞争对象都是谁。这样一来，人与人交往的时候首要考虑的不是信任的问题，而是如何防备才能使利益不受损失，进而使自己在竞争中处于优势地位。

考核的密度和类别的增加，在人的信任问题上造就了两种趋势：一种是强化了个体的竞争意识，使得个体对同事的首要认识是竞争者而非合作者；另一种是同事之间同一立场被逐渐消解，即便是在合作中也是工作的目的性增强而共同体意识减弱。

另外还有错误信任的代价。

当我们的研究涉及社交与情感问题时，我们发现，错误的信任会导致人与人之间的疏离，从而加深情感上的冷漠，这在很多青年的身上都发生过。小荷遇到的问题非常具有代表性，从中能够看出错误的信任如何对人与人之间的情感造成破坏。

如前文所述，小荷一直苦恼于无法与人建立深厚的情谊。在某个项目组工作的过程中，出现了一位比她大 5 岁的女性同事。这位姐姐很快取得了她的信任，成了她无话不说的朋友。在项目工作的过程中，她们每天午饭后一起散步、喝咖啡，那段时光是她关于人际关系最美好的回忆。她觉得能够遇到相处这么融洽的人，真是不容易啊！她很高兴，也倍感珍惜。

然而，好景不长。没过多久，她便发现这位同事把她们之间的私密谈话不仅告诉了这个项目的负责人，还传了一些到甲方的耳朵里。甚至她们之间微信私聊的内容，都被截屏传播开来。让她感到难堪和难过的是，她竟然比这位同事更加无法面对对方。她在情感上受到了很大的冲击，对方却像没事人一样。尽管这件事情在实质上没有带来太大的负面影响，这位同事在项目结束后也很快因为生二胎离职了，但小荷的心态和情感层面受到的冲击远未结束。

当她觉得伤心委屈，想找人倾诉时，外界的反馈给她带来了二次伤害。当她试图向别人诉说她的感受时，有些回应是指出她敏感、易怒，告诫她要学会控制情绪，不让"情"左右"事"才能长大；有些回应则是"同事不交心是职场常识"，甚至有人反过来指责她的幼稚与不成熟："你在职场交朋友，不就是主动把自己当作韭菜吗？"这次经历给她带来的冲击很大，过了很长一段时间她才释怀。从此之后，她认为信任的代价太大，"人和人犯不着肝胆相照，虚着点儿和气"。

错误的信任可能会造成三重伤害：一是错误信任本身所带来的被辜负与失落感，最先造成了感情上的伤害。二是信任被利用之后所产生的现实的负面影响，这或许会导致在感情受到伤害的基础之上造成利益的损失。三是外界舆论对于信任伤害责任的认定，认为错误在于轻信，而不在于辜负信任，甚至认为别人并没有对你的信任负责的义务，你付出信任是你自己的事情。

### （三）支持系统被弱化

支持与被支持是社会团结得以构成的基础，也是人的情感得以产生的依托。人类学家莫斯对于礼物的讨论，就揭示出礼物所包含的社会支持具有道德层面的意义，以及人在礼物的交换所建构的社会团结中获得的情感满足。在当下，随着信息获取的渠道逐渐多元化，服务业领域细分程度加深，人们对相互之间支持的依赖程度不断降低。但更为重要的是，在人与人的实际互动中，主动提供支持或主动承担责任，不再被认为是值得肯定的行为。

支持系统被弱化的原因之一是主动作为变成自讨无趣。

小柯在"助人为乐"的教育中长大，"能搭把手就别干站着"是家庭从小给予他的教育。上大学的时候，他动手能力强，人又很热心，经常主动为同学和朋友提供帮助，深受大家的喜爱和欢迎。走上社会，他依然既积极又热心。

他大学毕业后进入会展行业，工作几年后，正好遇到一位业内大佬要策划组织一个系列活动。小柯和他的几个好朋友都成为这个项目的主力队员。小柯当时正好完成了上一个项目，在工作上处于空档期，手头的事情相对较少；其中两位他的好朋友正在对接另一个项目，时间和精力都相对有限。能够和好朋友一起共事，他感到既兴奋又新鲜，于是，在牵头大佬的建议下，他主动承担了协调联络的工作。项目运行起来之后，上传下达、横向沟通的各个环节都非常复杂，有时需要协调不同的意见，有时需要督促大家推进工作。小柯见他的两位朋友都非常忙，于是便默默主动替他们承担了一些需要大家分工完成的事情。工作推进了一段时间，让他感到头疼的是，到了需要敲定关键时间节点的时候，这两位朋友均以其他工作繁忙无法确定时间为由，不提供明确的答复。这种情况颇为棘手，他也不好擅自做决定，只好和大佬进行沟通。但大佬回复他细节上的事情他们自行商量决定，不必找自己拍板。迫不得已，小柯便自行准备了备选方案，以确保万无一失。

后来，活动进行过程中确实出现了一些问题。小柯是合作方联络得最多的人，也是承担压力最大的人，有几次合作方甚至把对其他人的不满都发泄到了他的身上。在不同场合、不同时间开展的为期半年多的系列活动终于有惊无险地完成了。对于小柯主动承担的本来不属于他的责任，团队其他成员的反应令他始料未及：有人说联络协调本来就是出力不讨好的事，谁做谁傻；也有人说他主动应下这个活儿是为了在大佬跟前显示自己，这些代价本来就是应该承受的。而最令他感到心寒的是他的两位好朋友，当他试图告诉他们项目推进期间他所承担的种种压力和付出的辛苦时，他们轻飘飘地表示自己并不知情，也没有求着他这么做。

这件事前后持续时间较长，所以小柯的感受在经历变化的同时也在不断沉淀发酵，思想上的变化也自然而然发生了。以前他认为"公事公办"就是按规则办事，对事不对人；现在他才明白，这还意味着少管闲事，不要把自己的感情搭进去。他对"两个人之间最好只保持一种关系"表示认同，也选择与那两位曾经的好友结束友谊，只保持同事关系。

支持系统被弱化的原因之二是分享不再被需要。

信息的交换是人际互动的重要内容。人与人直接互动交换信息时，信息的内容只是构成交换的一个部分，"信息流"所带动的"情感流"，进而形成的人与人之间的亲密感和信任感则是更为关键的要素。在当前，信息传递的效率不断提高，在这个过程中，传递内容的重要性逐渐超越了传递途径的重要性。这在人际交往中造成的后果之一，便是通过海量的公开途径获取信息取代了向人请教、与人沟通的方式。这在青年一代当中的显著表现，便是："上网搜一下不就知道了吗？干吗非得问人。"

小罗从小就喜欢捣鼓各种电子设备，上大学便选择了计算机专业。他动手能力强，又有专业素养，所以在电脑、软件以及信息化知识方面积累了很多的心得。从上大学开始很长的一段时间里，帮助周围的人攒电脑、修电脑、装软件对他来讲都不是事儿。认识的或者不认识的同学，哪怕是同学的朋友、同学的同学，电脑出了问题都找他帮忙看一看。只要是他解决得了的小问题，他都尽最大可能帮别人解决。此外，他很喜欢分享自己的心得和小妙招，在专业论坛上答疑解惑是他的一大乐趣。在帮助别人的时候，他也很乐意推荐新的产品、更便捷的应用软件或者是自己的小发明小发现。他觉得如果不是一直泡在这个圈子里，很难准确找到问题的症结所在。他的分享给大家带来了方便，他也收获了大家的肯定和欢迎。因此，他认为自己这么做很有意义，也很值得。

后来，一些变化渐渐发生了。有些年轻的朋友在使用电脑、安装软件过程中遇到问题，或者突然面临一些不大不小的麻烦时，首要反应都是去网上搜一搜，寻找可行的解决方案，如果方案详尽且带有操作步骤，那么便可以自己一步一步解决问题。在找不到理想方案的情况下，哪怕在网上发帖，他们也不会向身边的熟人求助。如果依然解决不了问题，他们便会沿着"专业的事交给专业的人去做"的思路，通过购买服务的方式解决问题。

信息共享的便捷程度持续提升。与信息传递效率提高相伴随的，是人们对于通过直接的互动连接产生的情感支持越来越不重视，甚至认为信息交换带来利益的价值要高于换取情感支持的价值。小罗喜欢在社交平台分享和讨论各种技术问题的习惯一直保留着。当有人建议他往付费问答的方向发展，说这样还能赚钱时，他觉得索然无味。他喜欢没有目的的分享，但似乎没有交换价值的分享被认可的程度越来越低，而就某一问题提供太多太具体的信息，又会被贴上"爹味儿十足""爹里爹气"的标签。

支持系统被弱化的原因之三是求助遭受质疑。

与分享不再被需要相伴生的，是对于他人的求助越来越冷漠。前文提到的小蔚，以前读书时遇到什么麻烦事，习惯于向身边的人求助。她刚进入职场的时候，也认为勤学好问应该是新人必备的素质，这样做可以获得别人的经验、避免错误，也可以给别人留下虚心好学的好印象。可是过了一段时间之后，她的带教老师告诉她，遇到问题首先应该自己想办法，而不是找别人要现成的经验。她很困惑，觉得大家都是为了工作，经验难道不能共享吗？带教老师回答她，别人的经验本来就是有成本的，何况你的求助可能会打断别人的工作节奏，自己应该主动学、多观察，开源资料很多，学会查阅资料解决问题十分重要。后来，小蔚自己也渐渐养成了不求人的习惯，而且自己也越来越认同与其找人帮忙欠下人情，不如花钱购买服务货银两讫来得干脆，观念上发生了从"花钱买服务"到"花钱买清净"的转变。她的手机上装了各种APP：外卖、快递、保洁、家政、旧物回收、停车指南，还有些不常用却又说不定什么时候会用到的。她还关注了各种公众号：电器维修、搬家、留学咨询、职业规划等。

随着社会分工的不断深化，新行业、新职业不断出现在劳动力市场当中。直接与生活服务相关的领域都走上了专业化和市场化的道路，购买服务被越来越多的青年所接受。在他们看来，比起去熟人处寻求支持，花钱买服务的好处至少有两点：一是钱债好清、人情难还，你不欠别人的，才有拒绝别人的资格；二是可以直来直往，要求提清楚，不满意的地方直接指出来，很满意的时候直接打赏、写好评，双方都痛快。他们认为，最好的生活状态就是"我不打扰你，你也不要来打扰我"。小蔚觉得这样的生活没什么不好，但就是缺了点什么。

在前现代社会，互惠被赋予了道德含义，互助是社会责任的组成部分。这样的相互支持不是一次性完成的，它通过制度设计形成了"你中有我，我中有你"的结构，人的归属、认同、价值、满足都在其中得以实现。然而，正是它所带有的强制性色彩，成为它不被青年一代所接受的原因。购买服务的不断发展，为他们提供了一条途径：自己的需求可以得到满足，同时又能够规避被裹挟的风险。他们强调不要情感绑架，更不要让人情成为道德绑架的借口。当人与人之间的直接支持在青年一代的观念和生活中不断被弱化时，无论是提出求助还是提供帮助,都不再得到正面的肯定。过度"热心"在青年一代当中变得不再受欢迎,甚至有人会对没有回报的帮助提出质疑,尤其是被帮助的对象是异性的时候,会被怀疑是否别有目的。小柯就被嘲笑过"无事献殷勤,非奸即盗",他的善良和好意被辜负了,不管对方是否有恶意,他在情感上都受到了极大的伤害。与此同时,青年一代的社交文化对于求助同样持负面态度:求助行为是缺乏独立性、没有边界感的表现,对别人的时间、精力显得不够尊重;过度求助则直接会被认为是"想占别人便宜",能花钱的事非要来求人,是"想割别人韭菜"。

## 三、破局:为情感"落地"做出的努力

今天的青年中流行的社交方式和社交文化,将情感的生长空间剥离并悬置了起来。深度嵌入的缺失,使得当下的状态都是暂时的,既不扎根于过去又无法成长出未来,这让情感的寄托失去了植根性,人与人之间难以形成共鸣。"信任"和"支持"在人的情感体系中的地位发生了变化,太多的情感需求和情感付出有时还会让自身陷于被动的境地。在这种情况下,青年一代调整情感期待:降低情感需求、控制情感付出,采取用理性驾驭情感的现实策略,以求达到个体情感的自洽。

然而,个体对于建立深度关系的渴望一直是存在的,人

们总会希望拥有超越工具理性的情感世界。物质环境的改善并不必然意味着价值观念的开明。功能化的社会关系尽管可以提高效率、满足人的生活需要，但是效率和质量并不能画等号。人的情感是具有层次性的，除了快乐、欢喜、依赖之外，还包含着冲突、挫折、矛盾。这些难以在功利化的社会关系当中得到协调，却决定着人的社会关系的质量。

当青年一代在现实生活中难以建立深度关系时，他们会做出另外一些调整，来寻求深度的嵌入，从而满足情感的慰藉、表达的需要以及参与的许可，并体现出对精神追求的重视。这些尝试着重强调了"个体的需求被看见""寻找意义的支持""尊重自己的体验"，以此来克服"情感孤岛"所带来的困扰。在各种尝试中，有些人寻找再嵌入，希望重新找回并进入社会关系之中，感受人与人的直接互动带来的情感和温暖；有些人则在不断变化的环境中，为情感的寄托寻找可以扎根的土壤，让情感具有植根性，再次融入日常生活当中。

### （一）寻找小世界，重建"附近"

为了体验"有温度的情感"，一些青年选择告别高速运转的新兴行业、告别必须不停更新的生活方式。重新选择节奏相对缓慢的工作和生活，并不意味着非得回到小地方，这里面最为关键的是调整人与人的互动模式和情感关系，能够找到恰当的方式进入彼此的生活中。人与人的相处除了工具理性的考量之外，还期待着找回能够让情感生长的土壤，在"附近"温情相处。

小叶从小到大一直是好学生，周围的人似乎默认他一定是个有出息的人，成为社会精英也是他对自己的期待。他本科就读于南方一所理工类大学的数学专业，毕业以后，先后在特大型城市就职于金融和互联网行业。他承认，这两个行业的经济收益都十分可观，但从业者仿佛"都是牛马"——金融业的行业规则是唯增长论，而互联网行业则希望从业者都没有主观情绪。每天的工作都是开会、沟通、处理各种表格、做PPT、汇报、计算收益，与他最初所期待的那样一种发挥自身优势和专长去帮助别人解决问题的职业设想相去甚远。于是，他越干越疲惫，觉得自己的心力越来越不足以支撑每日的工作。早先一两年的时间里，他还能够通过痛痛快快睡个好觉、大吃一顿好吃的、踢一场球，或者出去疯玩几天来排解压力，后来渐渐地这些方法都失效了，整个人都硬邦邦的。

在工作完放空的某一个时刻，他忽然意识到，他以前喜欢嘲笑外公总把"螺丝钉精神"挂在嘴边，一点自我意识都没有，但其实错了，螺丝钉精神其实是外公的精神寄托，螺丝钉所形容的其实不是那颗钉子，而是机器的一个部分，这恰恰支撑了外公对待工作的主人翁意识。而他追求了很久的"自由",却把自己变成了生产线上没有情感的工具,心无所托。2022年,他开始怀疑、动摇。岁末年初做工作总结的时候,工分排序、年终奖计算、晋升资格遴选等几件事,让公司里的气氛变得疏离又乏味。无论这几件事是否与他直接相关,他都觉得在实行数字化管理、系统化监控之后,个人有情与否都变得越来越没有意义。这种感受对他的触动很大。没有做太多的思考和权衡,他便决定离开。年终奖到账之后,公司还没有通知春节放假事项,他就递交了辞职报告。

他打算先让自己好好休整一下,于是春节回到老家多待了一段时间。儿时的玩伴在老家开了一间付费自习室,这给他带来了很大的触动。他最初觉得,一个大家嘴里的"十八线小城",自习室能有多大的需求空间?但他的看法被事实改变了。春节这几天,自习室也放假了,但老板时常收到顾客的微信,问他什么时候开门、顺便给他拜年。按照小叶老家的说法,正月里没过十五都是年,但是大年初十这里便开业了,上座率高得令他惊讶。他的发小,也就是这里的老板告诉他,这些人里有准备考研、考编、考公的学生,有毕业多年早就脱离了学校环境、准备考证的中年人,还有纯粹不想待在家里的大孩子。他们和老板的关系似乎都不错,而老板对他们也是有求必应:配置了打印复印的设备,为避免影响他人放在了小隔间里;准备了扫码即用的移动充电宝,又买了多种型号的充电线；学习的场所有小挡板隔开的独立座位，也有围坐一圈的大工作台；还有一个带微波炉的小房间，是供顾客热饭、吃外卖的场所……凡是顾客需要的，老板都想到；凡是顾客提出的，老板都办到。小叶发觉他这位发小一直笑眯眯的，和楼下便利店、后街小餐馆来来往往的人都很熟，干什么都不慌不忙，被人叫去帮忙是常有的事，动不动还要调停各种鸡毛蒜皮的矛盾。小叶觉得发小的生活非常惬意，向发小表达他的羡慕之情时，发小说，他们就是和人打打交道，随便过过日子，小叶从事的才是高级又有意义的工作。

"和人打打交道，随便过过日子"启发了小叶。他在家里休整了一段时间后，又回到了他生活了许多年、让他充满希望又令他疲惫不堪的特大型城市里。回来之后，他开始寻找"和人打打交道"的生活方式。恰逢他所居住的街道开展"我为群众办实事"实践活动，号召居民和辖区内的"两新"组织共同开展完成居民心愿活动，于是，小叶把目光投向了社区参与。他们小区附近有一个近500平方米的小广场，说起来是广场，实则是浇筑水泥的场地，已经破败不堪、杂草丛生，杂物胡乱堆放，机动车、非机动车肆意乱停，处于无人管理的混乱状态；再加上附近几个小区居住人口密集，公共空间没有很好地规划，在上下班高峰期，小广场甚至变成了拥堵点。辖区街道和物业公司决定联手改造家门口的拥堵点，小叶便作为居民志愿者参与其中。他发挥自己的长处,一方面拍照、做视频,在周围几个小区的居民中间开展动员宣传;另一方面拿出看家本领,协助街道一起做了一份可行性方案。他也没有想到包括自己在内的居民们会有这么大的热情,齐心协力把废旧小广场改造成了锻炼、娱乐、亲子陪伴的小乐园。在社区参与的过程中,他发现跟他相似的青年很多:有人期待在社区里找到温和的节奏、充裕的时间,充分发表自己的意见,自己不再是生产线上的一环;有人期待建设那么一方小天地,它是可以亲近的,可以搞大家都有热情的活动,人们可以得到关心和关注,清晰的流露不会被批评"不成熟";有人希望在这里寻找的不是成长、不是发展,甚至不是意义,而是体验。在这里,不同的人通过不同的方式,让自己的一些想法落地;人与人直接互动,感受从生活中滋长起来的喜怒哀乐;需要与被需要,都得到诚恳的满足。

在很多情况下,青年一代的"冷感"是一种表象。温暖可触、信任可期的情感世界是任何一个代际的人都渴望拥有的。当下的青年尝试着回到触手可及的小世界,能够与周围的人发生直接的互动。在这里,他们所寻找的不是缓释孤独的解药,也不是基于工具理性的合作,而是日常生活中自由而流畅的交往。"附近"为情感的整全性的实现提供了可能。在这样一种日常、全域、全景的交往过程中,人与人情感介入的深浅程度是自然而然形成的，不必人为地进行切割和控制，也不会期待多么郑重的回报。它以温和的方式嵌入生活之中，不会被推向极端。而那些陪伴、释放、信任、帮助、支持是真切而实在的。正如清华大学社会学系严飞老师所言，只有这样，我们才能进入真实的世界，才有机会与附近重新建立起深度的联结。从这种意义上来讲，"附近"是情感世界重新扎根的现实土壤。

### （二）重审现实性，营造"当下"

在数字化加速推进的时代，时空脱域的互联网浪潮将广阔无垠、纷繁杂芜的世界推到了我们的眼前。但是，数字世界的热闹与繁荣，无法取代人与人现实生活中的互动。因此，也有青年希望通过重返现实，为新的可能寻找空间。在他们看来，这样的现实，应该紧贴人的需要，再度重视人的精神世界，真正去理解和实践"想要的生活"。

有人寻找的是失落的崇高感。有青年直言，他们这一代人并不相信美好的生活来自奉献和牺牲，而认为来自周密规划的自主性。但如果没有超越性的情感与信念的引领，一直依靠周密的规划，他们也承认生活便会陷于无聊和琐碎。例如，"情绪价值"一词在当下颇为流行，它的本义是指给人带来美好感受的能力，即能够引发正面情绪的能力。但今天这个词语的含义逐渐演变成了通过满足别人的情绪需求，为自己换取收益。有人还提出了"洞悉成本与收益的情绪价值计算公式"。有些人对这样的含义以及它所暗含的价值观念甚是反感，认为这一说法是将人的精神追求化约为一种可以进行成本收益计算的结果，在付出时有明确的可预期收获，只是这种收获并非物质形式，而是以情绪层面的满足为目标。这样，人的情感便被物化了，它消解了崇高的价值取向，认为人的追求都只是满足个体情绪或者通过情绪来获取需求的一种方式。这样的讨论和批评在《雄狮少年》热映时显得尤为热烈。主流声音都集中在讨论为生存而奔波的农村少年理想觉醒并为之而奋斗的精神：即便最后失败了、个人仍然无法对抗生活，但奋斗的热血不会冷却。同时，在网上也流传着一些看似"理性"却缺乏理想的声音，比如将雄狮少年的奋斗矮化为"情绪价值得到了满足"，或者是"最后怎样呢？还不是去上海继续打工？"等讽刺之声。这种声音让奋斗显得功利，让崇高显得滑稽，并不是所有的青年都能够接受如此的"现实"和"理性"。

在新时期"三农"建设的进程中，就有无数青年响应"每个村都需要一个带头的'新农人'"的号召，或回到故土、或前往乡村，将新的农业技术带到田间地头，盘活闲置资源，带领村民增收致富。农业，衣食之源、生命之本；农民，面朝黄土、脊背朝天。在水网密布的中南大省，有农业基础和养殖技术的青年回乡创业，成立农业公司，探索出了高效的"稻虾共作"种养模式，打破了传统的耕作方式，亩均收入可达 4 000 余元，是原来单一种植水稻产值收入的 3 倍。新兴养殖模式让小龙虾成就大产业，创业的青年还觉得"一人富不算富，大家富才是富"，建立了 8 700 亩机械化智能化的生态综合种养基地，创新助农模式，推动"返租倒包""分包管理""技术帮扶"，一年支付农户土地流转租金 435 万元，务工薪酬 270 万元，带领 300 名返乡创业人员走上了养虾致富的道路，带动周边县市 3.5 万村民人均增收 5 000 余元[①]。也有在大城市周边农村长大的孩子，学成之后回到农村，通过运营民宿、农家乐、电商等项目，期待借数字经济的东风建设家乡。还有一些年轻的挂职干部，毛遂自荐来到农村，他们内心多多少少受到黄文秀精神的感召，想方设法发动青年参与乡村建设。他们中有些人志在提高土地收益，让新农业建设再上一个新台阶。也有人不再问土地要效益，想出了"村里提供公共资源，青年团队负责运营，所得收益共享"的创业思路，先让农村的人气旺起来，开发优势资源，以创业带动就业，以就业提高收入。他们在农村的"吃、住、体验"上下足功夫，采摘果实、认养果

---

① 人民网. 湖北浠水：培育新青年 振兴新农村. 2023-05-12 http://hb.people.com. cn/n2/2023/0512/c406123-40413364.html.

树、喂养小动物……创造出更多的游玩内容，在土地、种植、饲养之外，再开辟出"民宿+文旅"主导的新业态。在这些人看来，崇高并不意味着必须仰仗大机遇才可及，而是让自己立得住、站得稳。立足当下，把自己从工具理性的计算中解放出来；回到生活，让生活找到扎根的土壤，情感的内容不再空洞，不再风雨飘摇、不可预期。

近年来在城市中兴起的各种各样的青年空间，是一种以青年为主体的新型公共空间。这些空间得以出现的原因，就是生活在都市中的青年要为自己寻找和打造一方天地，来满足他们社会交往、精神交流等公共生活的需要。他们在这里举办沙龙、餐会、读书会、电影观摩活动等，"让有趣的事情在这里发生"，追求"自由的氛围、放飞的想法、行走的点子"，将这里打造成"职场之外的乌托邦"，希望"每一个伙伴都在这里鲜活绽放"。在青年看来，理想主义和精神追求需要有一个安顿的地方。尽管都市提供了更好的生活机会，但奋斗的人生模式时常让他们感到无趣和怀疑，这样一些青年空间中的公共生活"可以让大家在很短的时间内进行很深刻的交流"，产生共鸣和自我意义感[1]，从而让情感产生扎根和流动的机会。在

---

[1] 周泽鹏，肖索未. 体验本真性：北漂青年的社会交往与双重生活. 社会，2022（4）.

这些空间中，年轻的朋友们希望人与人之间的交流是去竞争化的，不同的人之间可以松弛地交流。例如，在工作场合，说话要注意分寸，与同事的关系不能逾矩，来到各种各样的青年空间之后，哪怕不是畅所欲言，也可以享受和谐与坦诚的相处方式。同时，他们希望在这里能够找到兴趣相投、有共同爱好的朋友。如前文所述，随着社会流动的不断加快，青年一代的生活场景也随之不断变化，能够沉淀下来的朋友越来越少；而在职场发展中，去情感化的方向越来越明显，从业人员都需要克制或隐藏个人的情绪，或者表达职业或工作所需要的情感，甚至有人觉得，在职场过多谈论兴趣、爱好等个性化的东西，是缺乏职业意识的表现。这样一来，人们很难对彼此产生深入的了解，也就无从发掘兴趣和爱好所在。所以，他们在参与青年空间的活动时，尤为在意的一点便是能够通过兴趣、爱好，展示自己最真实、最深刻的那一面。青年渴望被人了解，也希望了解别人，他们觉得只有实现精神层面的追求，才能够建立起既超越工作场所合作与竞争，又突破消费场所找来的酒肉朋友的深层关系，能够达到超越物质层面的精神共鸣。

总而言之，青年所追求的既不是在庞大而复杂的社会结构之外建立一片小而美的"飞地"，也不是在高速运转的系统中寻找一方仅供个人安身的"避难所"。他们找回附近、重建当下，最根本的是要让人的情感落地。他们在寻找超越性的意义,反对用成本和收益的方式衡量人的理想与价值,并且与矮化精神和理想的价值取向作对抗。在建构意义体系时,他们希望不再以合理性为目标,还是因为他们体会到了,当以个体欲望为基础的自我利益上升到了价值的高度,那么个人的情感被漠视便显得理所当然。如果把全部的精力都放置在应对个人困境、确认个人价值上,人的情感则会陷入一种莫比乌斯环一般的怪圈当中——个人越是想要将情感处理得当、可控制、可预期、可防止伤害,距离真挚的情感反而越远,令人失望、受伤的因素越多。于是,他们希望在附近和当下寻找与他人达成共识、建立情感共同体的可能性,拥有完整的情感体验,将"真"与"情"融入当下和未来之中。

# 第六章
## 社交观

当代青年的社交生活在近年来呈现出两种看似相悖、实则共存的景象。

一方面,越来越多的青年自称"淡人"。这似乎是一种群体性孤独:无论在什么样的情况下,都最好能够避免情绪波动,用抽离且稳定的心态面对所有人、所有事。"淡人"和前两年流行的"佛系"有着一定的区别,它没有引导人们积极平和地看待人生的含义,更像是一种对任何人、任何事都干脆无所谓的态度。近来,"淡淡地"成了许多人的口头禅——淡淡地生活,看着同事们都拼命卷,内心也是毫无波澜;淡淡地说话,把"无所谓""那就算了"挂在嘴边。有的青年表示,成为"淡人"以后,社交变得更加简单了。觥筹交错的酒局上,不再强迫自己笑得多合群,不会说话也不尴尬,自己埋头干饭就是了。单位团建侵占了周末的生活,本来就觉得不爽,也不必逼着自己和同事们唱歌玩游戏,他们嗨他们的,我清净我的。朋友聚会，对八卦提不起兴趣的时候，不再打起精神往上凑，自己在一旁刷刷手机、吃吃零食也不错。做了"淡人"，把自己和别人的关系看得越来越淡，不再被可有可无的友情、令人受伤的亲密关系所拖累，让自己的情绪变得简单，有更多的时间照顾自己，把外界的压力和干扰都降到最低，再来重新认识自我、发展自我。

另一方面，新的社交方式和社交语言被不断发明出来，青年的社交场面既热闹又直接。2023年底，"搭子"一词进入年度热词候选名单。青年的生活里，"搭子式"社交无处不在——吃饭找"饭搭子"，打球找"球搭子"，周末城市漫步找"玩搭子"，一起考研考公找"考试搭子"，一起聊上班的事找"工作搭子"。找搭子的方式也非常简单，在生活中遇见了，能搭就随时随地搭起来。有需求又在身边找不到，就去社交平台发布信息，把时间、地点、搭子要求等进行精准的描述，一般都能等到需要的回应，一段边界明晰、有陪伴、无负担，既能扩大社交圈子又能降低社交成本的关系便建立起来了。与搭子同样受到青年一代青睐的是圈群化社交。圈群化最开始出现、也最为人熟知的是"饭圈"，就是粉丝群体。后来又有了以动漫为核心的"二次元圈"、以游戏为核心的"电竞圈"、以国风为核心的"汉服圈"，以及以宠物为核心的"宠圈"等。这些渐渐为大众所熟知，成为主流的圈群，而新的、更加小众的、更加细分的圈群仍在不断涌现。除了社交方式，新的社交语言也层出不穷，青年一代通过这些语言符号营造各种各样的社交身份。例如十六型人格、社交平台的头像、昵称，都是他们社交身份营造的舞台。"你的 MBTI 是什么？""我是 ENTP，你呢？"这些夹杂英文字母的"加密"对话，近年来一直流行于青年群体的社交之中。在认识新朋友、与老朋友叙旧时，这样的话题能够迅速打开对话。

那么，冷和热，究竟哪一面才能代表当代青年社会交往的总体特征？或者，它们本身就是一个整体的两面？我们应该如何理解"花开并蒂，各表一枝"的景象？

每一代人的社交行为与交往形态，都有着明显的代际烙印，当代青年也不例外。互联网和平台媒介的兴起，趣缘在人际关系中的显著性的上升，社会生活的绩效化，等等，都对当代青年的社交产生了影响。在社交中，他们可以借助互联网打破时空的限制，在海量人群中寻找与自己志趣相投的人，用共同的兴趣爱好打造交往的深度。同时，他们又非常重视边界感，认为清晰的边界感是维护生活秩序和内心安定的重要保障，交往不越界应该成为一种共识，要尽量避免情感捆绑私人空间和过度打扰。不过，他们对深度的交往仍然充满渴望，尤其是那些承载了他们的兴趣、爱好、才华、思想等的精神层面的交往，他们依然非常重视，并期待在深度的交往中得到理解、尊重和接纳。

于是，这一代青年的社会交往便展现出二重性特征——用以维护自我意识的边界感需要的是浅介入，而精神层面的交往则需要深度嵌入。有时，他们在垂直领域快速建立实用性社交关系，在需要的方面精准陪伴，在不需要的方面互不打扰。现实生活中高度的流动性和不确定性，使得这些关系临时、脆弱、不稳定，但却又恰好满足了他们对分寸感和边界感的重视。有时，他们需要圈地自萌，发明只有圈子里的人才会懂的加密语言，提炼出能够使圈群得以凝聚的核心理念，使圈群成为内部青年彰显个性、价值认同、情感慰藉的重要场所。进而，青年一代的社交中出现了两两相对又同时并存的局面："社恐"与"社牛"并存、小规模团结与大规模分散并存。

## 一、背景：互联网、趣缘、绩效化生活

可以这样说，在这一代青年的社交生活中，互联网不断创造着新场域，趣缘成为建构社交生活的新抓手，而摆脱绩效化生活则是青年社交心态形成的直接诱因。

### （一）互联网：新的场域

数字化技术不断发展，青年一代嵌入互联网的程度也远

远超出了前几代人；尤其是移动互联以来，手机仿佛成了人身上延伸出来的新器官。加速主义之下，基于数字技术的平台媒介始终处于更新迭代之中，它为青年在社交上创造的便利已经远不止时空脱域，更进一步还有新的社交内容不断发明、社交空间不断拓展。离开互联网，则不可能理解青年社交的种种表现。

在今天，互联网以浸润式的状态与个体生活高度黏合；对于青年来说，连接是常态，不连接是例外。在各种软件、网站、APP的链接之下，互联网的触角伸向日常生活的四面八方，个人工作、娱乐、消费的界限变得十分模糊。除了信息量大、传播速度快以外，大数据和算法驱动的信息匹配，在很大程度上助力了信息的挖掘、筛选、整合、分发，向个体推送与其品位与偏好相符合的信息内容，人们打破了时空的限制，更容易与同质性产生连接，进而找到与自己爱好相似或看法一致的人[1]。在此基础之上，网络平台技术为个体提供了更多自主选择的机会，人们可以反过来利用网络平台建构以相同偏好为核心的关系网，内容的再造和传播速率再度提升。此外，情境剥离为匿名化表达提供了便利。真实的社交是在各种社会身份

---

[1] 徐兰格.大学生网络社交圈层化：逻辑理路、特点探究与引导机制构建.传播与版权，2024（4）.

的高度重叠下进行的，人们仿佛拿着各自不同的剧本，言谈举止都要符合自己所扮演的社会角色。互联网提供的情境剥离，在很大程度上恢复了自我呈现的自由与真实[①]，匿名社交为用户提供了一种在不表露身份的情况下表达自己的观点、情感和声音的机会，个人拥有了一个不需要接受现实中他人检视自我的独白空间[②]。在不确定性加剧的当下，虽然青年一代的社交具有在不确定性中徘徊的特征，但是情境剥离为他们营造了体验本真性的空间。

当然，数字化下的社交生活并非只享其便利。智能媒介技术在提升传播速率的同时，也造成了信息过载、茧房效应、回音壁效应等后果。人们主动选择的空间固然扩大了，但同时也要被动接受并不符合自身意愿和需求的冗余信息。这让青年深陷其中，不胜其烦又难以逃脱，社交生活丰富与繁乱并存。青年的生活被深度媒介化，信息多而杂，来得快，去得也快。他们仿佛在不停地接触新鲜事物，但碎片化信息缺乏深度，相互之间没有太多联系。这些不易聚焦又快速流动的信息流削弱了人的专注力，人或者主动地追逐热点，或者被动地为热点所

---

① 张杰，马一琨. 私人情感表达、多重自我管理与情境创造性：青年群体基于微博小号的情感工作与自我实践. 国际新闻界，2023（12）.
② 张戌，汤泊甜. 隐匿即显露：青年匿名社交的平台、动因及展演. 中国青年研究，2024（4）.

驱使，缺乏机会停下来深入某个问题内部予以思考和领会，人本质上是游离于信息之外的。于是，信息过载和社交倦怠成为一种必然的结果。同时，情境剥离使人和人的交往缺乏植根性。情境剥离的本质是将信息从场景中析出，人可以快速直白地表达自己的想法和情绪，但是由于脱离了信息生成的整体情境，真实世界的厚重与复杂都被过滤掉了，可意会不可言传的部分也被切割，人往往难以对他人的表达进行全景性的理解，歧义和误解成了社交的一部分。互联网与真实世界存在距离又无法再造一个平行的真实世界时，人与人之间的社会交往也必然变得越来越浅。另外，还有茧房效应和回音壁效应。在大数据和算法的助推之下，内容单一且高度重复的同质化信息被循环推送，反复强化个体的已有认知，削弱了人独立思考和理性判断的能力。更进一步，这种不断强化、高度统一的认识，还有可能导致群体极化现象的产生。

**（二）趣缘：新的抓手**

趣缘是当代青年社交生活的重要切入点，他们主张有共同兴趣爱好的人应该结成共同体。青年对趣缘的期待成为深度社交的抓手和基石，将趣味与风格聚合在一起，营造出稳定又安逸的小天地。但是，趣缘也可以成为壁垒，借助修辞、隐喻等手段建构意义系统和价值序列，将外部的人阻隔开来，而内部也存在着鄙视链等权力体系。

所谓趣缘，是指人与人之间通过相同或相似的兴趣爱好产生联结，进而形成或松散或紧密的社会交往群体。它的核心要义在于打破因现实的社会结构——血缘、地缘、业缘等而形成的交往壁垒，衡量人际交往价值的不再是身份或地位，而是基于兴趣的新的身份认知。这样的认知可能是知识性的，也可能是情感性的，但他们都提炼出了新的价值取向、话语逻辑和行为准则[①]。趣缘的兴起，暗含着青年一代对社交寄予了更加平等、更加开放、更加注重精神世界的期待。圈群化社交是趣缘兴起的最重要的表现之一。

有研究者依据精神生活对象的不同类型，分出了 10 大类、约 72 种不同的圈群文化。有的以特定外观进行分类，例如汉服圈、Lolita 洋装圈、jk 制服圈等。有的以特定精神消费品为依据进行分类，例如动漫宅、游戏宅、同人圈、鬼畜圈等。也有的以特定体验为依据进行分类，例如小众运动圈、玄学圈、异装圈、ASRM 圈等。还有的依据个人属性进行分类，例如 LGBT、文青圈、老哥圈等。

首先，青年所期待的圈群社交没有高低之分，不同圈群

---

① 张铨洲."入世与出世"：青年群体网络"圈层化"的困与策.中国青年研究，2022（3）.

之间是井水不犯河水的关系，不存在哪一种兴趣爱好比另外一种更高级的问题。其次，没有主流与非主流之分，基本上所有的圈群社交都是非主流文化或亚文化的载体，它们的出现和存在并不是为了将小众化的爱好融入或变成主流文化，而是为了召唤和吸引相同的人，大家各玩各的、圈地自萌。最后，能够聚在一起的原因是共同的兴趣爱好，所以他们想要的是一种去权力化的、自由平等的组织形态。

有意思的是，趣缘的出现是为了打破壁垒，而它自身也渐渐地形成了壁垒。再以圈群为例，每个圈群从最初松散的形态过渡到初步的组织化之后，都会迅速提炼出使组织得以凝聚的核心理念，这些理念反复确认和强调了共同兴趣的重要性，使之成为青年彰显个性、价值认同、情感慰藉的重要场所，不断为圈群成员赋予行动的意义和行动的权利。他们利用互联网打破时空限制的特性，在最大范围内撬动趣缘杠杆，逐步形成规模化的组织协调系统，分工明确、策略灵活。组织一旦形成，就有了内外之分。

进而，组织内部出现了权力体系，用青年的话来讲就是鄙视链和话语权。不同的圈群，鄙视链的形成机制也各不相同。例如：具有迭代性质的圈群，时效性与时代性缺一不可，新人常常处于鄙视链顶端，因为越是新人越能敏锐察觉新动向，新的歧视老的，拥有更多话语权，HIFI 圈、骑行圈、无人机圈基本都是这样。又如：具有文化发展性质的圈群，老的常常处于鄙视链顶端，有人形容"越古老越正统，越能体现兴趣的内核，所以元老在鄙视链的顶端，自然拥有更多的话语权"，比如唱圈、二次元。同时，对于组织以外，则是通过不断丰富趣缘的内涵，有意地打造差异感，或者刻意忽视圈外的态度，转而向圈内寻找机制认同和精神寄托。再用特有的符号和话语体系，将趣缘具象化，把不掌握这一套话语体系的人阻隔在外，并与其他圈群形成对冲。

### （三）绩效化生活：新的压力

绩效化生活包含着两方面的内容：一是社会生活的效率化，即单位时间内的产出成为衡量个人价值的重要标准；二是绩优主义的评判标准成为社会事实，其基本原则是经济与社会的报酬与奖赏，应该由一个人的努力、才能，尤其是取得的绩效所决定，成绩优异者应该获得认可及向上流动的机会[①]。绩效化生活之下，人要得到社会性的肯定，其表现就必须又快又好，然而，它强调了"量"的表征却忽视了"质"的建构[②]。人在社交中的诉求具有一定的深度和层次性，包含了冲突、挫

---

① 冯婷. 优绩主义：价值、批判及其矫正. 探索与争鸣，2023（10）.
② 成情. 聚而不群：社交媒体时代青年"孤独社交"的现象透视与形成逻辑. 当代青年研究，2023（5）.

折、矛盾等诸多因素，这些诉求难以在功能化的社会交往中得到满足，却决定着社会关系的质量。

正因如此，绩效化生活将青年一代的社交引向了两个方向：一方面，他们想通过社交来摆脱工作和学习带来的结构化影响，即摆脱绩效化，试图在社交中体验本真性；另一方面，社交也无法避免被绩效化所塑造，青年想在社交中得到更快、得到更多，不断追求新的刺激，这使得他们一边得到、一边失去。

当下，绩效化生活首先强调的是效率。要在竞争中展现个人价值，最好是"好"与"快"兼备，至少也要择其一。功利取向的"奋斗个体"[①]便成为一种个人生存的模板，它要求个人奉行工具理性的价值取向，在预估成本的前提下做出收益最大化的选择。这样一来，生活被充满竞争和利益的人际关系所主导，人与人之间的交往及社会关系也日渐趋于工具化。不过，对于一个完整的人而言，无论外部的要求再如何功利化，个人都还有精神和情感的需求，都希望能够在一个社会交往的空间或一种社会关系中展现真实的自我，将个人的感受和体验释放出来，并得到真诚的回应。他们寻找着打破日常社会关系网络、跨越日常人际交往的方法和途径，渴望在绩效化生活之

---

① 周泽鹏，肖索未. 体验本真性：北漂青年的社会交往与双重生活. 社会，2022（4）.

外找到人的本真性。于是，便有了前文所述，借助互联网打破时空限制，在更大的空间、不断更新的场域中寻找与自己品位和偏好相契合的人，并希望在匿名化的隐身条件下，能够再彻底地摆脱绩效化的面具，展示最为真实的自我。就趣缘而言，大家以兴趣为核心的社交，追求的是去权力化的效果，它恰好可以成为反绩效化的标志，甚至是解构绩效化的手段。这就是为什么互联网和趣缘会对这一代青年的社交生活如此重要，因为青年借助它们抵抗绩效化对人的异化。

然而，人终究嵌在社会结构之中，个体很难摆脱制度化的人生模式，所以，绩效化仍然会无声无息地影响人们的社交生活。这一代青年出生和成长的时间段，恰好与我国社会高度流动的时期同步，流动造成的一个结果便是人与人之间共同经验的缺乏，进而社会交往的长效机制难以扎根。深度且稳定的社交需要经历从陌生到熟悉、循序渐进的过程，但是当情感激发和沉淀的空间不断被挤压时，人们之间通过反复的互动与磨合达成共识的可能性降低。尽管青年想要将理想的社交建立在兴趣的基础之上，但他们又可以将这些或小众、或新潮的兴趣与日常生活剥离开来，更新速度飞快，一个热点叠加一个热点。如此一来，这些兴趣爱好都是表象或抽象的，一旦产生矛盾和分歧，关系破裂的成本很低。再者，当绩效主义所主导的价值观不断强化"增长"的意义时，非物质导向、非进取性的要素在意义体系中的作用遭到贬低或放弃。

随着青年不断成长，他们介入社会生活的程度日渐深入，所承担的社会角色也越来越重要，他们会逐渐意识到，那些他们投入很多情感和寄托，承载了自身才华、思想、个人情趣、个性追求的社交生活，仍然无法抵御个体的欲望、物质利益的吸引、持续进阶的压力。那些以去竞争化为目的的精神层面的交流对于现实问题的解决显得十分无力，而曾经渴望抱团取暖的社交生活对于大多数人来讲也会成为一盘散沙。

总而言之，互联网、趣缘、绩效化生活这三者，在当代青年的社交中是凝结在一起的。因为想要摆脱绩效化的生活，想要从无聊又无情的常规生活中跳脱出来，所以青年希望通过互联网打破时间和空间的限制，在更广阔的场域内创造更多的社交形式。同时，他们寄希望于趣缘，期待通过兴趣爱好来展示自身的精神世界，期待将精神的共鸣悬置于常规生活之上，从而找到既可以陪伴，又不会竞争、不会打扰的社交关系。于是，青年社交的显著特征得以形成。

## 二、需求：维护边界感与寻找深嵌入

在社交中，青年所在意的边界感，既是一种交往的尺度，也是一种心理的界限。边界感的作用是帮助个体维护内心秩序，在一定程度上等同于安全感①。与此同时，他们也期待找到一种方式，能够深度嵌入社会交往之中，将那些因兴趣结成的缘分和精神共鸣稳定下来，有效地团结在一起，形成归属感。

### （一）边界感：努力维护独立性和自主性

当前，边界感的重要性在青年一代的社交中日渐凸显，理想的社交关系是亲密但不破坏独立。归纳起来，边界感有三层基本的含义。

边界感的第一层含义是不被过多干涉。社交不仅是空间和物理上的互动，还涉及人的态度、心理和行为选择等更为深层的方面。在社交中不被过多干涉，意味着不要被强迫做一些并不符合自己意愿的从众行为。青年一代希望基于自身意愿的选择都能得到尊重，别人可以不认同，但最好不要轻易地否定，更不能刻意地压制和阻止。用他们自己的话来说，就是"人和人之间犯不着肝胆相照，虚着点儿和气"。

边界感的第二层含义是不被过度评判。评判的背后必然有一套标准体系，它就像一把尺，先对不同的个体进行衡量，

---

① 王昕迪，胡鹏辉. 边界感：现代社会青年社交需求及其建构. 中国青年研究，2022（10）.

再看这些个体在评价体系中应该处于什么位置。但是，每个人都是独特的，各自具有不同的特性；用统一的标准予以衡量，必然会漠视每一个具体的人的体验、感受和想法。"随地大小爹"是青年一代为随便给人建议、随便评价别人、喜欢说教的人赋予的戏谑评价。在他们看来，人不可能完全站在他人的立场上理解对方，不是当事人，便鲜有可能完全进入相同的时空情境中去理解当事人的处境和心态，在这样的情形下还要做出评判会显得轻率而不自知，所谓中肯的建议都是一种不知进退的冒犯。

　　边界感的第三层含义是每个人都要有对自己负责的意识。既不要过度介入别人的生活，又要有防止别人过度干涉自己的生活的能力，通俗地说，就是"我不麻烦你，你也不要来麻烦我"。不把自己的负担转嫁给别人，也不被别人过度索取，被视作基本的社交礼貌。作为成熟的个体，每个人都有自己的认识和选择，要有应对孤独、焦虑、麻烦、困难的意识，也要培养承担风险、代价、后果的能力。过度依赖别人，寄希望于别人为自己提供陪伴、慰藉、决策建议，一旦越过了界限，就入侵了别人的生活，这不仅是自己的独立性未曾确立的表现，也意味着另一个个体的独立性遭到了破坏。物质上的过度索取可以度量，且在必要的时候能够有效止损；情绪上的过度索取很难被度量，付出的多少和承受的限度更加模糊，更加容易产生依赖心理。

边界感的需求在青年社交的不同侧面呈现出来。

他们想要界限明晰的社交，于是出现了垂直领域的精准陪伴。我们在前面提到，"搭子"成为2023年度热词，其流行程度可见一斑。搭子社交主打的就是领域垂直、目标明确、界限清晰，全部社交活动发生在框定的范围之内。有共同需要便能成为搭子，需要的程度可深可浅，从饭搭子、牌搭子，到电影搭子、旅行搭子，再到读书搭子、考试搭子，既有满足功能性需求的，也有满足精神层面需要的。其核心要旨是能够共情，就某个点搭在一起的时候，可以产生同频共振的默契。例如：有些宠物搭子，自称"铲屎官""狗奴才"，当他们大范围地向别人分享自己与宠物的故事时，经常会被不喜欢猫狗的人厌恶和嘲笑。他们找宠物搭子，不仅可以在闲暇时一起遛猫遛狗，还能尽情分享猫猫狗狗的趣事。还有一种工作搭子，搭在一起并不是为了促进工作或者完成工作任务，而是吐槽工作里的各种奇葩遭遇，组成搭子的人绝不可能是同事，更有可能是在工作中处于相似生态位的人。所以，搭子社交避免全面介入，它要的是满足个体点对点的个性化需要。其不言自明的前提是，搭子双方对于框定的范围以外的事都毫不过问，他们都知道，刨根问底就是越界。一旦越界，精准陪伴也就失去了意义。

他们心目中理想的社交最好能够与常规生活保持一定的

距离，于是不论线上还是线下，都出现了各种陌生程度刚刚好的小组和社群。它们定时定点地组织活动，参加活动的人都会取一个不同于真实姓名的代号。在活动中，人与人之间的关系是热闹而亲近的，尽力表达自己真实的想法，寻求产生精神共振。但是，离开了特定的活动场所，他们便不再联系，自觉恪守界限，保持与常规生活的距离。比如，豆瓣上的各种小组、各种各样的互联网学习社群。以豆瓣"反消费主义小组"为例，组内成员可以相互监督改变消费习惯、限制物品囤积过剩，彼此监督日常消费开支，并相互鼓励省钱存钱。在小组内，成员们完全公开自己的消费状况，达成节俭度日的共识，彼此的监督和鼓励是他们坚定消费信念的重要动力。但是，他们不会过问和干涉成员们在小组以外的生活，甚至连暴露真实姓名都认为是不合适的行为。线下的各种读书会、义卖会、青年空间，也都具有相似的性质。青年想要在这样的场域中寻找区别于平常生活的聊天互动；有些人聚在一起，追求的是共同构筑一片理想主义的栖身之地[①]。例如，在大城市里，我们经常可以看到一些以营造青年社会交往公共空间为目标的沙龙、分享会、读书会。这里所选取的话题都是远离工作和家长里短

---

① 周泽鹏，肖索未.体验本真性：北漂青年的社会交往与双重生活.社会，2022（4）.

的琐事，让大家在短时间内聚焦于一个主题，展开深入的精神交流，交流过程中也不回避直接的冲突，想要营造的就是那种形而上的感觉。另一些人聚在一起，打造的是操演场。比如一些学习社群，他们在这里主要是针对某项技能的提高进行操作化、可执行的学习和演练，目的是提高应对现实问题的能力。从 PPT 技能提升群，到情感学习社群，这些社群覆盖了青年生活的方方面面，他们在学习的同时可以一起吐槽、相互暴露弱点，甚至让矛盾直接爆发出来。但是，这些接触都是局部性的，都遵守着"进是一家人，退是陌生人"的交往原则。

他们觉得把真实身份隐藏起来并建构一个新的社交身份，更有安全感，也更有主动性。边界感的意义之一，就是凸显主体意识，保护私人空间。于是，"匿名"建构了社交自留地，"打造人设"彰显了社交主动权。在过去，匿名社交的主要目的是逃避社会规范，在公共空间寻找独立思考和自由表达的可能。到了今天，匿名不再是简单地隐藏自己的真实身份，还可以是打造人设。在网络社交平台，昵称和头像取代了正式姓名，成为他们的社交代号，这种代号的选择颇有一番讲究，不稳定，通过昵称和头像的调整展示心理状态的动态变化。这既是青年向外界的自我呈现，也是他们在交往互动中人际强化的选择。青年一代在社交中不回避打造"人设"，他们觉得人设的作用并不仅仅是标榜自身的个性，更为重要的是用个性吸引相近的人，形成社交的小乐园。匿名社交不限于不流露自己的真实姓名，还意味着自主决定联系还是断联。

匿名社交，不仅是避免来自常规生活的窥视和打扰，还能够更加直白地表露自己的情绪。青年在面对现实生活的人际交往时，总有一种很深的无力感，有些话不能说、有些话不该说、有些话说了也没用，于是在别人眼中他们变得越来越沉默。但是，人都有情感表达和社会交往的需要，他们在网上用小号与人交流，直白地表露自己，让深埋在心底的情绪得以宣泄，在青年中流传着一句话："无力跟心爱的人吵架，于是找陌生人说心里话。"微信朋友圈在他们的认识中并不是一个公告栏或者自己的形象展示窗口，而是一种社交场景。他们发朋友圈时设置了加密语言，只与那些能够解码的人进行互动以获得情感支持。或者，他们虚化表达的重点，只有了解的人才能读出来醉翁之意不在酒。再如，他们将朋友圈进行分组，用可见与不可见来标识远近亲疏。另外，他们还会将一些朋友圈设置为"仅自己可见"，目的是记录某一个特定时刻的真实情绪和情感，但是也不排除有一天会把这些朋友圈开放给所有人看。

## （二）深嵌入：寻求彰显个人意志和主导地位

有人用"轻社交""浅介入""浅缘社会"来形容这一代青年的社交生活，这些描述确实在一定程度上反映了青年的社交特征。但是，我们需要充分认识——浅介入是可以观察到的现象，或者说是后果，而非青年的社交意愿。事实上，他们几乎所有的社交行为，都体现着深度嵌入的渴望与尝试。

他们将"工作与生活""公共领域与私人领域"区分得很开，在公共领域当中，他们表现出强烈的去组织化意愿，用一种"淡人"的态度面对工作，让自己处于一种低欲望、低消耗的状态中，拒绝扮演庞大组织架构中的螺丝钉角色。与此同时，在私人领域，他们又表现出了很强的组织能力，借助文化纽带、情感规训将那些因共同的精神追求、兴趣爱好而走到一起的朋友，有效地团结在一起。

深嵌入的第一层是动员和凝聚的能力。共同的兴趣爱好只是让不同的青年知道彼此的切入点，最初自发形成的形态都是松散的。如果要将这"散作满天星"的趣缘关系，达到"聚似一团火"的效果，动员和凝聚的能力就显得必不可少。初步的小团体形成后，快速提炼出核心理念，使组织得以凝聚便显得尤为重要，这可以让松散的组织具备一定的凝聚力，成为内部青年彰显个性、价值认同、情感慰藉的重要场所。以某汉服圈为例，这些具有一定年龄差距的女孩最开始聚在一起的原因仅仅是觉得汉服好看，对于汉服的类型、穿搭、价格区间都一无所知。聚在一起之后，有人渐渐成为小圈子的关键人物，给大家讲不同朝代的服饰制度，宋制的特点何在、明制的美感在哪里，圈子的认同感通过知识的积累和传递得以强化。然后，又在上元夜、上巳节、端午节、中秋节等特定的日子举办聚会活动，让圈子里的小姐妹在穿着汉服相互欣赏的同时，还感受到自己引领了国风文化，有种"国潮有我"的自豪感。这样，她们在情感共鸣的基础之上，还有了价值认同。同时，她们充分利用互联网的工具，打破空间限制，与其他汉服圈互动，在形成鄙视链的过程中强化了自我认同，逐步形成了具有一定的行动策略、分工明确且有序的组织协调系统。

第二层是目标达成能力。共识形成后，组织中的成员们开始有意识地行动，行动能力强的成员会得到鼓励，并成为某个节点上的组织者和管理者；行动能力弱的成员会受到批评，甚至被从组织中驱逐出去。以饭圈为例，与偶像的深度链接及亲密感是粉丝群得以维系的基础，在他们看来，人力、物力、财力的投入过程，也是维护粉丝与偶像关系的过程，投入越多则关系越牢固，组织的作用之一就是不断推动其成员维护和加固这个基础。当一个组织号令发出后，大部分成员都可以为同一个目标而行动。在无形的合力之下，粉丝一方面要付出大量的经济支出，另一方面还要有高强度的情感和精力投入。那些积极参与控评、做数据、撰写宣传文案、购买周边产品、制作图片及视频的粉丝，便会逐渐掌握粉丝群的话语权；而那些只是默默喜欢，很少花钱，也很少做数据，甚至连粉丝掐架都没有参与过的成员，则会被迅速边缘化，甚至受到排挤主动退出。值得注意的是，随着组织动员能力的不断提高，政治参与也融合进了粉丝群体的组织目标之中，爱国主义政治议题与粉丝的利益议题结合引发了"粉丝爱国主义"的公共事件[①]。

也有一些圈群达成目标的能力并不靠组织化的力量推动，但是他们会不断地加固共同兴趣。例如交通工具模型圈，专业性很强，入坑的基本都是交通迷。圈中人并不担心自己所分享的内容是否能够引起他人的回应，成员之间主要靠发帖和回帖建立连接，交流对象并不是一个人，而是一群有共同爱好的人，于是，交流的内容越专业，越能够强化圈友的凝聚力。他们在这里所追求的不是回应和获得感，而是对"玩得很专业"的共识。在新媒介商业文化环境下，交通工具模型圈又以在互联网平台的专业化交易实现了身份生产和动员机制的形成，尽管没有强力的外界约束，也在不断为成员赋予行动的意义和行动的权利，进而又提升了达成目标的能力。

第三层是内部团结的能力。事实上，它是壁垒设置的另外一个面向——壁垒具有对内和对外的双重含义。对外而言，壁垒就是维护边界感的标志；对内而言，壁垒则是加强内部团

---

① 潘妮妮."私人利益"向"政治参与"转变的"粉丝路径".探索与争鸣，2021（3）.

结的依据。目前在关于青年社交的讨论中，尤其是涉及圈群化社交时，都对壁垒持批判性态度，认为壁垒的存在本质上是一种区隔机制，限制了青年交往的空间和范围。但是反过来看，这恰恰说明青年自我组织的能力甚为强大。尽管任何圈层、小圈子内部的立场从来都不是平等和统一的，它们有着自己的意见领袖，有着主流与边缘，冲突林立，甚至针锋相对，但是壁垒的划分保护了他们的共识，明确的界限将组织的内外分割开来，通过趣味、风格、品位、专业化等方式的强调，通过特有的符号和话语体系串联起来，将不掌握这一套话语体系的人阻隔在外，无形的界限得以加固，让成员明确感受到谁是"外人"、谁是"自己人"，意义体系和价值序列也由此得以建立，为内部成员提供了稳定性和安全性。在他们圈地自萌、抱团取暖的时候，内部认同得以加强，也降低和减少了外部可能带来的冲击。

可以这样讲，边界感和深嵌入是一个硬币的两面，它们都是围绕着自我意识和主体性展开的——边界感是主体性不遭到干扰和破坏，深嵌入则是希望以自我意识为主导形成共同体。但是，这样同时存在的两种诉求，却在社交中形成了两相拉扯的张力：一方面，希望与没有共识的人保持距离；另一方面，又希望与有共识的人密切团结。他们心中理想的模式是将疏离还是密切的标准掌握在自己手中，这不仅意味着要掌握人际交往的主动权，还意味着控制厘定社交标准的主动权。然而，个体在社会交往中的主观能动性是有限的，他们理想中剥离现实基础的社交更像是对反日常的概括地，在本质上并不能实现青年的愿望。因而，青年的社交中出现了若干两两相对又同时存在的景象。

## 三、特征：在对立统一中寻找自洽

青年既要维护边界感，又要寻求深嵌入。他们尝试将"身"与"心"分开，从而达到平衡与自洽。正因如此，他们的社交生活中出现了多重面向的对立与统一："社恐"与"社牛"并存、小规模团结与大规模分散并存。

### （一）"社恐"与"社牛"并存

"社恐"与"社牛"并存，其含义并不是指一部分青年是社恐、另一部分青年是社牛，而是指这两种属性既融合又分离地同时存在于青年的社交生活中。在这当中，"社恐"是对不完美交往人设的焦虑，"社牛"则是展示自身公共交往能力的需求与渴望[1]。

---

[1] 段俊吉. 理解"社恐"：青年交往方式的文化阐释. 中国青年研究，2023（5）.

社恐本身是一个心理医学的术语，即社交恐惧症，又叫社交焦虑症，确诊的过程有严密的临床测量指标体系。今天的青年经常在社交中给自己贴上的"社恐"标签，其含义主要是指因为恐惧、害羞、焦虑等复杂情绪，使人变得脆弱、不自信，在一定程度上逃避或者拒绝社会交往。2021年底，《中国青年报》在全国范围内开展了一项"社交恐惧"的问卷调查，结果显示，80.22%的受访者认定自己存在轻微社恐，6.90%的受访者表示自己有比较严重的社恐，仅有0.64%的受访者是被医学确诊的社交恐惧症患者。

有人说，青年喜欢把社恐挂在嘴边，其实是一种目的性很强的行动策略，是为了降低社交成本，提高社交有效性，所谓"他高冷，因为你不是他想暖的人；他社恐，因为你对他无大用"。这种说法过于工具理性而失之偏颇，社恐是青年一代在自身与外部环境的不断互动中形成的。

首先是社交心态不自信。很多青年谈及自己为什么社恐的时候，都会提到小时候受到的打压式教育。例如，学习不好似乎就是一种原罪，学习不好的孩子受到父母或老师的打压似乎是天经地义，他们完全不被尊重，为自己伸张权益的资格几乎全部被剥夺。这些孩子面对学习不好而引起的对一个人的全面否定，除了承受别无他途。而学习好的学生也并没有获得打压豁免权，那些"别人家的孩子"照样可以被自己的父母说得一无是处,有些家长会说"你还不够好""好是没有止境的""学习一时好不等于永远好",也有些家长承认孩子学习足够优秀,但会从其他方面否定,如"你的脾气不好""你不够有眼色""你除了学习还会干啥""不把你压着点儿,你是要起飞啊"。人在打压式教育下长大,由于获得的来自外界的肯定太少,进而不知道如何自我肯定,很难确认自己怎么做是正确的、正当的,被否认、被否定的焦虑一直萦绕在心头。

也有人表示,在社交中,自己总因为纠结回应的问题而陷入焦虑。如果是自己先发出的信息,别人没有回应,便会惴惴不安:是不是自己说错话了?是不是对方讨厌自己?是不是说得不是时候?如果是对方先发出信息,也会陷入回应的烦恼:要不要及时回复?该用什么语气?在这种情况下,万一再被人指责"缩头缩脑""紧张兮兮""一点都不会来事",即外界的反馈一旦带有负面因素,就会严重挑战他们的自我肯定,他们主动社交的欲望所剩无几。

还有人表示,怎么把握社交中交往的频率,也是一件很头疼的事。遇到投缘的人,会不由自主想要多接触、多联系。但是你并不能确定对方的想法是否和你一样,"依赖"在今天的社会其实是被否定的,你与别人联系究竟是示好还是打扰,很多时候很难确定。于是,青年们相互告诫,不要过高估计自己在别人心目中的位置。凡此种种,主动社交对于他们来讲变成了一种负担，由于害怕被拒绝、被否定、没有回应，紧张和疲惫会伴随于社交的始终。来自外部的负面评价影响了内心世界的主观认知，从而影响了交往策略与能动选择[①]，这些又投射到下一步的行动中，于是社交心态的不自信很难从根本上消除。

其次是社交技能不自信。我们时常听到的"讨好型人格""慢热型人格"，从一定程度上来讲都是社交技能不自信的表现。不少青年常说在社交中不会表达不满与不适，有时候觉得对方说话很没分寸，不顾及自己的感受，或者让自己觉得尴尬难堪，但就是不知道怎么样表现自己的态度才是合适的。直接回怼，担心别人说自己没教养、玩不起；干脆忍了，又觉得自己像个包子，连自我保护的能力都没有。同时，总是担心自己无法做出正确的回应，满足别人的期待。在别人向自己表达善意、对自己示好的时候，会产生一种莫名其妙的不配获得感，不知道怎么样回应才能承担得起来自他人的好意。而当别人对自己冷落或者疏远的时候，又会有一种手足无措的失落，不挽回则担心这份交往到此结束，挽回又担心对方不给面子，自己尴尬得怎么下得来台？与其如此横竖都是煎熬，不如退出社交。

---

① 段俊吉.理解"社恐"：青年交往方式的文化阐释.中国青年研究，2023（5）.

另外，在前面章节讨论情感观念时，我们已经提到，当代青年的成长历程处于不断的变化之中，不同的成长经历、不同的生活场景使人与人之间很难积累下来长期稳定的情感和交往关系，经历一次变化就意味着又一次从陌生开始。这样一次又一次的自我适应期，各种规则和习惯不断变化，在疲于奔命的状态之下，青年对社交中那些约定俗成的互动规则和交往方式感到厌烦。用青年自己的话来说，就是"很多规则好像都是不言自明的，也没人教我们""一开始摸索不清，不知道什么话该说、什么话不该说；后来也懒得摸索，干脆不说了"。再者，在青年一代的认识中，社交本来应该是一个从中享受轻松和乐趣的活动，但他们生活在一个赢者通吃的大环境中，竞争的压力变相渗透到了社交当中，有青年说，"既然享受不到快乐，那干脆就别玩了"。

村上春树的名言"哪有人喜欢孤独，只不过是害怕失望罢了"引起了青年一代的共鸣。因而，我们需要明白的一点是，无论是社交心态的不自信，还是社交技能的不自信，都既不能说明青年一代就是不自信，也不能说明他们不需要社交、排斥社交。其中的关键在于，青年未能在原有的成长环境中充分习得社交的态度和技能，也不愿意在既有的社交环境中摸索规则。于是，他们为了满足自身的社交需求、展示社交技能，便积极创造出各种新的社交场域。"社牛"，便随之而产生了。

有人是互联网世界的"社牛"。数字时代,各种互联网社交平台成为许多人表达自我、交流思想的主要场所。有些现实生活中的"社恐",一进入网络世界,就变成了"社牛",活跃于各大社交网络,发布内容、组织活动、引领潮流,拥有强大的社交能力。虚拟环境之下,人们处于一种进可攻退可守的状态,在隐藏真实身份的前提下,人们借助文字、视频、图片等多种方式表达自我,也拥有足够的时间做构思、编辑等后台处理工作,这可以让人在相对拥有安全感的环境中,以松弛的状态展开社交,减轻社交压力、调动社交积极性。互联网创造了一个更加让人放松的环境,在网上交流的朋友都远离常规生活,没有密切的联系,也就不会抱有太高的期望,合则留,不合则去,实在不行拉黑就好了,不用在"保留与失去""同意与反对"中徘徊焦虑,也没有"做人留一线,日后好相见"的顾虑。在互联网营造的世界里,屏幕的阻隔让"社恐"人士不必在乎他人的看法,不必因为自身的外貌、身份、衣着而感到自卑,这让"社恐"的人在交流时多了一层保护衣。在这样的情境下,人们对自我的评价不会时刻受到挑战和否定,自然也就会感到更多的轻松和自如。对于互联网在社交中形成的信息茧房的问题,当代青年也有自己的看法,并不是所有人都想无限扩大社交的范围;在精力和活力不足以支撑一个人再投入什么新鲜的事务中时,那种可以明确预知会接收到什么样的社交反馈的认知，反而能够带来一种安心的感觉，这就足够了。

也有人是小圈子里的"社牛"。在各种各样的圈子中，有人处于鄙视链顶端，有人是圈子的核心，这些人或主动谋求，或自然而然地成了圈子中的"社牛"。在圈群化的社交生活中，他们一改平日里的寡言少语的形象和作风，积极且自信地发表言论、引导讨论、组织活动，享受着社交带来的快乐与惬意，并接受其他同好的信任与喜爱。这首先是因为，圈子的边界和交往的主题带有过滤功能，使得留在圈子里的人都具有较强的同质性，这在很大程度上避免了大家在交往的时候无话可说、没话找话。用他们自己的话说，就是"不用尬聊，就有了交往的勇气"。

能够在特定的圈子里成为"社牛"的人，基本上都是因为精与专给他们带来了自信和话语权。正如一位在二次元圈群中颇有地位的"社牛"所表示的，她接触这些内容特别早，在大家都还不知道的时候她就特别感兴趣，开始收集相关的信息和材料，很多受众冷门、年代久远、内容晦涩的材料别人没见过也没听过，她都有。这就让她在圈子里有了很大的话语权，她可以讲来历、讲背后的故事，对一些内容质量的好坏进行评判，不仅是"社牛"，还是大家所说的"二次元婆罗门"。

小圈子里的互动容易形成圈内成员间所认可的互动方式。不同于外界那些让他们深感无聊又难以捉摸的交往规则，圈子里的规则和方式是基于他们自身的特性而形成的，不是外界强加的；在这里的社交，所交换的不仅是信息流，更是情感流。负向反馈并不是指意见相左或产生矛盾，而是不知道何种反应是恰当的。所以，哪怕是在小圈子里吵架、争论，也都可以在情感上产生共鸣。正是有了这样的正向反馈，交往也会越来越积极。

有一种观点认为，网络社交、圈群社交都是一种碎片化的弱连接，人们一旦沉迷于此，就会离真实世界的厚重感越来越远。这种分离式社交把人从复杂的现实关系中剥离出来，使社交与常规生活产生距离，长此以往不利于整体性的社会团结。如何评价这种观点，在这里我们持保留态度，但是我们从这一观点中可以窥探出青年一代社交生活的另一个重要特征：小规模团结与大规模分散的趋势也是同时存在的。

### （二）小规模团结与大规模分散并存

我们观察青年一代，就会意识到，社交、奋斗、情感等是他们整体生活不同的表现侧面，在他们的观念与日常生活中，都以融为一体的方式而存在。在各种张力的拉扯之下，他们所青睐的社交方式既是在张扬自我意志、展现个人特征，同时也是在应对个人困境、确认个体价值。所以，他们想要通过社交而寻找的能够达成共识的人，基本上都在彼此相似性较强的小圈子里，更为广泛或者抽象的共识并不能吸引他们的注意力。与此同时，要在青年内部形成贯穿代际的总体性共识，难度大为增强。这是因为，代内存在多层次的区隔，基于趣缘和互联网所形成的社交形态，看似打破了不同个体由于地域、职业等现实因素而形成的壁垒，使青年可以不再被时空界限所限制而产生更为广泛的联系，但事实上，这些方式又形成了新的区隔，并有意识地制造了壁垒，甚至在一定情况下不同区隔呈现叠加状态，将现实中的区隔切得更加细碎，使人与人之间的连接进一步减弱。青年之间的区隔加深，大分散的趋势更为明显。因而，这一代青年的一个显著发展趋势，是在个体凸显的基础上，于较小的范围内达成共识，并形成团结，而作为代际标记的总体性共识难以形成。

"抱团取暖""圈地自萌""不喜勿入""外人自重"这些青年一代当中的流行语，尽管缘起各不相同，但最初的意思都是指将那些非大众的、非主流的、个性化的爱好和观点，控制在有相同兴趣爱好的群体内部，尽量避免在公众平台宣扬而引起争论。以"圈地自萌"为例，它最早出现在粉丝群体，最初的用意是粉丝约束自我、与他人区别、规避不必要的争端。后来，这个说法逐渐从粉丝群体扩散开来，不再局限于圈群社交的范围，也突破了互联网的场域。凡是需要边界的地方，都会打出"圈地自萌"的旗号，以此在圈子内外划分出明显的群己界限，明确告诉大家相互不要打扰。互联网的快速发展为各种趣缘群体提供了丰富而广阔的交流平台，无论何种爱好，也无论爱好的大或小，都不妨碍青年通过各种自我识别的方式，找到与自己志趣相投的人，积极营造共同热爱的小圈子[①]。在这些小圈子里，大家基于共同的兴趣有限接触，既可以满足社交所需要的互动和共情，又能够满足不过分打扰、不触及底线、不触碰隐私的需要。尽管他们内部也会因为兴趣爱好、生活经历、价值取向的差异而出现各种各样的矛盾纷争，并分化出多个小群体，但是从总体上来讲，他们与外界的壁垒是构成他们安全感和认同感的基础。这种临时情景与隔离展现相结合的社交模式让一个一个的小圈子产生精神共振，从而使这些大大小小的圈子越抱越紧。

这样一个一个分散化的小圈子，为什么会在这一代青年的社交中形成一种显著的代际趋势？在挖掘兴趣爱好之上，其实他们还在寻找着应对个人困境和确认个体价值的途径。我们在前文已经提到了绩效化生活给青年一代带来的压力。时间不断加速，推动青年不断投入。个人被占用的时间增加，可自由支配的时间减少。而技术的进步配合了时间加速，"996""白加黑""5+2"都是总体时间被延长的表现。"时间的异化"得

---

① 赵菁.网络文化中的"圈地自萌"现象与治理难题.探索与争鸣，2022（12）.

以发生，时间变成了权力、控制了社会生活。谁掌握了时间控制权，谁就处于更高的位置。这些变化是结构性的，个人陷入其中[1]；尤其青年在生命周期中的位置尚处于起步阶段，所以议价能力更加缺乏，陷入程度也更深。与此同时，竞争加剧，青年需要持续地自我更新，既要避免排序制的末位淘汰，又要避免项目制的竞争淘汰，这使得青年处于更加孤独无援的境地，合作的目的性增强而共同体意识减弱。此外，在多种发展逻辑并存的局面下，青年的选择看似增加了，但事实上发展的成本也上升了，无论进入哪一条发展道路，所能够做的都只是在不同逻辑之下，在风险、自主、获得感、保障性等因素之间做权衡与取舍。这样的环境让他们难以通过发展体验到效能感和成就感，因此总要寻找一条路径来确认自己的个人价值。

在这种情况下，社交在一定程度上扮演了价值感来源的角色。在社交中，他们可以尽情展现自己的长处，声张个人的感受被看作再正常不过的事情，为了维护个人利益哪怕发生冲突也被视为正常，非竞争的状态也减少了与其他成员竞争及比较而带来的压力。

有趣的是，也正是上述因素，在很大程度上解构了青年作为一个整体团结起来的内部动力。他们不再认可总体性的进

---

[1] 马中红."躺平"：抵御深度异化的另类姿势.探索与争鸣，2021（12）.

取意识，精神世界去理想化，否定理想的意义，认为追求理想并非因为崇高的价值趋向，而只是满足个体情绪需求的一种方式，取而代之的是一种不争不抢、不求输赢、可有可无的态度。用他们自己的话说，就是"没有必要用外在的规范约束自己"。他们在认识论上奉行非理性主义，将个体的直觉和情绪放置在认识过程中更为重要的位置。他们分析和理解问题时，回避对宏大叙事的探讨，甚至带有一种讽刺的口吻，过多地带入个人情绪和价值立场，认为人的意志、情感、欲望、本能等非理性因素才是世界的本质[①]。所以，他们在社交中强调兴趣、感受，努力营造一种轻松快乐的状态，避免将社交太过深入地扎根于生活当中，以免破坏直接、纯粹的体验。

我们需要认识到的是，回避对于根本因素和基本规律的探讨，也就消解了建立共识的可能。而共识不能建立，大家就活动在悬浮于生活之上的圈群中，无论这些圈群是多么地活跃、平等、有趣，都难以建立具有植根性的社会团结。

总而言之，如何形容和理解这一代青年的社交生活呢？"社恐/社牛""身连接/心隔离""分离式社交""孤独社交""浅社交""淡人""关系多/朋友少"，这些都很好地描述和总结了他们在社交中展现出的特征和心态。我们不难发现：一方

---

① 周玉.历史虚无主义网络传播的新特点及对策.马克思主义研究，2020（7）.

面，他们的社交生活是丰富的，社交的态度也是积极的。另一方面，他们可以从社交中快速地抽离，需要的时候，通过社交寻找安全感、归属感，确认自我价值；不需要的时候，可以用各种方式维持自己的边界，退回到自己的安全地带。正如有人总结的那样，"交往的便捷和个体的孤独"[1]同时存在于这一代青年的社交生活中。在他们的社交需求中，边界感和深嵌入是一个硬币的两面，寻求连接和保持疏离并存，勾勒出这一代青年社会交往的底色。

---

[1] 成倩. 聚而不群：社交媒体时代青年"孤独社交"的现象透视与形成逻辑. 当代青年研究，2023（5）.

# 第七章
## 婚恋观

爱情与婚姻的观念是社会变迁在人的生活中具体而微的呈现，其形成、发展和变化既是社会和时代的产物，反过来又影响着历史发展的进程。我们在第六章讨论了普遍的情感体验，这一章则将重点关注人类情感结构中较为特殊的组成部分——恋爱与婚姻，即青年关于爱情、恋爱关系以及婚姻缔结的观念。

近年来，我国单身群体的规模不断扩大，初婚年龄也一直处于提升态势，既存在着客观上的"结婚难"，也存在着主观上的"恐婚恐育""不婚不育保平安"。青年一代对于亲密关系既惧怕又向往。一方面，他们高喊"不做舔狗""不做恋爱脑""滚蛋吧爱情！赚钱""'00后'对爱情没有期待，只想赚大钱"，认为过度期待爱情是缺乏理智的表现。同时，他们也承认爱不动也爱不起：学习、工作以及在社会上立足的压力已经让他们深感疲惫，谈恋爱的经济开销越来越大，人与人的信任成本越来越高，应付生活都来不及，哪里还有精力谈恋爱？另一方面，青春萌动的青年依然渴望爱情和亲密关系，他们在甜宠剧、恋爱综艺中寻找纯爱乌托邦，满足理想化的情感需求。各种亲密关系课程火爆，情感专家、情感导师深受追捧，青年期待通过课程学习达成情感赋能，提升恋爱的技巧和能力。进入恋爱阶段以后，还要通过庆祝节日、共同旅行、秀恩爱的方式增强仪式感，以此提升亲密关系中的信任感，强化恋爱关系。

面对婚姻，比起以往几代人，当代青年更确切地感受到高质量的婚姻意味着家庭背景与个人素质兼具：原生家庭的支付能力决定了婚姻的起点，个人的素质水平则影响着婚姻的前景。与此同时，他们又希望在婚姻中仍然拥有高度的自我，能够让个体保持独立和自由的婚姻才能够为他们提供归属感。除此之外，青年也期待着在结婚之后还能拥有高纯度的情感体验，尽管外在条件的匹配非常重要，但是他们仍然渴望对方是那个"有感觉"的人，因为亲密关系中的内核驱动力是日常互动中流动的情感，包含了相互之间的理解、交流、慰藉、支持等。

爱情是人类社会中被高度赋魅的一种情感。在亲密关系的情感回应中获得的肯定、自信心和安全感，长期以来都被看作强大的精神力量。缔结婚姻的重要性则被放在更高的位置。结婚是个体生命历程中的重大事件，也是社会将个体作为成人来接纳的重要标志,因而传统社会将结婚称作"小登科","洞房花烛夜"与"金榜题名时"并列为人生的巅峰时刻。在今天,青年一代的恋爱和婚姻的观念都发生了深刻的变化。

透过青年一代对于爱情与婚姻的理解,以及他们在婚恋过程中的态度和表现,我们可以观察到他们作为正在成长的一代面对社会变迁所做出的反应;无论不同个体具体的态度如何,他们的渴望、诉求、冲突、调适等都在这里集中呈现。

## 一、爱情:惧怕又向往

恋爱的成本越来越高,造成很多青年对爱情望而却步,还没有去爱就退缩了,爱情在这个时代被大规模祛魅。成本的第一层当然是物质,青年一代并不相信"有情饮水饱",如果没有面包,那么也没有人愿意饿着肚子听"我爱你"。比物质更难以量化的是时间和精力:怕磨合、怕误解、怕辜负、怕迁就、怕委屈、怕热闹之后又失去,重视爱情似乎就等于自讨苦吃……所以他们当中流传着"智者不坠爱河",追捧"人间清醒"成为一种潮流。然而,如果我们深入观察青年的情感世界,会发现他们仍然对爱情抱有好奇和幻想,期待着在亲密关系中获得激情、关心和欣赏;也希望通过精心的筹划和安排,找到合适的恋人,在稳定与可预期中享受爱情。也许爱情会永远存在于人的日常生活当中，只是不同的代际建构塑造出了它不同的模样。

## （一）不做"舔狗""恋爱脑"

"如果不是真的喜欢，谁愿意做舔狗呢？"2016年《英雄联盟》的游戏主播在直播间讲述自己和女友感情破裂时说出的这句话，是"舔狗"最早的出处。发展到今天，它指所有在追求自己心仪的对象时不顾一切地讨好对方的行为。今天的青年提到恋爱中的追求时，都认为点到为止是比较理性的行为。在他们的观念中，明知对方不喜欢自己或者对自己没有感觉，就没必要坚持不懈地讨好。如果对方没有想要发展的意思，或者没有回应，就应该及时停下来，给彼此体面和余地，而不是不知进退地死缠烂打。不计较结果，一味付出，把心仪对象的地位无限抬高，过多地让渡自我甚至是尊严，就会被嘲笑为"舔狗"。

也有人会觉得，向自己喜欢的人表达爱意，有什么错呢？他们认为，应该将不轻言放弃的特质发扬光大，将"不论对方怎么回复，保持绝对乐观"奉为第一要义。"舔狗"首先表现在语言上，比如，缓缓诉说相思之苦："别人都夸我从小到大没有缺点，可我知道我缺点什么，缺的就是你。"把对方一点一滴刻在心里："我以前只喝冰红茶，看见你在自助机上买乌龙茶，我就改喝乌龙茶了。"意识流阐述爱意："没有空气，你怎么活？没有你，我怎么办？你就是我的空气。"还体现在行动上，比如，坚持每天打卡式发送问候信息，在节日生日等时间节点定时定点赠送礼物，乐意无偿跑腿，甚至随叫随到、倒贴提供服务。"舔狗"之所以被群嘲，主要是因为明知对方没有回应，基本可以断定不会有结果，还不肯放弃，做出的举动不但让自己丧失了自我，而且打扰了别人的生活。"舔狗"如果放在20年前，会被冠以"痴情"之名而博得同情，甚至得到人们的开解和劝慰；今天的青年则认为，这样的行为不够尊重自己，也打扰和冒犯了别人，没有边界感。

  与"舔狗"成对出现的另一个高频热词，就是"恋爱脑"。它的大致意思是指爱情至上的思维模式；更进一步说，就是一旦谈恋爱，就把全部精力放在了爱情上，其他事情统统抛在脑后。行动力、判断力降低，凡事掂量不清轻重缓急，甚至放弃自己的进步与发展，就会被人们用恨铁不成钢的语气形容为"恋爱脑"。在当下的青年中，人人都说"爱情不值得"，看重爱情就等于自讨苦吃，即便犯了恋爱瘾，也要提醒自己理智，不要上头。那么，为什么惧怕"恋爱脑"？这是因为，在今天的青年看来，一个人如果把过多精力放置在爱情上，或者认为爱情是个人生活很重要的一部分，那么在两个人的相处中必然会让渡个人的自由。他们认为，如果不孤独的代价是委屈自己,那么所带来的束缚和消耗远远大于爱情的乐趣。尤其是,一旦有人为了爱情放弃了利益或阻碍了个人发展,"恋爱脑"更被夸大为"自由意志的沉沦"。这背后有一个总体性的预设,就是爱情不值得,心动的感觉、真情的流露不再被认为是情感的觉醒,而是荷尔蒙作祟的产物。所以对爱情不能抱有太高的期待,也不应该过多付出。哪怕是身处恋爱关系当中,也应该保持理智和警醒,正如有青年所言,"谈恋爱的时候用脑应该多于用心""要掌握主动权,就不要主动给对方发消息""不要轻易展示自己的情绪和弱点""女人要会拿捏,男人要反拿捏"。在青年一代的观念里,"恋爱脑"意味着失去理智和尊严,是追求自我价值道路上的绊脚石,在利益得失都量化计算的时代显得格格不入而遭到否定和批判。

爱情在当代青年的价值序列中位置不断后移。青年对于恋爱的态度也趋于消极。在他们的评价体系中,爱情的不可预期性强、投入产出比低,干扰因素也越来越多。如果在恋爱中的付出都打了水漂,不能得到对等的回报,甚至"被渣",还不如干脆不要进入这样的关系。正如有人所评价的那样,当代青年的爱情观越来越理性,个体的独立性是否在恋爱中遭到破坏主导着他们的行为和选择。也正因如此,亲密关系被贴上了"不安全"的标签。标签之下,首先是对付出和获得的计算,然后是对匹配度的全面衡量,再接下来还有迟疑和戒备、挑剔和捍卫，于是，对爱情下意识的疏离更像是一种风险控制——"不开始就不会有结束，先拒绝就不会被拒绝"。

很多年以前，恋爱曾经是结果导向的，被视为婚姻的准备和预热期；在恋爱期培养感情，目的是让婚姻更加顺利与和谐。后来渐渐转变为过程导向，当时的人们不再认为婚姻是恋爱的必然结果；无论恋爱最终走向何方，哪怕是带来失望和伤害，人们都倾向于相信爱情是一段个人成长和自我探索的旅程，在爱情中遇见了更好、更成熟的自己。今天，爱情又转回了结果导向，但不同于过去的是，对于恋爱的结果更多的是顾虑，带有很深的负面情绪，这意味着人们一旦将最深、最隐秘的感情交给了一个人，便有可能面对自我被打扰和破坏的窘境，同时也赋予了对方伤害自己的权利。正因如此，爱情曾经像一道桥，让相爱的人建立连接；今天则更像一面玻璃墙，看得见却不愿触及。

### （二）爱不动也爱不起

"爱不动"的原因是多方面的。首先，青年一代生活的压力普遍增大，工作节奏紧张，出差、加班就像是家常便饭。在当前资强劳弱的情况下，刚刚进入劳动力市场的青年议价能力较低，在延长工作时间、增加劳动投入等方面并没有多少自主权。所以疲惫和紧张感时常让他们觉得很累，一旦有了点空闲时间，就想完全放松下来，或者做点自己喜欢做的事情，让自己的身心得到休息。尤其是现在满足人们独自享受的场景越来越多：餐馆推出一人食，旅游可以找搭子，待在家里随时叫外卖……完全不必再多出一个人来。不少青年觉得，闲暇时间来之不易，干吗费心费力讨好别人？人要学会自己与自己相处，讨好别人不如讨好自己。

其次，享受爱情需要闲适的心情，比如：下班后一起做顿饭，周末有一搭没一搭聊聊闲天。但是现在随着工作压力的不断增加，不少青年都生活在"做今天看明天"的环境中，在加班加点完成当前工作的同时，还要时刻未雨绸缪，为下一步的发展做准备。在他们当中，有人把自己比作"无情的加班机器"，一旦进入恋情当中，心里很快会产生一种不安的感觉，担心自己沉溺于情爱，耽误了上进，万一未来职业生涯发生突变而自己无法把握怎么办？也有人抱怨，爱情就像走流程，"邀约—约会—告白—亲密接触"，什么进度做什么事，以及想分手了先如何冷却、分手之后如何体面收场，似乎都有了标准化的答案，也并不觉得多么有意思，所以不谈也罢。

再次，绩效主义的观念渐渐渗透到了情感生活中。如果恋爱就是为了婚姻这个结果，那还不如让一切都可以操作测量，直接奔赴婚姻就可以了。如果恋爱没有结果，那么这个过程的意义何在呢？如果它没有意义，那么这个过程又何必存在呢？同时，在当代青年看来，生活本身充满了不确定性。作为青年，生活才刚刚开始，可能还面临换一个城市生活、换一个行业发展等不可预期的选择，当年轻的恋人面对不同的发展道路时，很少有人为了别人而放弃自己的前途，爱人很难共同进退，爱情在面包面前也显得无足轻重。正因如此，青年为了积累与风险对抗的资源和能力，将时间和精力投放到了更能带来确定性和增加安全感的事务中，在快速变化的社会中不知疲倦地奔波忙碌。面对不确定性较强的情感问题时，他们进行了理性的权衡，认为过多的投入会给自己带来什么尚是一个未知数，于是降低了情感投入的热情，不得不面对情感缺失的状态。

"爱不起"是另一个高频词，它直指恋爱中的经济开销。恋爱中的经济压力对男性和女性而言各有苦衷，男性的承受不起一般体现在确立恋爱关系的过程中，女性的承受不起则往往体现在确立关系之后。

大众媒体和市场营销将爱情与消费联系在一起，并深度捆绑，约会被描绘成娱乐消费活动，爱情和恋爱关系的物质化趋势十分显著。不知何时起，大众舆论开始流行一种说法："爱她就给她花钱吧"，这似乎意味着男性对女性的爱必须用钱去衡量。在追求和确立恋爱关系的过程中，平日里的约会就包括诸多开销项目——吃饭、零食、看电影、小日用品、小礼物，林林总总加在一起，就是一笔不大不小的开支。如果一场约会只是见面，而没有大方的经济投入，男生一方则很有可能被指责为"鸡贼男"。每逢节日、假日、纪念日，男生给女生转账、买花、送礼物仿佛成了约定俗成的规定动作，而这当中又逐渐形成了一套较为固定的仪式和消费标准，"千里送鹅毛，礼轻情意重"已经不再是这一代人所认可的观念，如果转账只是点到为止或者礼物没有让对方满意，很有可能被贴上"不爱"或者"敷衍"的标签。在朋友圈秀恩爱也成为恋爱过程中维护和巩固的一部分，这又引起了条件差不多的朋友之间的攀比。这样一来，经济条件对于男性青年有了双重意义：既是恋爱竞争的重要条件，又是男性气概的衡量指标[1]，强大的经济能力和有魅力的男性气质密切地联系在了一起[2]。有些男青年深感无奈："花钱就花钱吧，挑礼物也费神费力。礼物挑得不好，被骂直男；礼物挑得太好，又被说是大剪子。照着别人朋友圈买，说你不用心；不看别人朋友圈，自己买，又说你连抄作业都不会。"于是，便有男性青年发出了"女生追不起"的感慨。

经济开销和物质上的付出给女性带来的往往不是压力，

---

[1] 胡静凝. 县域婚姻市场与农村青年的相亲实践. 华中农业大学学报（社会科学版），2023（4）.

[2] 刘海平. 亲密关系商品化和约会程式化：以深圳PUA公司的调研为例. 中国青年研究，2021（6）.

而是伤害，这是因为女性在经济上的付出一般是在恋爱关系确立并趋于稳定之后。关系明确后，女性渐渐形成了与恋人共同进退的想法，在日常开销上不分彼此。有些女孩子为了让男朋友在工作初期没有后顾之忧，好好努力奋斗，还会在自己的能力范围之内主动承担一些经济压力。但女孩子这样做，需要面对付出得不到回报甚至被辜负的风险。

有的恋人大学毕业后一起步入社会，工作了一段时间，决定一起考公务员。由于学生时代女生在学习和考试中的表现一直比男生好，所以在备考过程中，女生主动承担了更多的日常琐事，还将两个人的生活开销并在一起，减少男生的后顾之忧，以便男生有更加充足的时间和精力复习备考。然而，最终的结果远远超出预期——女生自己栽在了面试上，而男朋友一路过关斩将、顺利录取。令女生始料未及的是，她遭受了考中的男朋友"上岸第一剑，先斩意中人"的背叛。更让她寒心的是，从提出分手到彻底分开，男生自始至终也没有将恋爱期间的共同开销作为一个需要讨论的问题来严肃对待。

也有的恋人在确立关系以后，便开始为未来的生活做长远打算，"攒钱"成为一个绕不过去的话题。现在的青年由于在生活收支上都习惯于 AA 制，所以开始计划攒钱的时候，往往口头约定各攒各的。然而，每过一段时间盘点收支和积累状况，往往是，女生的钱渐渐攒了下来，而男生连自己的钱花在了哪里都稀里糊涂，总是在不知不觉之间钱就像指缝中的沙子一样流光了。可是，当女生对这样的资金状况表示不满时，男生总会提到两方面的内容：一是，钱是靠赚的，不是靠攒的，攒下来的都是小钱，解决不了大问题；二是，年轻的时候就这么抠抠搜搜，以后孩子、房子、车子都有了，到处都是需要开销的大窟窿眼儿，日子可怎么过啊？年轻的女生对于改变这样的状况无能为力，她觉得与其这样，还不如自己一个人生活，一点一点攒钱，反正辛苦都是一样的，哪怕不能更开心，也能更轻松一点。

于是，"爱不起"成为今天的青年对爱情不再抱有热情的又一个原因。有青年认为，这并不是简单的经济开销的问题，而是最后演变成了谁薄情、谁占便宜。试问又有谁愿意"情财两输"呢？如果感情的付出变成了一种风险的考验，爱情给人带来的挫折和打击代替了甜蜜和浪漫，那么与其花钱费事还不一定能讨到别人的欢心，也不能预计物质和精力的双重投入最终换来的是什么，还不如不要进入恋爱关系。当"你中有我，我中有你"的感情基础难以建立时，既然不能两个人开开心心，那就一个人安安静静。

### （三）依然渴望爱情

在以青年为主的互联网社区"知乎"上出现过这样一

个问题:"为什么年轻人一边对现实中的爱情敬而远之,一边又对纸片人的爱情欲罢不能?"高赞回答:"因为那里有我得不到的爱情和理想的人。"所以,年轻人所回避的并不是爱情本身,而是他们觉得在现实生活中得不到自己满意的爱情。

年轻人在恋爱综艺中体验爱情的起伏。恋爱综艺是一种将爱情作为观察对象、观众可以旁观式体验恋爱过程的真人秀节目品类,近年来在各大卫视和网络平台持续升温。《我们恋爱吧》《心动的信号》《半熟恋人》《幸福三重奏》《再见爱人》邀请明星或素人恋人在节目中展示双方的日常相处,既有甜蜜与温情的呈现,也不回避矛盾冲突。节目从不同的角度切入,同时融入多重视角和多重身份对恋爱关系展开深入的观察和讨论。比如:有的节目在结构上既展示恋人之间的日常相处,又穿插各自的心声和情感独白,将关系中的矛盾、误解和挫折全方位展示出来;有的节目设置观察员、情感导师等角色,试图建立第三方视角对亲密关系进行解读和审视;有的节目确实成为嘉宾关系发生改变的催化剂,并在节目结束后留存在公众视野被持续讨论。

青年热衷于观看这样的节目,并将之比喻为"下饭神器"或"电子榨菜"。鉴于他们依然想要体验爱情,自己又不想承担爱情可能带来的尴尬和痛苦,这样的节目形式便提供了深入探索恋爱中的情感、关系和自我的机会。他们一边观看、一边议论，或者代入其中一方的立场发挥自己的想象，设想如果是自己面临这样的处境将会怎么想或者做出怎样的反应。恋爱综艺的特点在于个体的主观感受能够在具体的情境中达到瞬时性共在，从而产生情感共鸣[①]。青年——尤其是女性——在观看恋爱综艺的过程中，与节目中的恋人们共同体验情感的起伏，似乎是在旁观，但是一边观看、一边议论和解读又能够让他们体验到参与感。他们以别人的故事为依托，借助综艺节目的场景展示，在嘉宾情侣的互动中体会爱情的甜蜜与温馨，又可以设身处地体察他们的难处和困境，以及无法避免的痛苦、伤心等情感。对于青年而言，恋爱综艺为他们提供一种全景式的共情，但又不用亲身经历，在一定程度上扮演了感情生活的代餐角色。

甜宠剧侧重于满足理想化的情感想象，成为青年寻找纯爱乌托邦的寄托。甜宠剧是近年来国产电视剧中热度较高的一个类型，属于言情剧的范畴，但又以甜蜜、宠溺为叙事主基调而显著区别于以往的苦情剧。在剧中，爱情是其他一切事件和现象的基础，人物也都具有与现实世界高度吻合的身份设定，

---

① 田雪青，王毓川，张晨明. 城市单身青年恋综"上头"的逻辑与影响. 当代青年研究，2023（1）.

但是故事的发展自有一套服务于剧情的封闭逻辑。在剧情的设定上，存在一些自成一体的套路，比如：女主一无所有且傻白甜，就是为了全面展示男主的爱与呵护；男主必须表面嘴硬、内心深情，兜兜转转数年时间，蓦然回首发现心中只有女主；优渥且恶毒的女配必须制造误会，并让女主陷入窘境，扮演男女主角爱情试金石的角色；忠犬式男二必须在男主幡然醒悟时自觉隐退，成全男主浪子回头，并为男女主角感情升温起到催化作用；男主被冤枉是为了突出女主对他的无条件信任，女主被霸凌是为了给男主创造保护她的机会，等等。有些剧集在故事的设定上，制造出一个与现实世界短暂隔离的微观场景，最为明显的手法就是玄幻剧和架空剧，或者借助几个历史上的人名进行全新的二次创作，也有以现代都市生活为背景的选题。为了将甜宠的剧情推向极端，经常会出现一些不符合现实生活的设定。这个时候，编剧方与观众达成了一种默契：双方都知道且认可这不是真的，没有必要在这里追求逻辑与合理，剧情的设计就是为了更有利于展开想象。

　　青年在观看甜宠剧时的心态与观看恋爱综艺时不同：观看恋爱综艺时，有立场、有辨析、有讨论，是一种较为现实化的态度；观看甜宠剧时则完全放弃了现实的设定，用青年自己的话来说，"嗑就是了"。有人批评甜宠剧是工业糖精，青年回应"生活已经这么苦了，就要这么无脑吃糖"。网上流行的一句话"生活有毒,且没有解药,但镇痛剂有很多"或许能够部分阐述甜宠剧火热的原因,它所营造出的爱情乌托邦,正好成为青年想爱又怕爱的"镇痛剂"[①]。

我们在前面的章节已经讨论过了"虚拟恋人",这也是青年满足自身对于爱情和亲密关系需要的途径之一。虚拟恋人借助互联网平台,依据客户的需要打造个性化人设,由真人扮演"恋人"的角色提供有偿服务。人们通过消费的方式,用文字、语音、视频等方式,从网络世界的"恋人"那里获得叫醒、哄睡、聊天、打游戏等服务,体验关怀、陪伴、嘘寒问暖。声音是虚拟的恋爱关系的第一要务,因为爱人的声音必然是充满感情的,还要有一定的意境和情趣在里面,有人会说"这个声音很性感",或者"这个声音一听就爱上了"。于是,虚拟恋人根据自己的人设仔细打造声音,男性"恋人"扮演温暖大叔、霸道总裁、阳光男孩等,显得体贴、可靠、有情趣;女性"恋人"扮演萝莉、御姐、小甜心等,处处体现女性的活泼与温柔。有了声音,还要说对方想听的情话,无论是甜言蜜语还是土味情话,都要让对方体验到甜蜜和爱意。有些时候还会用撒娇、发嗲、吃醋、卖惨等技巧来制造粉红色的泡泡,仿

---

① 刘月悦,李宇涵.从"异托邦"到"双主控":论甜宠剧的情节套路与转型.中国电视,2023(9).

佛置身于真实的恋爱关系之中。用声音和情话塑造恋爱的场景，给客户营造出想象的空间，使之在柔情蜜意中体验爱情的温暖与美妙，享受被爱的味道。

虚拟恋人的本质是情感消费，刷礼物、打赏等金钱投入是维持关系的根本。对于情感需求和经济实力较弱的消费者，虚拟恋人一般不会付出订单以外的时间和精力来维持关系。对于情感需求强烈但是不愿意花钱的消费者，一来二往，虚拟恋人最终也会一走了之[①]。那些情感需求强烈、花钱又慷慨的消费者，在这里想要体验的就是没有冲突、矛盾，不会被伤害、辜负的爱情，他们希望在这里享受爱情获得者的感觉，不用单相思，不会被拒绝，不会遭受冷遇和怠慢，问候与回应或甜蜜、或热烈、或温馨，总之都是正向的反馈。花钱购买服务的人很清楚这不是真正的恋爱关系，但是他们仍然要进行这样的消费，而且需求的群体越来越大、生意越来越好。在部分消费者看来，这种建立在消费之上、身体缺席的假装亲密有些时候更具可预期性和可控制性，真实的恋爱关系可能剃头挑子一头热，也可能竹篮打水一场空。虚拟恋人排除了孤独感、享受了关心和陪伴，也明白"钱断情无"的道理，所以哪怕就是一个

---

① 郑广怀，张心怡. 情系云端：数字时代虚拟恋人的亲密关系及其不稳定性. 广东社会科学，2023（2）.

粉红色的梦境，体验一下又有什么不好？

除了替代性和虚拟性的情感体验，青年一代还希望通过亲密关系课程的学习，更加了解异性，提升与异性相处的技巧，达到情感赋能的目的。当前，线上和线下各种亲密关系课程火爆，年轻女性是这种课程的主要受众，这表明人们对情感、婚姻和亲密关系的相关知识的需求大量而真实地存在[1]。这些课程首先通过微博或微信公众号吸引读者，有兴趣的读者可以加入微博或微信群成为学员。在缴纳学费之后，有些收费高、注重打造课程圈子的课程在线下开展；有些收费低、以扩大学员规模为导向的课程则选择以直播、视频等方式在线上开展。学习的过程中，群内成员可以自由讨论，有些课程也包含了情感导师一对一辅导的内容。

报名这类课程的学员，往往是那些在感情中没有得到过期待的回应，或者担心受到挫折和打击的女性。在课程开始阶段，情感导师首先会提供关于女性个人成长及情感困境的分析和指导，首要步骤就是将女性的"自我"放置在核心的位置，在亲密关系中保持稳定的情绪，通过各种技巧掌握感情的主动权，例如：如何打造女性魅力，如何让共情有价值，如何

---

[1] 叶韦明，侯忻妤.亲密关系的麦当劳化与游戏化：情感学习社群的网络民族志研究.浙江学刊，2021（3）.

有效控制情绪，女性成长应该注重哪些问题等，始终主张的是"帮助女性找到那个更好的自己"。紧随其后的内容一般都是两性关系的逻辑、主要问题及应对方案，技术性和策略性更强，学习了解对方的意图，再朝着对自己有利的方向引导，从而在相处中不吃亏，例如：怎样才能在两性关系中占据主导地位，男人/女人这样说/这样做是什么意图，如何处理亲密关系中的感情和利益等。最后一部分内容一般往往是提高情感认知力，包括如何筛选合格的恋人、识别潜力股/情感中的竞争者，如何有效示爱，面临分手时怎样才能有效挽回，两性相处中需要规避哪些错误等。

报名学习这些课程的青年，往往觉得自己"很木讷""不会来事""经常情绪上头""和人相处的时候老吃亏""得不到自己想要的"。在学习的过程中，他们意识到原来很多感情问题是可以技术化处理的，有些是话术问题，有些是相处的技巧问题，其根本目的都是激发亲密关系的对象对自己的未知性与好奇心、所有权和拥有感，通过稀缺性的营造来达成投入和拥有的渴望[①]。

大众舆论对于这类情感课程充满了质疑的声音，有人认

---

① 叶韦明，侯忻妤. 亲密关系的麦当劳化与游戏化：情感学习社群的网络民族志研究. 浙江学刊，2021（3）.

为这样处理情感的方式太过工具理性,并不利于人们真正地拥有和享受感情;也有人认为这些课程就是教人玩心眼,PUA别人;还有人质疑情感课程的效果,认为程式化的应对策略并不适用于所有人。这些质疑的声音各有其道理,但这并不是我们讨论的重点。在这里,我们更想指出的是,通过部分青年对情感课程学习的热衷,希望通过学习提高自己处理亲密关系的能力,可以在一定程度上体现出他们对于良好的亲密关系的渴望。

现在的青年喜欢说自己是"淡人""宅男/宅女",不愿意进入恋爱和亲密关系之中。通过观察发现,他们所畏惧和逃避的并不是爱情和亲密关系本身;他们也承认甜蜜的爱意和理想的爱人仍然是美好且令人向往的,只是认为这种美好很难在现实生活中达成。他们除了对爱情的不可预测性感到担忧,还害怕太过密切的关系侵扰了"自我"的边界,个体的独立性受到打扰;如果在爱情中没有保持冷静,让渡了自己的利益,赋予别人伤害自己的权利,则是更糟糕的事情。"人们不想独自一个人,但同时又很害怕投入,害怕被纠缠,害怕被束缚,害怕错付,害怕不对等,害怕错过,想要一个安全的港湾,但同时又想保持自由。"[1]

---

[1] 孙若茜.爱情降级,我们时代的冷亲密.三联生活周刊,2024(8).

### （四）爱情的"麦当劳化"

正是由于对爱情既渴望又担心的心态，青年仍然在积极地寻求建立恋爱关系，他们希望将爱情放置在自己可以控制的范围之内，在感情中的投入和收益可以预期，让恋爱的每一步都不会"悬着"，这样便出现了爱情的"麦当劳化"。有人认为，将理性化的运行机制嵌入人的情感领域是现代性的后果之一[①]，在这当中存在着人的观念与外部世界不断互动的过程。当浪漫、缘分、激情这些感性要素让青年觉得缺乏安全感和可控性时，他们便自然而然地期待将爱情放置在标准化、程序化的框架之下，使人的情感可测量、可预判，试图用效率化的方式选用最佳方案来达成目标。

首先，恋爱条件可测量。部分青年在谈恋爱时以匹配为原则，寻求亲密关系的建立；在他们看来，如果一个人注重考察外在的、可以摆在台面上的条件，并不能说这个人势利或者不懂爱情，而恰恰是这个人理性的表现。"有感觉""有眼缘""等缘分"这些说法，都没办法用具体的内容去衡量，不能与现实的状况一一对应，反而会让一些有诚意谈恋爱的人觉得"太虚了"，都是托词。一些青年明确表示希望用可观测、

---

① 张楠楠.完美游戏：理解"云相亲"青年的情感"麦当劳化".中国青年研究，2024（1）.

可度量的具体指标来选择恋爱对象，比如：相貌要求、工作和收入情况、家庭背景、教育程度等。这些指标可以展示明确、清晰的要求，排除那些不确定因素，降低感情当中遭受挫折和打击的可能性，在他们看来，这样比较稳妥，建立的关系也更加可靠。无论是请人介绍，还是借助互联网"云相亲"，这些条件框定的对象令自己满意的可能性更大，也能够降低磨合和交往的成本。他们觉得，先筛选出各方面合适的人，再考虑要不要和对方谈恋爱，是比较理性的做法。如果先投入了大量的感情，后面相处过程中又发现两人不合适，或者发生了什么应对不了的变故，再来结束关系，沉没成本就太大了。

其次，恋爱进度效率化。这一观念从追求阶段开始，贯穿在恋爱的过程中。比如，两人尝试建立关系，首先要男孩主动，多久邀约一次、约出来之后安排什么活动、在哪里吃饭、要不要送礼物，都要让对方可以感知到自己的态度，进而把握感情的进度。如果男孩多次邀请，女孩都推脱或者怠慢，那么就不要再继续尝试下去了。"坚持不懈地追求一个人"在他们看来并不是对爱情的执着，而是既不懂得尊重他人的边界感，也不知道维护自己生活的效率。他们觉得"慢热""高冷"并不是什么有说服力的理由。有青年说："不要用高冷作借口。他说高冷，因为你不是他想暖的那个人。""哪有什么慢热快热？慢热就是不想热。"他们觉得这样的说法既没有效率，也显得不真诚。如果感情开始以后，遇到难以为继的情况，不管何种原因，该结束就应该尽快结束它，并想方设法让自己不要被失恋的痛苦纠缠太久，及时止损也是效率的一种体现。另外，恋爱中"秀恩爱"很有必要，它仿佛是恋爱关系发展的刻度尺："晒恩爱"用来提升亲密关系中的信任感，"官宣"表明关系确立，用他们的话说是宣告主权；"晒热恋"是以庆祝之名促进关系升温，就连分手也要"晒"一下，是告诉别人上一段关系结束了，也是告诉自己，不要在伤心中沉溺太久，适时走出来，不要浪费太多的时间[①]。

最后，恋爱成效可预测。将恋爱过程中遇到的问题条理化、步骤化，区分清楚哪一些是可以解决的问题、哪一些是无法解决的问题、哪一些是不可预期的问题，以此来确定这段关系究竟会不会有未来。很多青年都肯定这样的态度，他们觉得这并不是无情，反而是负责任，如果是做个伴儿走一程，就不要给对方一路走下去的错觉；如果是准备走向婚姻，这样做更有利于长远的规划。如果期待感情可以长久，它最好是可预测的，因为这样一来便不会有"走到哪里算哪里"的随意感，也

---

① 王淑华，何丽，姚晔. 透明之爱：社交媒体"晒恩爱"的仪式过程与新型亲密关系建构. 未来传播，2023（4）.

不会抱有"船到桥头自然直"的侥幸，双方尽可能营造一种真诚合作的态度，从而拥有高质量的亲密关系，恋爱的双方可以从中体会到更加稳定的情绪和自信心，降低感情受挫和遭受打击的可能性。与前几代人"恋爱就是一场冒险"的爱情观不同，这一代青年更加看重的是对爱情进行风险控制，因为在他们的观念中，如果爱情是不断地受到伤害和解决麻烦，那还不如干脆没有它。

如果仅将爱情的"麦当劳化"看作青年一代用工具理性或功利主义的态度处理爱情问题，认为这样缔结的是一种"假性亲密关系"，这当中多多少少包含着一些误解。他们看似用标准化、程序化、可预测、高效率的方式寻找伴侣，"适合"的重要性远高于"完美"，从根本上讲，这当中要处理的是恋爱双方的情感根基与理性合作的关系。他们认为好的感情是将情感的根基建立在理性合作的基础之上，将情感托付于值得的关系之中，不至于发生太多"我本将心照明月，奈何明月照沟渠"的伤害。生活已经很辛苦了，谈恋爱是为了让日子过得更安逸，不是给自己找麻烦。因此，爱情的"麦当劳化"重点不在于找到什么样的人谈恋爱，而在于个体的积极作为；这样做并不是在关系双方内部争夺主导权，而是在决定进入这样的一种关系时，个人的意志和理性处于主导地位。

## 二、婚姻：既要有感情，也要好合作

今天尽管我们经常在网络平台和大众媒体上看到结婚率下降、青年对待婚姻的态度越来越冷漠的报道和讨论，但大部分青年到了适婚年龄，无论是出于外界的影响还是出于自身的意愿，都会认真考虑结婚的问题。

对于一些评论提到的"现在年轻人结婚既要看家庭、又要看个人，越来越现实"，青年一代认同对现象的描述，但并不接受批评的态度。他们在考虑婚姻问题时，仍然认为夫妻双方的感情是良好婚姻的基础，同时也强调物质和条件是重要保障；在选择结婚对象时，既要考虑对方家庭的付出意愿，也会考察对方自身发展的能力。在青年的观念里，衡量硬性条件和注重感情并不矛盾，二者不是对立关系，用他们自己的话来说："不是说按照硬性条件筛选出来的对象就肯定没有感情，就只能冷漠地搭伙过日子，不是这样。有了外在条件的保障，感情遭遇不测的风险才会变小。""没有谁规定两个人的感情必须从浪漫的相遇开始。实打实过日子，最好还是鱼找鱼、虾找虾、猫咪找阿花。"

### （一）硬性条件是保障

今天的青年在相亲和结婚时较为注重硬性条件，这当中包含物质条件，但是又不局限于物质条件。其中，最主要的两项内容是父母付出的意愿、个人发展的能力。这直接影响着个人在婚姻市场上的位置和谈判能力，也预示着择偶婚配的话语权和选择权①。

父母为小家庭付出的意愿，涉及双方的父母。付出的意愿以付出的能力为基础，首要一条就是最好没有养老负担。这意味着父母最好是有自己的养老解决方案，要么有退休金、养老保险，要么拥有可供养老的资产，要么拥有能够应对日常生活开销的现金来源，与此同时，没有外债，也没有给家庭造成过重大的经济损失。这些便是父母为孩子的择偶付出的第一步。

在此之上，更为关键也更为重要的是，父母能够给孩子的小家庭在经济上提供起步支持。在农村地区，婚嫁标准提升到农村家庭最好在县城购买婚房，因为农村的居住条件和生活方式难以满足新组建的小家庭的日常需求和发展需要，因而，农村青年在县城购买婚房成为他们成功相亲、组建家庭的重要前提②。在经济较为发达的地区，这一标准上升到了在所在地级市的城区买房。而在省会周边的地区，县城或地级市的家庭

---

①② 刘海平. 亲密关系商品化和约会程式化：以深圳PUA公司的调研为例. 中国青年研究，2021（6）.

如果在省城购置了房产，也会大大提升孩子在婚姻市场上的竞争力。这个责任主要落在男青年父母的身上。

到了大城市，尤其是特大型城市，具体的表现形式发生了变化，但本质仍然一样。两个青年完全凭借自己在大城市安家几乎不可能，父母能够为小家庭提供多少启动性支持就显得尤为重要，如果一方父母或双方父母合力至少为他们在买房时提供一笔启动资金，那么小两口在大城市安家置业便有了希望。这个责任以男青年父母为主，但由于大城市安家成本极高，在现实操作过程中逐渐演变成谁家能力强便谁家多承担，当然，付出多的一方在小家庭中的话语权也更大。然而，无论是买房还是结婚，启动资金的提供仅仅是一个开始。不管是在城市还是在农村，对于大多数青年来讲都难以在建立家庭伊始就完全自给自足，他们在很长一段时间内都需要父母继续帮衬，有时双方父母还要根据谁家出钱、谁家出力进行分工，分头为小家庭的建设提供支持。因而，父母在经济上予以支持的能力和意愿对于小家庭至关重要。

父母为孩子付出的意愿，还包含尊重孩子的个人意愿，在小家庭的建设中不过多发表自己的意见。随着代际重心的下移，在婚恋关系中，个体的意志取代了家庭的利益，子代的情感体验和个性化诉求才是恋爱和婚姻的重心所在。尽管在今天的婚恋模式中，青年也越来越认可通过相亲或者介绍的方式接触恋爱对象，最后双方满意、顺利走向婚姻，但这绝不是"父母之命，媒妁之言"的现代版。即便是通过家中的亲戚或父母的朋友介绍，能否进入恋爱关系还是取决于孩子是否"看对眼"。建立小家庭以后，由于青年一代非常重视自主权和自决权，也要求在亲密关系中保持一定程度的自我，作为父母来讲需要有"年轻人的事情尽量少掺和"的自觉意识。在过去的近40年时间里，由于我国人口政策的调整，家庭结构不断发生变化，核心家庭居于强势的主导地位。这样形成了两个显著的后果：其一，情感因素在家庭成员关系中扮演着重要角色，子女在成年之前与父母一直保持着较为亲密的关系；其二，子女自我意识、权利意识都比较突出。所以，青年在考察结婚对象的硬性条件时，未来父母会否过分干预小家庭的决策、能否尊重子女的意愿也被纳入考量范围。

父母付出的意愿固然重要，但为家庭长久之计考虑，个人发展的能力才更为关键。这是因为父母的支持只能在小家庭建设的初期发挥作用，中年以后的生活质量则更大程度上取决于夫妻二人的发展前景。如何界定个人发展的能力？体面、稳定、高增长、社会关系等不一而足，这主要取决于结婚对象看重什么。

有些人看重的是结婚对象可以带来家庭收入的高增长。尤其是准备或者刚刚在大型城市扎根落户的青年，小家庭建立之初，需要应对多方面的开销。即便短时间内不考虑生孩子的问题，买车也不作为必备选项，每月仅将住房一项作为必需开支，也对收入水平提出了一定的要求。随着年龄不断增长，养育子女的开销不可避免，《中国生育成本报告2022版》显示，全国家庭0～17岁孩子养育平均成本为48.5万元，而北京和上海的成本则远高于这个数，上海以102.6万元位居第一，北京以96.9万元紧随其后。在孩子的养育成本不断飙升的同时，中年之后还需要积攒一些家庭储备金以应对不时之需，所以普通中产家庭想要过得好，便会寄希望于家人有份高收入的工作；如果工作到一定年限之后，还能拿到股份、得到分红，那就更好不过了。这也是码农、大厂员工、金融行业从业者在这些地方的相亲市场吃香的原因。此外，在东部地区一些小城市和县城，在选择婚恋对象时，也非常重视个人能力在未来家庭财富积累中的作用。不过，与特大型城市不同，这里的青年并不是以月薪或者年收入为判断标准，而是格外强调"赚钱的能力""能踏踏实实把赚钱养家当回事"，例如，年纪轻轻单靠自己一个人的能力就买了车，有储蓄的意识，不盲目跟风投资。

也有一些人看重的是体面和稳定。正如前面章节所讨论的，近年来"上岸"越来越被青年一代所看重，而"上岸"之后获得的职业身份和社会地位，在婚姻市场上的价值也越来越高。尤其是在社会资源相对集中的中小型城市、县城，"体制内"的身份在相亲与择偶时简直具备了断崖性优势。一些原居住于县城或农村的人，靠外出打工有了一定的积蓄，配备了符合当地结婚标准的物质储备，无论他们的孩子从事何种工作，他们都希望孩子在恋爱或相亲的时候，能找到一个体制内的对象。这样一来，孩子的生活稳定，家里人也觉得体面。然而，正是这些都看重职业所带来的稳定和体面的地方，基于优势资源不能被稀释的心态，恰恰更加强调般配，逐渐形成了以职业身份为基础的婚姻圈子。以县域相亲为例，无论相亲的过程如何，最后的结果往往是"公务员娶了公务员、教师嫁了医生、做生意的和做生意的结了亲家、啥都不像样的没人看得上"。这种现象进一步演化。随着职业身份的转换，在婚恋市场上的地位和姿态也会随之变化。在某西部县城，一对恋人均为大学毕业后返乡的青年，二人返乡之初，用自己的话来说就是"都没有找到像样的工作"。女生通过家里人介绍在电信营业厅打工；男生找了跟自己专业相近的工程队，在那里跑腿一段时间后，很快当上了小队长，手下管着十几个人。一开始，女生的父母看不上男生，觉得男生家两代人联合起来给儿子连个像样的工作都找不着，女儿嫁过去，要钱没钱，要地位没地位。女生的态度也并不坚决，告诉男生，只有他有了份正式工作，她家里才会点头同意。男生工作之余，先考取了监理证，又考上了编制。女生母亲的态度突然转变，希望男生家里尽快提亲，把两个孩子的事情敲定下来。但让她没有想到的是，男生家的亲戚给他介绍了同时考上编制的一名小学教师，认为这样的两个人才般配。

还有一些人看重的是社会关系和办事能力。与前几代人奉行爱情至上、浪漫主义不同，这一代青年较早就认识到了社会关系的交换价值在生活中的重要性。因而，在考虑恋爱和结婚问题的时候，婚恋对象的职业路径在未来是否能够不断扩大人际关系网络、不断提升交换价值，也成为一部分青年和他们的家庭重点考察的问题。专业技术人员是持有这种观念的人眼里的香饽饽，它与体制内的职业身份有一定范围的重合，但并不完全等同，看问题的侧重点也不一样。相较于看重稳定和体面的体制内身份，这里更加注重的是人际关系网络的有效性，即找人办事或者解决家庭实际问题的能力。持这种观念者认为，只要是具备交换价值的人际关系，即便不去专门精心维护，也能够你来我往地保持下去，用他们的话来说，就是"你对别人有用处，别人才愿意搭理你"。此外，交换价值最好是在自己的身上，并且随着年龄、经验和资历的不断增长可以持续增值，通俗地讲就是"越老越值钱，越老越吃香"。不会像体制内的一部分工作，价值在于岗位而不在于个人，人离开了岗位就什么也不是了；也不会像码农、大厂职员，高增长只是青春饭，到了一定的年龄升不了职就要面临裁员。持有这种思路的青年和他们的家庭，在考察个人发展能力的时候，尤其喜欢将目光投向医疗、教育、专业设计、财务、监理等职业门类，在那里寻找令他们满意的对象。

由此可见，当代青年在面对婚姻问题时，认真地筛选着缔结婚姻的对象，从家庭基础的考察，到个人发展前景的预测，有些方面是掌握宏观方向，有些方面是把控细节。但是，这里需要强调的一点是，我们不能因此就说当代青年对待婚姻的态度太现实或者太功利。前一两代人之所以将一起吃苦的幸福视作爱情的浪漫，是因为只要他们共同努力，婚后家庭财富的积累、生活质量的提高都是可预期的。但是，当代青年面对高企的房价、不断上涨的生活成本，以及职业发展的不确定性，通过两人婚后的努力来保障生活的难度已经成倍增加，所以他们期待通过慎重的选择，来为自己的婚姻赢得一个好开局。

### （二）情感交流是基础

虽然年轻的人们不无夸张地说"介绍对象就是排雷"，但这并不代表他们在寻找婚恋对象时只看条件而不顾其他。他们仍然关注两个人有没有共同语言。如果长年累月生活在一起，两个人却没法交流，应该是一件很痛苦的事情，对生活质量的影响也会很大。

首先，他们认为要想长久地生活在一起，先要具备交流的基础。在这一代人的观念中，为长久计，突如其来的爱情似乎并不可靠，根据条件筛选，目的就是能够找到一个有共同语言的人一起生活。外部条件的匹配是表，建立于外部条件之上的价值观念的匹配才是里。双方看问题的角度、发展的路径、思维方式等方面都协调，交流起来才没有障碍。在解释匹配与交流的关系时，有人打了个比方：在这个世界上，人和人之间的交流，就好比是数据线的接口，有人是 typec，有人是 u2.0，有人是 u3.0，有人是 thunderbolt，既要看接口是否齐全、线路是否完备，还要看接口和线路对不对得上，如果接口不匹配，再怎么努力也解决不了问题。

也有人表示，结婚是两个人全部的社会关系结合在一起，如果两个人外部条件差别太大，一个人觉得正常范围内的开销，另一个觉得太浪费；或者一个人回家吐槽工作上的事，另一个都不知道怎么接茬，说不定还会越聊越堵；再或者一个人和另一个的朋友干脆玩不到一起去……一天到晚都是这些事，天长日久了怎么可能幸福？兴趣不同或者偏好不同是很正常的事情，但是观念差别太大，日子肯定过不好。比如，一对小情侣，一个喜欢看球赛，另一个喜欢看演唱会，这很正常；但是，如果一个把球赛或演唱会作为生活中很重要的一项内容，而另一个觉得看这些都没价值、没意义，浪费时间，还是一笔不小的开销，这样的话要长期维持两个人的亲密关系就很吃力了。再比如，一个人觉得要是能考上编制、考上公务员，拥有稳定的工作和可以预见的未来，幸福生活就有了保障；而另一个人觉得体制内的工作晋升受到多种条件限制，工资收入也不高，清闲的岗位也越来越少，性价比并没有那么高。如果两个人持有这样截然不同的态度，在生活中又怎么可能顺利交流呢？所以，两个人要长期生活，就要有话说；而要想一直有话说，就要有比较一致的想法，观念上的匹配才是共同语言的基础。

其次，共同语言还包含一层意思，就是对方在主观上有和自己分享的欲望。青年一代常说"分享欲在哪里，心就在哪里"，分享欲本身就是偏爱的体现。一个人在遇到特别有趣的事，或者特别心烦的事时，第一时间想到要和谁分享，谁在这个人心里就格外重要。在青年看来，如果对一个人产生兴趣，就会很想了解对方，同时也期待对方了解自己。有青年说："如果有人经常跟你分享平时生活里那些很琐碎的事情，不是因为他闲得慌，而是因为他一直在惦记你、关心你，也希望能够引起你的注意，得到你的回应。"两个人建立了恋爱关系，并且打算朝着更长久的方向发展，如果相互在意，那必然会把对方作为最亲密的分享者。也有青年谈到，那些看上去毫无内容的分享，才更有过日子的感觉。在工作当中，我们需要内容明确、条理清晰的表达，因为只有这样才能完成任务、达成工作目标。而生活总是由那些大大小小的无用的细节拼凑而成，想到哪里说到哪里，或者两个人一起说废话，"我们之间是不一样的，说话的时候可以不用过脑子"，才更能激发"自己人"的体验。在这样的交流中，两个人分享的并不是什么有用的信息，而是相处时亲密和松弛的感觉。当然，作为亲密关系中重要的交流形式，分享并不局限于语言，还包括把自己个性化的偏好分享给对方：一起吃美食、一起追剧、一起看电影和演唱会，还有一起吐槽。人对于建立深度关系的渴望一直是存在的，希望这样的关系能够超越工具理性，通过深度的嵌入来满足情感的慰藉。也正因如此，在亲密关系中，分享的意义并不在于其本身，而在于让对方更加了解自己。当分享变成了共享，两个人也渐渐地成了对方生活的一部分。

### （三）追求主体性与归属感的统一

如果说两个人有共同语言是各代人在恋爱、结婚时的共同追求，那么，拥有自我和尊重对方的主体性，则是这一代青年在建立亲密关系时特有的关注点。

在本书其他章节的讨论中，我们发现主体性意识深深扎根在这一代青年的观念当中，"不被他人所决定""为自己而活"

的动机和欲望从不同的方面展现出来。本章前半部分探讨了为什么青年一代会恐恋恐婚，其中尤为重要的一个原因便是担心介入过深的关系会妨碍自我、干扰个人的主体性。只有当个体在婚姻和恋爱的关系中感受到较高程度的自我时，关系中的归属感才能与亲密关系的质量呈正相关①。值得注意的是，在婚姻和恋爱关系中对主体性的重视，又不同于其他情境中的特殊而具体的含义。

首先，在这一代大部分青年的观念里，亲密关系中"无怨无悔的牺牲""不计得失的付出"不再被认为是理所当然。女性青年对这一点尤为强调。在过去相当长的一段时间里，女性个人的需求经常在家庭中得不到重视。多子女家庭中的女孩子，在结婚前勤快、温顺、让着哥哥或弟弟，就会被誉为"懂事"的好孩子；结婚后打理好自己的小家庭，不管婆家娘家、不管有事没事都会主动过去照顾，就会得到大家的肯定和称赞。这样渐渐形成的贤妻良母的形象，似乎有着高度一致的底色——克己为人、默默付出，从不麻烦人却又从不拒绝别人添麻烦，把家里所有人都放在自己前面，"自我"不断被压缩。家里的其他人似乎都只习惯于坐享其成，没有把她们的牺牲和

---

① 姜振华，琚晓燕，李燕平．整合取向社会工作视角下都市单身青年婚恋态度．中国青年研究，2024（3）．

付出认真当回事。尤其是长期以来，两性在经济生产和家庭生活中的角色分工，形成了女性是家务的主要承担者的观念。久而久之，其他家庭成员享受了她们的劳动成果，对她们的付出却熟视无睹。

今天已经很少有年轻女性认同这样的处境。有年轻女性表示，为什么现在不婚族越来越多、愿意生孩子的人越来越少，就是因为太不把女性在家庭中的付出和牺牲当回事了。在家庭关系中，她们扮演了很多的角色——母亲、妻子、女儿、媳妇，但最容易被忽视的就是她们自己。

在青年一代看来，婚姻是建立在情感基础之上的合作关系，婚姻的本质是合作，但正是因为有情感基础，任何人都不应该对婚姻中的另一方需索无度。如果付出与获得不对等，有一个人为了关系的维持而过多地牺牲了自己的诉求和利益，只能说明双方不对等，付出一方的议价能力太低，这不是爱，用他们自己的话来说，这叫"亲密关系内部的割韭菜"。爱的前提是尊重，如果尊重一个人，就不可能忽视对方的自我意志和自我价值。

我们需要明确一个问题：青年——尤其是女性青年——在这里所关注的焦点并不是家庭与事业的平衡，而是自我如何不被埋没在关系中。他们知道在长久的亲密关系中适度的妥协和包容必不可少，因为那就是爱的一部分，但也希望个人的付出能够得到家人的认可和回报。当家庭的需求与个人的工作发展、兴趣爱好发生冲突时，个人的选择能够得到家庭的尊重和支持，可以好好商量，认真计划安排，而不是为了家里的一些人便牺牲另一些人。青年还格外看重的一点是，双方的父母都没有太强的掌控欲，父母和孩子都有各自的生活，父母不会把自己对生活的希望寄托在年轻人的身上，尊重他们的生活方式和选择。

其次，要有尊重对方隐私的意识。青年对于隐私的重视与其主体意识直接地联系在一起，这一点也渗透到了亲密关系中。一方面，他们希望对方不要跨越必要的隐私界限。获得对方的信任和尊重是恋爱中的基本需求，不过，在现实生活中，亲密关系的边界微妙而模糊，有时候在情感被放大的情况下，忽视了对彼此个人隐私的尊重。恋人之间希望相互了解、不分彼此，两个人之间什么都愿意分享，也正因如此，有时候会在不知不觉之间跨越了必要的隐私界限。例如，一方可能没有经过允许，就拿着另一方的手机乱翻，查看通讯录、微信聊天记录、相册照片；或者过度热衷于打听对方家人和朋友的消息，无论遇到什么事，该知道的、不该知道的，都要拐弯抹角地打听。这种过度的介入是青年所抗拒的，有人也可能在短期内或念于感情或碍于情面而选择容忍，但从长远的角度来讲，如果这种隐私被侵犯的感觉一直环绕着他们，那么后果将是对恋人的信任感逐渐消退，或许还会采取一些行动来维护自身的隐私边界，这样维护的行为被对方察觉的话，双方的不信任感将会加剧，进而可能引发矛盾、争执，甚至导致关系的破裂。

另一方面，双方也要懂得保守彼此之间的秘密，不要将自己的隐私暴露在其他人面前。在前文中我们讨论过，当今的青年非常重视边界感，因而，他们对于内与外的区分也更为敏感。在青年的观念里，事业发展、收入情况、未来计划都属于隐私的范畴，虽然并不是什么需要保密的事情，但也没有必要到处传播，引起别人的注意，更不能被当作别人八卦或者传闲话的材料。因而，青年在谈恋爱或者计划结婚的时候，也不喜欢太多的"外人"知道或者介入二人的关系，更不希望把两个人的事情宣扬得满世界都知道。如果两个人相处的时候遇到问题，也不要将两个人之间的矛盾告诉闺蜜或朋友，让外人介入亲密关系是大多数青年不愿意面对的局面。面对隐私问题，他们认为比较恰当的处理方式是，隐私是感情的一部分，既然打算长期相处，就应该相信和尊重对方；两个人的事情两个人自己商量，遇到问题共同进退，遇到矛盾理性处理，既不要让外人进来瞎搅和，也不要成为别人茶余饭后的谈资。

今天，我们无法跳过经济实力、责任压力、发展机遇、工作强度、育儿成本等现实背景去审视和评判当代青年对于恋爱和婚姻的观念和态度，也不能因为"懒婚""不婚""恐婚恐育""不婚不育保平安"等在舆论上的声音越来越大,就忽视他们对于情感的渴望。爱情并不是自古就有的社会情感,它在中国人生活当中的重要性是在新文化运动之后才逐渐突显出来,并不断上升,与亲情和友情共同构成情感结构中最重要的三个面向①。尽管人们经常认为,恋爱和婚姻是个人的私事,但事实上它涉及个体、群体、社会等多个层面。尤其是时间和代际两个维度,深刻形塑了不同阶段的人何以对恋爱和婚姻持有不同的观念。恋爱和婚姻是青年成长历程中所面临的重要人生课题,青年一代对恋爱的感受、对婚姻的态度,以及在婚恋过程中的体验,传递着个体的选择,也塑造着个体的幸福,还影响着社会的情感结构变化。今天的青年一代惧怕爱情,各种有形或无形的压力让他们觉得爱无力,他们怕被嘲笑为"舔狗""恋爱脑",有时爱不动,有时爱不起,但他们仍然渴望亲密关系,希望找到合适的爱人,建立超越工具理性的深度关系。他们更早地意识到了婚姻的本质是合作关系,但也强调这样的合作关系必须建立在情感的基础之上。他们认真地选择,希望找到那个"有感觉的人""对的人";他们悉心经营,想要在长久的婚姻关系中相互信任和尊重,彼此都能够保持自我和主体性。

---

① 刘怡然.爱情与中国社会变迁:以感情结构为分析框架.学海,2023(5).

可以这样说，今天的青年一代对待恋爱和婚姻的态度并不消极，也不是以工具理性指导一切。他们在面对外部更多的不确定性时，依然保持主动，但这种主动并不是说追求某个人或者建构某一段关系，而是在各种因素的交错影响下寻找着平衡性。

# 第八章
## 青年与未来

人总是身处于历史的进程之中，没有一代人能够脱离所处的时代书写自己的命运。时代在创造新的机遇，也在提出新的命题；在慷慨地赠予，也标明了代价。每一代人的付出与收获、得到与失去、欢乐与痛苦，都深深地扎根于所处的时代之中。40多年高速发展所积累的成就，不但让新一代青年亲身体验着丰富与伟大，而且也持续地塑造着他们的人格与心态。

这一代青年出生与长大的过程伴随着市场经济的快速崛起，各种生产要素自由流动，在最大程度上激发了个体的主观能动性，使个体的自我意识不断增强。然而，正是在这个过程中，人与人之间的链接也被不断弱化，个体逐渐滑向原子化的生存状态。高度竞争、快速增长的发展环境造就了奋斗个体的出现，但却往往高估了奋斗过程中个体的作用。一旦大环境从高增长转入换挡期，个人努力的回报率降低，便会丧失方向感，陷入迷茫与困顿。商业社会的快速发展使人们的物质生活越来越丰富，但在极大改善的同时又不免落入消费主义的境地，被建构出的一大堆符号和说辞所绑架，对物质的欲望远远超出自己的能力和需求，眼花缭乱却又难以自拔。

今天，我们正经历着从内到外的深刻变革。国际上，贸易保护主义抬头，全球产业链重组，中国的全球贸易空间正在发生重大转变。国内发展进入从高速增长到高质量发展的换挡转轨期，许多原有行业增速放缓，新兴行业尚处于起步期阶段，属于青年的机会有所减少。尽管从长期来看这种发展机会减少只是暂时的，但是对于每一个青年个体来讲，它的影响却是既实在又不可逆的。国际国内的双重变化，再加上技术革新的影响，既定的发展模式已经不可持续，新一代青年的人生道路也不再有迹可循①。但是不管怎么样，每一代人都要肩负他们的历史使命，走向成人世界，成为中流砥柱。

他们究竟是怎样的一代？"后物质主义青年""低欲望世代""数字化一代"都不足以给他们画像。正如有人所说，他们是"最多元、最分裂、面目最为模糊的一代"。从高增长到高质量的转型，整个社会充满了不确定性。新一代青年无法毕其功于一役解决某个问题，也无法集中于一点发力来规划

---

① 王儒西.收起放大镜，拿起望远镜：中国青年的破局之路.文化纵横，2024（1）.

人生，他们在充满不确定性的环境中不断摸索，寻求动态的平衡。

于是，我们看到的景象是：关于奋斗，青年一代一边询问"奋斗还有意义吗"，一边努力寻找着个体发展的路径，无论是拥抱旷野，还是奋力上岸，他们都试图寻找一种个体意志与社会价值的衔接点。关于消费，他们有人积极消费，通过花钱打造自己向往的生活；有人控制消费，自己要驾驭消费，而不是被消费和金钱所驾驭；还有人致力于创造新的消费方式，让消费不仅是花钱，还是社交。关于情感，他们希望情感可以落地，内心深处的声音可以被倾听、被接纳。关于婚恋，他们对爱情既向往又惧怕，对于爱与浪漫的期待并未消失，但如果以过度让渡自我为代价，他们又觉得不值得；他们承认婚姻本质上是一种合作关系，但合作也要有感情，更要尊重个人的价值与需求。关于社交，他们既要维护边界感，又在寻找深嵌入，各种各样的社交新方式、新说法、新名词便不断涌现。不难看出，今天的青年一代一方面十分重视"自我"——自己的价值、意志、感受、需求都希望得到彰显和重视，另一方面也在积极寻求与他人及社会建立深度的链接。他们期待自己有驾驭人生的能力，不被既定的规则所限制，同时又渴望被理解、被承认、被接纳。

由此，我们可以深刻地感受到，他们被时代所塑造，却又没有完全被动或消极，他们的内核仍然是积极的，书写和创造着属于他们的时代。

## 一、理解今天留下的印记

当一些词经历全社会参与的去意义化与再意义化改造时，无论我们对它们持什么样的具体态度——或褒或贬——它们都已经具有了社会事实的特征，体现着一个社会的普遍心态，并于无声处影响着人们的选择与取舍。这些时代的印记，正反映着这一代青年的心态与境遇。

### （一）内卷

"内卷"本是一个经济人类学的学术概念。美国人类学家克利福德·格尔茨在对印尼的农业发展进行研究时[①]，使用了"农业内卷化"来形容当地由于缺乏资本、土地数量有限、行政管理不利等因素，导致出现农业无法向外发展，农业生产的内部变得精细、复杂等情形，形成"没有发展的增长"。黄宗智在研究中国华北地区和长江三角洲的小农经济时，引入这个

---

① Clifford Geertz. Agricultural involution: the processes of ecological change in indonesia. University of California Press, 1961.

词对中国社会展开分析，指出内卷的要旨在于单位土地上劳动投入的高度密集和单位劳动的边际报酬减少。

可以这样认为，学术界在使用"内卷"一词的时候，其讨论基本上是在制度、文化的层面展开，并没有用于形容人的行为和心态。核心的意思是说一种社会制度或一种生产体系不停地自我复制，有大量的投入，也有一定的产出，增长只是高投入下"量"的提升，没有发展与突破，也没有质的飞跃。

有趣的是，"内卷"的含义在近几年的时间里发生了巨大的变化，在全社会迅速流行起来。它演化成了一个用来描述当代青年生存发展处境的词，并逐步一般化为描绘社会心态的流行概念。演化之后的"内卷"，大致包含了三方面的意义。

首先，作为流行词的"内卷"继承和延伸了它的原意，即"没有发展的增长"。这一代青年在成长的过程中见证过国家发展、社会进步、个人成就同步达成，在认识层面形成了惯性，认为高增长、高回报在我国将会常态化地持续下去，每个人都会享受到发展的红利。但是，进入换挡期之后，经济增速整体放缓，外部环境提供的机会减少，新的增长点尚在形成之中，客观需求与主观能力不匹配也导致一些青年无法及时把握新的机会。于是，今天的青年都站在上升通道的大门口展开了高强度的密集竞争。这样一来，一方面机会挤压，竞争空间趋于同质化；另一方面过度竞争，社会竞争过载而趋于自我消耗[①]。通俗地讲，就是大家都要面对僧多粥少的处境，一时半刻找不到突破口。社会整体处于资源内耗的状态，每个个体努力付出的目标都是为了在有限的资源中为自己尽量争取一些：就这么多粥，努力给自己争一口，既没有多煮一锅粥的想法，也没有煮粥的资源。这就是内卷的第一层含义：短期内的行为原则都只能是根据工具理性的计算，做出利己的选择。

其次，个人努力的效用降低，但停下还是继续却不是个人所能够决定的。由于无法在生产、交换等领域形成新的价值，个人只能在现有的环境条件下尽力为自己争取资源，直接导致的结果就是个人的付出与回报的投资收益率不断下降。有时候，可能一个前些年看来极为稀松平常的机会，这些年开出的条件却日趋走高，而青年为了获得这样的机会，需要付出极大的努力，背后的代价甚至有可能是举全家之力的积累。但关键问题是，如此低效率的竞争是一个结构化的后果，并不是个人想停就能够停下来的。在当下，很多青年仿佛卷

---

① 廉思.走出"内卷"，奔赴新地：新时代中国青年该何去何从.文化纵横，2024（1）.

入"抢椅游戏"当中，努力不一定有收获，但是不努力就一定没有收获，或者很快就会被淘汰出局，"越来越卷""越卷越凶"的状态且完全没有退出机制。于是，很多青年感慨"简单而稳定的生活建立在实力雄厚的基础上""一无所有，只有卷起来"。这就是内卷的第二层含义：个人在这个过程中并没有多少主动性，大多为情势所裹挟，且没有多少议价空间和退出机制。

最后，人总是需要为自己的奋斗找到一个支点，尤其是青年要更加重视自我价值的实现。他们希望从事一些活动，能够展示自己的能动性和主体性，并从中获得认同感和成就感。在社会流动的速度放缓、机遇减少、回报降低的宏观背景下，个人通过努力奋斗获得社会所认可的成就的机会也随之降低了。故而，他们希望"向里走""向细处走、向深处走"来创造实现自我价值的机会。在生活上，他们将对精致、品质的追求作为生活的目标，十分看重舒适、悦己，对于生活细节的重视成为一种大家都认可和接受的观念，有趣、会生活成为衡量幸福感最重要的指标。在工作和事业上，他们十分清楚规则的界限在哪里，也能够准确地将个人进退的尺度和需要达到的目的密切结合在一起。他们能够做到严于律己，在规则允许的范围内做到极致。但是，达成规则也变成了他们心中的最高目标。他们所追求的是稳妥地获得，而创造或创新似乎并不在考虑范围之内。于是，内卷的第三层含义便出现了：精致而无用，勤奋却保守。

### （二）躺平

如果说内卷侧重于体现机会的减少，那么躺平更反映出压力的增大。个人努力的意义在压力面前变得微弱无力，便采取了与压力消极对抗的态度。

"躺平"这个词虽然是在2021年才出现，但是消极对抗压力的态度却已经流行了一段时间，经历了一个变迁的过程。最早是在2016年左右，"丧"成为青年的口头禅，"感觉自己丧丧的"成了当时的流行语。这是一种情绪低迷、对生活和工作都缺乏热情的状态，但是这种不思进取的态度具有某种正当性：既然努力也无济于事，不如允许自己颓废低迷。与此相对的"阳光开朗大男孩儿"则暗含着缺心眼的讽刺意味。2018年下半年，"佛系"一词开始流行。它主张以一种无欲无求、不悲不喜、云淡风轻的态度面对外部的世界，以追求内心的平和。如果说"丧"还有一种无可奈何的对抗情绪在里面，那么"佛系"则更多了一层平静色彩：不争取、不强求，努力说服自己看开一切，因为即便自己看不开，实质性的问题仍然无法解决，个体也无力与现实对抗，又能怎么样？"都行""可以""没关系"被称作"佛系三连"，进一步解释就是与其为难自己，不如随他去吧。"怎么都行，看淡一切"既是一种生活态度，也暗含着不争不抢、安于现状的处事方式。2021年《躺平即正义》一文在互联网走红，"躺平"正式出现在大众的视野中，与"佛系"相比，它更突出了以主动放弃的姿态对抗压力：接受普通、接受平庸。在接受的基础之上，它排斥一切外在的推动力，主动降低生活的欲望，退出各类竞争，放弃努力工作，拒绝延迟满足，将鼓励寻求进步视作PUA，将为了某个目标而努力视作画大饼。在躺平之后，还出现了更为破罐子破摔的"摆烂"一说，或许是这当中的破坏性不能为青年所接受，又或许他们还有着青春的朝气和生命力，"摆烂"并没有取代"躺平"成为接受度最高的流行语。

尽管对于大多数当代青年而言，他们的物质生活水平确实有了显著的提高，但是市场经济与社会竞争却又给他们带来了前几代人所不曾面对的压力[1]。他们从小就一路顶着学业繁重的压力走来，就业、婚恋、房子、户口就像几座大山，压得他们喘不过气，且难以看到通过自身努力使问题得以解决的希望。近些年资本与金融社会的崛起是影响这一代青年成长过程的较为显著的一个要素，"社会生活的金融化"通过多个层面作用于青年。资本市场的兴起加速了资产社会的形成，步入劳

---

[1] 杨雄."00后"群体思维方式与价值观念的新特征.人民论坛，2021（10）.

动力市场的青年需要面对的一个现实问题是：个体在劳动力市场上的表现对于财富积累的作用日益减弱。包括投资、债券、股票等在内的金融手段所带来的增值速度和增长效率，远非个人的劳动创造所能及。个人在劳动力市场上无论表现得多么积极，都改变不了在财富积累过程中作用日渐降低的趋势。分配逻辑随着变化，有人将工资称作"清水"，将存款称作"死钱"，投资理财的意识越来越深入人心，与之相伴的是金融资产占家庭总财富收入的比例持续上升，贫富差距逐步拉开。当收入、财富和资本成为地域流动和阶层上升的重要拉力时，金融与房地产又进一步结合，房价的跨越性攀升使后来者追赶的脚步越来越乏力。晚一步跨入城市，面对有限资源竞争的激烈程度便会提升一层。一套房子需要耗尽三代人六个钱包，青年的相对剥夺感不言而喻。

当个体努力的作用在巨大的结构性压力面前变得微乎其微时，无力感就成为青年一代的普遍情绪。与其说"丧""佛系""躺平""摆烂"是他们对奋斗的解构，不如说是他们在无能为力的情况下对自己的一种安顿。他们对于奋斗改变命运产生了怀疑，于是他们告诫自己奋斗不如躺平。

然而，他们正处于精力旺盛、情绪饱满、需要确认自我价值的生命周期当中，令他们产生怀疑的是奋斗的结果，而他们依然需要奋斗的意义。于是，他们强调主体性，尤为重视个人的价值和能动性,希望在内卷与躺平之外,有能力开启属于自己的"第三条道路"。

### (三)主体性

我们在书中多次提到,强烈的主体意识是这一代青年突出的代际特征。这种主体意识,究其根源,是市场经济条件下自由的流动与竞争对人的主观能动性的充分激发。不过,人与社会的关系具有二重性的特征。对主体性的强调与高质量的关系需求并非冲突,而是对立统一。同时,要理解这个问题,我们还应注意到,时代对人的塑造总是双向的。市场导向下的功能化和效率化的取向,确实带来了物质环境的改善,但效率并不能取代质量,也不意味着价值观更加开明、人与人的相处更加舒适,相反,结构之下不断变动的生活情境,让原子化的生存状态成为不可避免的趋势。

因而,当我们围绕主体性展开讨论时,必须注意到两个方面的问题:一方面,青年一代确实对"个体""个人的"更加重视,认为个体是独特的,每个人的权利和感受能够得到尊重,才华、兴趣能够被看见;个人不被过度打扰、不必做出过多的牺牲,边界感不被侵蚀;个人的价值能够得到展现和肯定,个人的声音不被集体、大多数、权威、既有规则所湮没,个人拥有做决定和制定规则的权力。另一方面,个体对于建立深度关系的渴望一直存在，都希望能够拥有超越工具理性的社会关系。在这样的关系所营造的场域中，情感可以得到慰藉、表达有人愿意倾听、精神追求能够得到重视。社会的宏观结构状况以及个人在社会中的具体处境交织在一起，共同塑造了人在确立价值时"个体"与"关系"缺一不可。

所以，理解"主体性"的关键，并不是"眼里只有我自己"，而是不愿意接受外在力量所强加的规则，希望在选择与行动的过程中，自己的意志起到决定性的作用，自己成为规则的制定者和驾驭者，积极开拓自我实现的途径。

于是，我们在多个侧面都观察到了这一代青年对主体性的重视。在日常生活中，他们敢于自我表达并质疑权威，对于不了解的问题，更倾向于自己寻找答案而不是询问专家或者懂行的人。在奋斗的过程中，他们不希望被既定的规则所左右，想要跳出职场人际关系、科层制度对个人的限制，减少不必要的人际消耗，但同时也想确定定居地点、职业发展方向，在中年之后拥有稳定的劳务关系。因此，无论是将人生视作"旷野"，还是积极寻求"上岸"，他们的目标都是期待自由与发展兼顾，在这背后处于核心位置的是个人抽象或具体的需求。在消费中，他们花钱是为了打造"更美的自己"、建设"更美的生活"，"物为我用"是他们消费的准则；省钱并不是舍不得花钱，也不是怜惜物质，而是认为"这些东西不值得"，因而，无论是花还是省，主体都是"我"而不是"物"。同时，消费要为"我"所用，不仅要花得值，还要花得开心。于是，他们创造各种消费场景，将消费和社交融为一体。在这个过程中，无论是消费还是社交，都是为"我"服务的。在亲密关系中，归属感和稳定感是与较高程度的自我联系在一起的。过度的牺牲和付出已经被他们所厌弃。爱是尊重，是看到对方的自由和需求。

他们希望建立深度的关系，而这种关系当中仍然体现着主体性的需求。他们想要拥有的，是不被工具理性所干扰，在精神上能够共鸣，进而带来情感慰藉的关系。越是在关系中强调这些特性，就越排斥外在规则，越是强调互动协商中达成的共识才是建立关系的基础。他们在私人领域的交往中表现出很高的组织能力，在圈群化社交的过程中体现出一种积极主动的姿态。他们以共同的兴趣爱好为切入点，主张有共同的兴趣爱好的人应该结成共同体。在共同体的雏形出现之后，他们具备了从动员到凝聚，再到达成目标的一系列能力，使大部分成员都可以为同一个目标而行动。为了巩固圈群社交的成效，他们还会设置组织壁垒，并借助修辞、隐喻等手段建构意义系统和价值序列，将不掌握这一套话语体系的人排除在外，并与其他圈群形成对冲。在这里，主体性的体现并不是排斥他者，而是和谁建立关系、建立什么样的关系、在关系当中怎么相处，都要自己说了算。这也是"趣缘"在这一代人当中至关重要的原因所在。

可以这样认为,成长期的丰富与自由让这一代人有充分的自我意识,有充分的胆识和魄力,在做出选择和行动时,将"自我"放置在核心的位置。当他们进入青年期,机遇减少、压力增大的结构性因素又进一步激发了他们寻找和建构主体性的动机。压力之下,他们需要为自己寻求一条道路。如果我们要理解这一代人对主体性和自我意识的重视,就不能简单地将其理解成有个性、不走寻常路,而是要看到时代变迁在一代人身上的痕迹。

人在这个世界上所寻找的无非是两样东西:一个是价值感,一个是归属感。年轻的人们正处在生命周期中精力最为旺盛的阶段,他们的努力与奋斗,并不仅仅是为了要一个对于个人而言的好结果,更是在寻找价值感和归属感的过程中,真真切切地体会爱与理想,确立人生的意义,在时代的洪流中写下他们的一笔。

## 二、迈向未来广阔的天地

内卷的反义词不是躺平,是开拓创新;躺平的反义词不是内卷,是主动作为。

今天的青年一代，新世纪的第一缕曙光伴随着他们成长，他们在生命的每个节点见证了百年未有之大变局的各个关键时刻。近年来，我们可以观察他们，尝试理解他们，但是，代际之间无法替代。国内增长转型，世界格局重组，其间还穿插着蔓延全球的疫情、此起彼伏的战火……机会减少、压力增大、冲突与巨变等成为悲观情绪滋生的温床。但是，无论我们将要面对怎样的世界，也无论他们被贴上怎样的标签，历史的接力棒终究会交到他们手上。他们无法选择，也无从逃避，都将一步步走到舞台的中央，承担他们的历史责任，在大变局的时代成为这个国家的中流砥柱。

我们深知，"内卷"或"躺平"这样带有强烈的悲观主义色彩的描述，不足以描绘他们的人生。如果我们把目光放得足够长远，则会发现今天看待他们时的局限——我们看到了变革带来的挑战，却没有意识到这当中同样蕴含着机遇；我们看到了百年未有之大变局带来的不确定性，却不曾认识到新的核心主导力量就是在不确定性中得以建立的；我们察觉了加速主义之下技术的发展让人应接不暇，却缺乏足够的想象力去勾勒技术变革带来的全新又多元的生活场景。如果我们不仅看到今天，还看到更远的将来，就既能看到这一代青年今天面临着"船到中流浪更急，人到半山路更陡"的艰辛和压力，也可以想象他们在未来将体会"一览众山小"的登顶喜悦。

有人还在展望的时候，有人已经踏上了新的旅程。

## （一）向深处走去

有的青年选择去基层、去一线，让基层成为青春的起跑线。

经过多年来全国上下持续不懈的努力，我国脱贫攻坚取得了决定性的胜利。但是，进入新的历史时期，一个不可忽视的事实是，城乡发展、区域发展不平衡仍然是一项重大课题，而层次有序、具备规模的人才结构，是促进全面均衡发展的关键环节。在这样的历史背景和时代要求下，有青年选择顺势而为，来到基层，扎根基层，努力站在基层的 C 位，将个人的价值与广大人民群众的福祉密切联系在一起。

年轻的"新农人"克服技术难关，促进新农业的发展。在广东，有人研究鱼菜共生，通过工厂化循环水养殖鱼类，获取富营养的水体。水体经过滤、生物分解、营养调控、酸碱调控、杀菌等处理后，用于蔬菜种植。这既解决了特大型城市寸土寸金、难以拿出大片土地搞农业生产的问题，纯天然的有机循环生产模式又契合了市场对高端农产品的需求。在福建，有人推动农产品科学化种植，在小西红柿种植过程中，配备内外遮阳、水帘、电动通风、自动化一体机等设施，一季可种植约5 000株小西红柿秧苗。黑妃、玉女、金妃、绿妃等不同品种颜色各异，每种小西红柿都有自己独到的口味，大大提高了市场需求量。

年轻的基层干部常年参与和组织志愿者队伍，坚持送法下乡，推进基层社会的法治宣传，树立法律意识。湖南省大瑶镇是烟花爆竹及原辅材料的重要集散地，扎根乡村的青年干部针对这一情况，组织大学生普法志愿者发放《浏阳市"八五"普法宣传手册（安全生产篇）》，开展了一些"点单式"普法宣传活动，送法下乡。"点对点"精准普法，"面对面"滴灌服务，起到了"实打实"的普法宣传效果，也收获了群众的好评。

也有人作为下基层锻炼的青年专家，在科学研究与基层需求之间架起一座双向奔赴的桥梁。中国气象局下基层锻炼的青年专家，对东北冷涡气候预测技术研发给予技术指导，结合中国多模式集合预测系统（CMME）开展本地化应用，较为准确地把握了初夏降水少和盛夏降水偏多的特征，同时准确预测有 2～3 场台风直接或间接影响吉林、松花江干流，以及第二松花江流域多雨的趋势，让自己的专业技能和研究成果在老百姓的生产生活中实实在在地产生了作用。

### （二）向远方走去

有的青年选择迈出国门寻找新的发展机遇，"出海"成为中国式奋斗的新选择。

"到海外去"成为近年来许多中国企业锚定的战略目标，它们擘画蓝图，在全球市场寻找更为广阔的增长空间和更有力的话语权。进入劳动力市场不久的青年也顺势而为，踏出国门，"出海"寻找新的工作机会和发展机遇。有人将目光投向了广袤的非洲大地。与 30 多年前兴起的"出国热"不同，今天赴海外谋生的青年更多是以建设者的心态参与当地生产，在用自己的劳动换来可观的劳动报酬的同时，去探索和发现更多元的发展可能。他们以一种全新的姿态开眼看世界。在微博上，讨论外派非洲的话题一度占据热搜榜第一，文章阅读量上亿。在知乎、小红书、哔哩哔哩等社交平台上，不断有青年分享他们在非洲的工作生活、所见所闻，吸引了大量的留言和评论。有文章指出，前往非洲工作，成为"内卷""躺平""润（英文 run 的音译，意为向欧美国家移民）"之外的新选择[1]。

　　也有人选择加入中国企业的海外岗，入职的是国内企业，但工作的地点可能遍布全球。有人加入国内老牌民营企业，负责海外市场扩张工作；有人加入中国驻外媒体机构，主导了大大小小的多项宣传活动；也有人在国内市场历练一段时间之后，转岗海外部门，参与制定品牌策略并负责实施落地；还有人奔走于企业的国内与国外两个市场之间，从事沟通与对接工

---

[1] 刘晗."上岸"非洲？：新全球化下的青年"出海".文化纵横，2024（1）.

作，发现文化冲突也是一种信息差，在进行充分的背景信息沟通时，有意识地为双方提供系统化的支持和帮助。正是在海外工作的过程中，青年一代切身感受到了中国企业"出海"面临的机遇、跨文化面临的挑战，在相互尊重与接纳的前提下达成合作与发展。他们觉得，自己在这个过程中所掌握的不是几种技能，而是一整套的合作观念、思维方式，以及他们引以为豪的战略视野。

除此之外，随着中国企业"出海"的步伐不断加快，尤其是从成本驱动到技术驱动的转型，越来越多的青年科技人才和技术人员，与企业一起奔赴海外。从代工出口、初级产品出海，到今天一步步走向技术出海、品牌出海；从承揽项目到建设完整的产业链，再到制定海外生产与海外市场开发标准，中国企业走出去的边界不断拓宽，层次不断提升。这当中，青年科技工作者和青年技术人员的贡献有目共睹。有人致力于推动我国企业研发的新技术、新产品在全球市场上的应用，运用我国研发的无人驾驶技术参与东南亚港口改造，基于融合算法，通过人工智能识别，避免了伤筋动骨的基建改造，高效解决了港口运输一直头疼的人车混行问题。有人尤其关注技术出海中的专利保护问题。技术出海意味着创新技术、核心成果将在全球范围内自由流动，如果不能在全球范围内实现有效的专利保护，不仅会让研发投入付诸东流，还会使企业的核心竞争力遭到重创。也有人将我国企业研发的成果应用在提高全球其他地区人民生活水平上，运用太阳能光伏发电技术提高全球无电地区人民的生活质量，为他们提供生产、照明所需要的电力保障。

**（三）向尖端走去**

还有青年以科技创新为己任，一手参与科技强国建设，一手为老百姓日常生活造福。

他们可上九天、可下五洋。在西昌卫星发射中心，30岁出头的地面分系统指挥员已成功参与上百次火箭发射任务，成为西昌发射场动力系统的技术新星。在"天地之间的唯一纽带"——北京航天飞行控制中心，又是一位30岁出头的航天人发出一声声"各号注意，我是北京"，成为首次火星探测任务的北京总调度。有人成为"深海宇航员"，通过遥控海平面300米以下的水下机器人在海底完成各种复杂精细的动作，在深海铺缆线、建高楼，完成了我国首条1 500米海底管线铺设、全球首座10万吨级半潜式生产储油平台超深水锚链系泊等海上安装工程。还有人深海探油，参与研发的海洋地震勘探国产装备——"海经"系统和"海脉"系统已为我国深水物探船装上"中国心"，可以为海底做"CT"，活跃在海上油气田增产稳产、物探勘察、钻井服务、油田技术服务等不同领域，成为新时代深海寻油的先锋队和主力军。

他们心系百姓健康，关注百姓餐桌。有人扎根基层一线医院临床，努力提升自身医疗硬实力，既专注于全科医疗服务，又精研专科疾病预防与治疗，洞悉基层老百姓就医难题，积极解决"看病远、接种挤"问题，以实际行动践行"健康中国"战略，关爱患者健康，赢得了患者信任。有人领导国家重点实验室，在重大疾病的预防与治疗上取得突破性进展，在国际医学领域为中国赢得话语权的同时，切实提高重大疾病治愈的可能。也有人主攻设施蔬菜与无土栽培，用营养液种菜，手把手教农民操控水肥一体化设备为作物浇水、施肥。随着农业现代化的深入推进，植保无人机、北斗导航、免耕播种机、智慧农业物联网等都变成了新时代的"新农具"。操作这些新农具的生力军正是新一代年轻的"新农人"。将农田管理接入物联网系统，一台手机就能管理数万亩地；麦垄笔直如线，是因为使用了搭载北斗导航系统的播种机，提前规划好线路，全程自动化播种；物联网控制着上百个自动化喷灌设备和墒情、虫情等智能终端，浇地、施肥手机一键启动，以前面朝黄土背朝天、累死累活很多天才能干完的事，现在很快就能完成。正是这些"新农人"的努力，端牢"中国饭碗"变得切实可行。

这一代青年是与中国式现代化新征程相互融合的一代，他们将与新的现代化征程同频共振。目睹中华民族第一个百年奋斗目标的完成，参与到第二个百年奋斗目标的建设中，都是他们人生的组成部分。他们将伴随和见证国家发展的多个重大历史时刻——跨越"中等收入陷阱",穿越"修昔底德陷阱"最危险的不对称时期,突破"李约瑟之谜",全面缓解"卡脖子"难题,跨越"明斯基时刻"……那时的中国,将以全新的方式启动经济增长和社会发展。

不知到了那个时候,再回头看看今天关于"内卷"与"躺平"的议论,他们会是怎样的心情。

天命在肩,且歌且行。内与外、变与常、主流与边缘、冷门与热点,也许只是在一时一隅下的见解。只有当我们真正理解了青年一代来自何处、去向何方,才能以开阔的视野看待这个世界,从而建构主体性、胸怀祖国、主动承担历史重任,将民族的未来牢牢掌握在自己手中。

# 致　谢

致谢往往出现在一本书的最后，但它呈现的却是一本书得以诞生的历程。

这本《45°青年》出版之际，正是我从事青年研究的第十个年头。我最初的研究兴趣在于青年现象，想要运用社会学的视野，捕捉新问题、提出新创见。然而，时代变化速度之快、力度之大、影响之广，使得与青年相关的现象纷繁芜杂、层出不穷，一个热点等不到褪去，就被新的热点覆盖。若总是关注现象，则目光永远游移。意识到这个问题之后，我借助以往的研究积累，逐渐将研究的落脚点放在了青年价值观念上。

随着研究的不断推进，我有了建立一个整体性解释框架的想法，既不是大而全式的概览，也不是中药铺式的杂陈。它究竟应该是怎样的呢？在本书完成之前，我心中的答案始终模糊。当本书呈现在读者眼前的时候，我不敢肯定这个整体性解释框架就此成立，但至少有了一个可资讨论的蓝本。

感谢本书的策划编辑任晓霞老师，没有她的邀约，就没有这本《45°青年》的诞生，因为在此之前我没有想过如何将那些零散又庞杂的田野笔记、研究记录、即时随笔变成一部完整的书稿。在写作过程中，我们持续交流，她从专业出版人的角度提供的建议，让我能够用一种更加开放的心态对待写作。

感谢《探索与争鸣》编辑部，"45°青年"这颗种子最初就是和他们一起种下的。"全国优秀青年学人年度论坛"为我提供了多学科交锋的机会。在编辑的协助之下，文章有幸发表于"创刊400期青年学人专刊"，将理解当代青年价值观念的整体性框架作了完整的呈现。

感谢上海社会科学院杨雄研究员，书稿出版之际，承蒙慨允赐序于我，令我深感荣幸。对我而言，这是肯定、是鼓励，更是在这个领域继续深耕下去的动力。

感谢我的好朋友，我们那些或平和、或激烈、或诙谐的讨论，构成了我这些年研究工作的一部分。青年现象层出不穷，青年群体活跃多变，贴标签容易，提炼概念难；抓热点容易，推演逻辑难。内与外、变与常、冷门与热点、主流与边缘、研究者的位置、观察者的视角等，正是在我们的交流与碰撞中，我的理解不断深入，研究的脉络不断清晰。一本书难以呈现全部，未来还将继续。

十年踪迹十年心。这本《45°青年》究竟价值几何？就把这个问题交给下一个十年吧，让时间去回答。

**图书在版编目（CIP）数据**

45°青年 / 邢婷婷著 . -- 北京 : 中国人民大学出版社，2025.5. -- ISBN 978-7-300-33835-4

Ⅰ. D432.6

中国国家版本馆 CIP 数据核字第 2025TE3739 号

### 45°青年
邢婷婷　著
45° Qingnian

| | | | | |
|---|---|---|---|---|
| 出版发行 | 中国人民大学出版社 | | | |
| 社　　址 | 北京中关村大街 31 号 | | 邮政编码 | 100080 |
| 电　　话 | 010-62511242（总编室） | | 010-62511770（质管部） | |
| | 010-82501766（邮购部） | | 010-62514148（门市部） | |
| | 010-62511173（发行公司） | | 010-62515275（盗版举报） | |
| 网　　址 | http://www.crup.com.cn | | | |
| 经　　销 | 新华书店 | | | |
| 印　　刷 | 德富泰（唐山）印务有限公司 | | | |
| 开　　本 | 890 mm × 1240 mm　1/32 | | 版　次 | 2025 年 5 月第 1 版 |
| 印　　张 | 10.375 插页 1 | | 印　次 | 2025 年 5 月第 1 次印刷 |
| 字　　数 | 186 000 | | 定　价 | 69.00 元 |

版权所有　侵权必究　　印装差错　负责调换